高等职业教育机车车辆专业"十三五"规划系列教材
高等职业教育轨道交通类校企合作系列教材

车辆运用与管理

主　编　王秋鹏　毕恩兴
副主编　邵泽宽　徐　磊　汤　忠
主　审　金雪岩

西南交通大学出版社
·成都·

> 图书在版编目（CIP）数据
>
> 车辆运用与管理 / 王秋鹏，毕恩兴主编. —成都：西南交通大学出版社，2018.2（2025.7 重印）
> ISBN 978-7-5643-6087-0
>
> Ⅰ.①车… Ⅱ.①王…②毕… Ⅲ.①铁路车辆–应用–高等职业教育–教材②铁路车辆–管理–高等职业教育–教材 Ⅳ.①U279
>
> 中国版本图书馆 CIP 数据核字（2018）第 032550 号

车辆运用与管理

主编　王秋鹏　毕恩兴

责任编辑	李芳芳
特邀编辑	翟莉莉
封面设计	墨创文化
出版发行	西南交通大学出版社 （四川省成都市金牛区二环路北一段 111 号 西南交通大学创新大厦 21 楼）
邮政编码	610031
发行部电话	028-87600564　028-87600533
官网	https://www.xnjdcbs.com
印刷	四川煤田地质制图印务有限责任公司

成品尺寸	185 mm×260 mm
印张	15.25
字数	398 千
版次	2018 年 2 月第 1 版
印次	2025 年 7 月第 6 次
定价	38.00 元
书号	ISBN 978-7-5643-6087-0

课件咨询电话：028-81435775
图书如有印装质量问题　本社负责退换
版权所有　盗版必究　举报电话：028-87600562

高等职业教育机车车辆专业"十三五"规划系列教材
高等职业教育轨道交通类校企合作系列教材
编写委员会

主任

  毕恩兴（西安铁路职业技术学院）

  孟维军（哈尔滨铁道职业技术学院）

  张建军（新疆铁道职业技术学院）

  吴晓燕（昆明铁道职业技术学院）

委员

  王秋鹏（西安铁路职业技术学院）

  邵泽宽（西安铁路职业技术学院）

  孙海莉（西安铁路职业技术学院）

  史　俊（西安铁路职业技术学院）

  郭喜春（哈尔滨铁道职业技术学院）

  赵俊一（哈尔滨铁道职业技术学院）

  李曦明（哈尔滨铁道职业技术学院）

  杨晓红（新疆铁道职业技术学院）

  袁海峰（新疆铁道职业技术学院）

  林世烈（昆明铁道职业技术学院）

  胡　鹏（昆明铁道职业技术学院）

  汤　忠（昆明铁道职业技术学院）

前　言

随着铁路运输事业的迅速发展，铁道车辆技术装备现代化水平提高很快。为满足高职铁道类院校车辆专业教学以及铁路职工培训的需要，本书编写组及教学组经过三年时间，多次深入车辆运用与管理一线岗位进行调研，与企业专家探讨岗位对于高职人才的知识与技能要求，反复提炼岗位典型工作任务，结合高职教育的人才培养规格，形成相应的学习性工作任务，进而对课程内容进行有效的整合与优化。

本书按照铁路车辆运用部门的现有组织和车种分类，结合铁路车辆部门的生产实际以及铁道车辆专业高等职业技术教育、中等职业技术教育教学和铁路职工培训的特点，对车辆部门的运用管理工作等方面的内容进行了详细介绍。主要内容包括：车辆运用管理工作、客车运用维修、货车运营管理、动车组业务管理、车辆检修规章、客车车辆运用，以及一些针对车辆运用的实作技能训练，具体有普通客车单车技术检查、快速客车及带盘型制动装置客车的单车技术检查、客车上部技术检查、客车辅修在线检查及验收、更换制动闸片、客车电控制动机单车实验、客车车钩故障处理等。本书依据职业教育行动导向、教学做一体的课程设计理念，每个项目的内容均以相应的典型工作任务形式展开。本书内容齐全，讲解翔实，对每个知识点都配有相应的视频讲解，真正做到了突出实践技能训练，注重岗位能力培养，视频音频课件丰富，知识内容立体交互。因此，非常适合高职铁道类院校车辆专业使用，也可供现场工作人员参考。

本书由西安铁路职业技术学院王秋鹏、毕恩兴担任主编，西安铁路职业技术学院邵泽宽、西安机务段徐磊、昆明铁道职业技术学院汤忠任副主编，由西南交通大学金雪岩主审。在本书学习任务的设计上，编者与铁路局、车辆段等进行了共同探讨与深入合作。对于上述单位的合作与支持，编者在此深表谢意。本书编写过程中，参考了很多同行的教材，在此向作者表示深深的谢意。

由于车辆运用工作的规章性和变化性较强，加上编者的水平有限，书中难免存在不妥之处，敬请读者批评指正！

编　者

2018 年 1 月

目 录

项目一　绪　论 1
　　任务一　车辆部门的组织机构及车辆运用管理系统 1
　　任务二　车辆运用工作的意义和任务 2
　　任务三　车辆检修 5
项目二　车辆运用管理工作 8
　　任务一　车辆主要运用技术指标 8
　　任务二　国际联运车辆 14
　　任务三　重载铁路货车 19
项目三　客车运用维修 20
　　任务一　客车管理 20
　　任务二　客车技术整备所 22
　　任务三　客车辅修及 A1 级检修 24
　　任务四　旅客列车检修所 40
　　任务五　旅客列车运行途中车辆故障的应急处理 54
项目四　货车运营管理 59
　　任务一　列检作业场 59
　　任务二　列检作业场列车技术检修作业 65
　　任务三　站修作业场 73
项目五　动车组业务管理 81
　　任务一　动车组运用概述及工作基本任务 81
　　任务二　动车组运用管理组织及内容 84
　　任务三　动车组专业管理规定 87
　　任务四　动车组运行安全管理规定 91
　　任务五　动车组突发事件的应急处理方法 99
　　任务六　动车组随车机械师作业规程 106
　　任务七　动车组随车机械师应急故障处理 109
　　任务八　动车组的运用维修 113
　　任务九　动车组维修机构 118
　　任务十　动车组运用级检修作业流程 125
　　任务十一　动车组停放防冻管理办法 125

任务十二　非正常情况下行车作业 128

项目六　车辆检修规章 130
　　任务一　列车编组及运行 130
　　任务二　旅客列车检修 134
　　任务三　《铁路客车运用维修规程》的相关规定 188

项目七　客车车辆运用 194
　　任务一　常用表报的使用 194
　　任务二　列车编组及运行 195
　　任务三　库列检、客列检、客车乘务作业范围及客车出库质量要求 196
　　任务四　客车防火防寒、采暖及防暑降温 202
　　任务五　客车辅修及 A1 修 203
　　任务六　客车质量鉴定 207
　　任务七　客车运用限度 207

项目八　实作技能 211
　　任务一　普通客车单车技术检查 211
　　任务二　快速客车及带盘型制动装置客车的单车技术检查 213
　　任务三　客车上部技术检查 217
　　任务四　客车辅修在线检查及验收 219
　　任务五　更换 104 型分配阀 219
　　任务六　更换客车辅助管 220
　　任务七　更换制动闸片 222
　　任务八　104 型制动机单车试验 223
　　任务九　客车电空制动机单车试验 224
　　任务十　客车制动故障处理 226
　　任务十一　客车车钩故障处理 228
　　任务十二　客车轮轴故障处理 229
　　任务十三　弹簧支重故障应急处理 230
　　任务十四　燃煤取暖锅炉故障处理 231
　　任务十五　快速客车故障处理 232
　　任务十六　行车电报拍发 234

参考文献 235

项目一　绪　论

铁路是国家的重要基础设施之一,是国民经济的大动脉,是交通运输体系的骨干。铁路具有高度集中,各个工作环节紧密联系和协同合作的特点。

铁路运输系统由运输、机务、车辆、工务、电务等业务部门组成,为确保铁路安全正点、方便快捷、高速高效,铁路运输系统必须严格遵守运输纪律,服从运输指挥,在铁路总公司统一指挥下联合行动,准确、及时、安全地把旅客、货物运输到目的地。铁路职工必须严格遵守劳动纪律和作业纪律,严格执行各项规章制度,在自己的职责范围内,以对国家和人民极其负责的态度,保证安全生产。

任务一　车辆部门的组织机构及车辆运用管理系统

铁路车辆是铁路运输的主要设备,是铁路完成运输任务的物质基础。车辆部门需及时提供足够数量的技术状态良好的车辆和加强车辆运用管理工作,这对完成铁路运输任务具有重要意义。

车辆部门的组织机构及车辆运用管理系统

一、车辆部门的组织机构

为适应市场经济的发展,全国铁路运输的组织机构在不断地改革和完善中,因此,车辆部门的组织机构也处于改革和完善之中。在铁路总公司的统筹规划下,按运输组织需要在全国设立若干个铁路局,由铁路总公司直接领导、铁路局负责组织与领导各个业务段和车站的运输生产工作,保证行车安全。车站和业务段是铁路运输企业的基层生产单位,每个单位既可独立工作,又相互关联、相互制约。

现行车辆部门的组织机构是全国铁路运输组织中的一个分支机构。在铁路总公司运输局装备部下设有负责车辆工作的客车处、货车处、车辆管理验收处等职能部门,实施铁路总公司运输局装备部(车辆)、铁路局车辆处以及车辆段(车轮工厂)三级管理。

铁路总公司运输局装备部(车辆)以保证安全,完成运输生产任务为最高目标,管理好全路车辆部门工作。它的基本任务是提出全路车辆部门工作的发展规划,逐步改革全路车辆检修制度;编制年度车辆各项检修计划、制订全路客货车部门工作的开展计划,逐步改革全路车辆检修制度;编制年度车辆各项检修计划、制定全路客货车各级修程及安全生产等规章制度,并组织和督促实行;参与编制铁路设计规范;掌管全路客货车的新造车辆、运用车辆、配属、调拨、检修与报废等工作;审查车辆技术政策、各项技术标准及质量标准等。铁路总公司主要通过制订规章制度的技术手段和进行成本考核的经济手段实现对车辆部门的管理。

铁路局车辆处是负责组织与领导本路局管辖范围内各车辆段及与车辆有关的基层站段的运输生产活动,保证行车安全。

它的基本任务是认真贯彻执行铁路总公司对车辆工作的方针、政策、指示、命令、规范、技术标准,提出本铁路局车辆部门工作的发展规划和实施计划,指导和督促下属各业务段完成各项技术指标和质量指标。铁路局车辆处通常下设动车科、客车科、货车科、设备科、调度室、办公室及红外线设备检修所等职能科室。

车辆段是动车组、客车及货车检修运用的基地,是贯彻执行车辆规章制度的基层单位。它的基本任务是负责车辆的定期检修和日常维修工作,为铁路运输提供足够的、技术状态良好的客车和货车,在检修保证期内和保证区段内保证行车安全,并负责管辖内的动车所、检修车间、运用车间、设备车间、动态检测设备车间等的管理。

二、车辆运用管理系统

车辆是铁路运输的重要工具。车辆运用管理工作是铁路运输组织的重要组成部分。加强车辆运用管理,对提高车辆检修质量、降低运营成本、加速车辆周转、保证行车安全,优质、高效地完成铁路运输任务,都有着重要意义。

车辆运用维修工作实行"铁路总公司—铁路局—车辆段"大三级和"车辆段—运用车间—班组(作业场)"小三级管理,明确各级管理职能和工作标准,达到管理规范、标准统一、目标一致,形成高效的专业技术管理体系,促进车辆运用标准化建设,提升车辆运用管理水平,确保运输安全生产。

铁路局车辆处是铁路局车辆运用维修工作的主管部门,由主管客、货车工作的副处长分别全面负责客、货车运用维修工作,铁路局车辆处客、货车(运用)科分别负责铁路局客、货车运用维修日常技术管理工作。客、货车运用专职、客整所专职、站修专职、安全专职、5T运用专职以及信息化专(兼)职等分工协作,按照"强化技术管理、完善考评机制、规范现场作业"的要求,发挥"检查、贯彻、管理、落实"的技术管理职能,共同做好车辆段车辆运用维修管理工作。

任务二　车辆运用工作的意义和任务

一、车辆运用工作的性质

车辆运用工作必须以科学的管理体系,先进的检修设备,严格的规章制度,对运用中的车辆实行迅速、及时、正确地维修,保证运用车辆性能安全可靠,加速车辆周转,确保铁路运输任务的完成。

车辆运用工作包括管理和检修两方面的内容。

车辆运用工作概述

（1）我国铁路客车实行固定配属制，日常维修由所属车辆段的客整所和客列检负责。

（2）货车通行全国，除特种车辆和专用车列外，一般不实行配属制，而是实行在全国铁路上按区段维修负责制。实行配属的货车，其维修工作由所配属或指定的车辆段（车辆工厂）或列检所负责。

① 由于货车具有数量多、车型复杂、运用条件差，又通行全国、维修场地分散，技检作业时间紧等特点，所以，车辆运用维修工作的任务艰巨，责任重大。

② 货车运行中的检查维修工作是日夜不间断地在露天作业，职工劳动条件艰苦。

③ 由于我国铁路的迅速发展，重载、提速和信息技术等铁路现代化技术的应用和推广，列车运用工作技术性更强。

（3）对于大型矿山、钢铁以及有色金属、石油、化工等公司的所有企业自备运输货车在铁路线上运行时，必须事先经铁路授权的车辆专业人员检查和质量确认。铁路各列检所必须按路内运用车要求和规定进行检修，并保证运行安全。对企业自备的专用货车（如装运化工产品、有毒物品、放射性物品等的货车和发电车），列检只对走行、制动、钩缓等部分进行检查和维修，其余部分由企业自行负责。企业自备车的定检检修可以委托铁路车辆段或车辆工厂完成，也可自做，但其检修能力和质量必须经所在铁路局鉴定并经铁路总公司审核批准。

为此，要求从事车辆运行工作的岗位人员，必须具有一定的技术理论知识、较高的实作技能和丰富的实践经验，善于分析运用车辆的安全、质量状态，掌握故障规律，采取应变措施。要求从事车辆运用工作的广大职工必须树立全局观点，遵章守纪，做好本职工作，加强协作，紧密配合，努力完成车辆检修任务。

二、车辆运用工作的任务

车辆运用工作的基本任务是在检修中贯彻落实党的方针政策，执行规章命令；遵守"两纪一化"（作业纪律、劳动纪律、作业标准化）；加强职工队伍建设；发现和处理车辆在运用中发生的故障，保证行车安全。具体体现为：

（1）正确执行有关规章命令。

（2）正确编制生产计划及技术措施，加强全面质量管理，落实检修规定，提高修车质量。

（3）在保证车辆检修质量的基础上，努力缩短车辆修（休）车时间，加速车辆周转。

（4）维修好本段配属车辆和段管辖范围内的运用车辆，防止事故，保证安全。

（5）认真贯彻劳动保护法和安全技术规则，做好劳动保护工作，积极改善职工劳动条件，保证安全生产。

（6）开展增产节约和技术革新活动，努力提高劳动生产率。

（7）开展技术培训，提高职工的政治思想和技术业务素质水平。

（8）定期检查分析运用车辆技术状态，对运用、维修中的故障进行信息收集、处理、分析，形成质量信息反馈系统。对车辆结构、设计、制造、修理和运用管理提出改进意见。

三、车辆运用工作的信息化建设

加快信息化建设，实现以计算机、网络通信技术为基本手段的信息化管理，全面促进铁路车辆运用维修工作的科学化管理。信息化建设应遵循"统一领导、统一规划、统一标准、统一资源、统一管理"的原则，以"保障行车安全、服务运输生产、强化质量保证、深化精英管理"为指导思想，在铁路总公司车辆主管部门领导下有序进行。

车辆运用工作的信息化建设要适应铁路车辆运用维修工作的"铁路总公司—铁路局—车辆段"三级管理模式，建设三级车辆公共基础信息平台，围绕生产组织、技术管理、质量安全和经营管理四个方面，开展铁路车辆运用维修信息化建设，加强信息共享和综合应用，整合信息资源，规范信息流程，畅通信息渠道，充分发挥信息化优势，提升铁路车辆运用管理水平。

四、车辆运用工作与其他部门的关系

铁路行车组织工作，必须贯彻安全第一的方针，坚持高度集中、统一领导的原则，发扬联劳协作的精神，运输、机务、车辆、工务、电务等部门都必须正确组织本部门的工作，主动配合，均衡生产，协同工作，以保证列车按运行图运行，并不断提高效率，挖掘运输潜力，实现安全、正确、优质、高效地完成和超额完成铁路运输任务。

（一）车辆段与车务部门的关系

1. 车辆段与车站的关系

车辆段应按计划扣留检修到期或临时发生故障的车辆，并尽快修竣；车站应根据车辆段的要求按时取送修竣或待修车辆。列检所应充分利用技术检修时间完成检修作业，以保证列车编组、装卸车计划的完成；车站应将列车的到发、解体、编组、货物装卸等有关事项，及时通知列检所，并为车辆的摘车与不摘车修提供方便条件。在调车和摘挂机车时，应加强联防互控，注意列检人员的作业安全。

2. 车辆段与客运段的关系

按客车规定进行备品交接；检车员或车辆乘务员与运转车长或列车长加强联系，了解列车运行中的车辆情况，确保行车安全。

（二）车辆段与机务段的关系

车辆段的列车检修人员应与机车乘务员密切配合，对始发列车进行制动机作用试验，对到达列车应尽快进行制动机作业试验及摘接机车，以使机车按时入库；对运行途中发生制动机故障的列车，机车乘务员应会同检车员进行制动机试验；在调车和向车辆段取送车辆时，机车乘务人员应特别注意车辆检修人员技术作业的安全。

（三）车辆段与工务段、电务段的关系

主要是加强协作，共同保证行车安全，杜绝各自的设备发生相互干扰，防止建筑物或车辆零部件超出限界，引起碰撞事故。

任务三　车辆检修

车辆检修

铁路车辆是铁路运输生产的运载工具，为保证铁路畅通，要求车辆始终处于良好的技术状态。而铁路车辆类型多、数量大、分布地区广、工作环境和使用条件复杂，因此，保持车辆正常运转的维修工作就显得十分重要。提高车辆速度是世界铁路发展的必然趋势，是市场竞争的需要，也是社会发展和科技进步的标志，并能取得明显的经济效益和社会效益。因此，我国铁路自 20 世纪 90 年代起，开始了既有铁路提速和货车重载运行。随着科学技术的发展，铁路车辆不仅数量激增，且技术结构正向复杂化、自动化和机电一体化方向发展，与其相应的维修观念和维修制度都必须进行相应改革和发展。

一、车辆检修制度

我国传统的铁路机车车辆检修制度是实行计划预防检修制度，主要采用定期检修方式。该检修制度使我国铁路车辆检修过频、修时过长，降低了车辆的利用率。过剩维修严重，增加了维修成本，加大了建设投资，同时也不利于车辆可靠性的提高。现行检修制度的不合理性是长期形成的，新的检修制度需要一个逐步建立与完善的过程，因为新的检修制度的实施必须具备一定的条件，它既要建立起来完善的计算机信息系统，又要有完善的质量信息反馈系统和制度，还要具备必要的检测手段和诊断标准等。我国目前尚不完全具备这些条件，而且短期内也很难完成。因此，我国机车车辆检修制度在很长一段时间内仍然必须在计划预防检修的框架内。

根据我国《铁路技术管理规程》（以下简称《技规》）第 140 条的规定：车辆实行定期检修，并逐步扩大实施状态修、换件修和主要零部件的专业化集中修。车辆修程，客车和特种用途车按走行公里进行检修，最高运行速度不超过 120 km/h 的客车修程分为厂修、段修、辅修；最高运行速度超过 120 km/h 的客车修程分为 A1、A2、A3、A4；货车修程分为厂修、段修、辅修、检查。

动车组实行以走行公里为主的定期检修，检修分为五个等级：一级和二级检修为运用检修，三级、四级和五级为定期检修。

二、车辆定检修程

（一）客车

客车的修程按《铁路技术管理规程》之规定。

（二）动车组

动车组根据车型的不同，检修周期分别如下：

1. CRH1 型动车组

一级检修：运行里程 4 000 km 或 48 h；二级检修：15 天；三级检修：120 万千米；四级

检修：240万千米；五级检修：480万千米。

2.CRH2型动车组

一级检修：运行里程4 000 km或48 h；二级检修：3万千米或30天；三级检修：45万千米或1年；四级检修：90万千米或3年；五级检修：180万千米或6年。

3.CRH3型动车组

一级检修：运行里程4 000 km或48 h；二级检修：暂定2万千米；三级检修：120万千米；四级检修：240万千米；五级检修：480万千米。

4.CRH5型动车组

一级检修：运行里程4 000 km或48 h；二级检修：6万千米；三级检修：120万千米；四级检修：240万千米；五级检修：480万千米。

（三）货车

一般货车厂修5～8年，段修1～2年，辅修为6个月一次。

三、车辆运用、维修工作

车辆在运用中的安全性和可靠性，原则上应由车辆制造质量和施行厂、段修的质量来保证，但由于车辆在长期运用中，各零部件会发生不同程度的磨耗与损伤，如不及时进行检查维修，车辆运行质量必然下降，甚至可能酿成行车事故。因此，车辆日常检查维修对延长车辆寿命和完成运输生产任务具有重要意义。

针对车辆日常维修工作，货车由列检作业场和站修作业场担任；客车由客车技术整备所（库列检）和驻站列检所（客列检）担任。

（一）客车运用维修

1.客车运用维修的意义

铁路客车是铁路旅客运输的重要运载工具。铁路客车运用维修工作是铁路运输的重要组成部分，运用客车的维修质量直接关系到旅客生命财产的安全。提供良好设备，保证行车安全，为旅客运输服务，是铁路客车运用维修工作的基本任务。

2.客车运用维修的内容

（1）库列检：对进入客车整备所的旅客列车进行全面检查、试验和修理。按时进行季节性的防暑、防寒整备工作，通常每年4月15日左右开始进行春季防暑整备，9月15日左右开始进行冬季防寒整备。

（2）客列检：对始发、到达及通过的旅客列车进行技术检查和维修。

（3）客车乘务：车辆包乘组对值乘的旅客列车进行途中技术检查、维修和管理工作。

对于运用客车的质量状态，铁路总公司每年10月、铁路局每年5月和10月都要组织进行客车质量鉴定，以辆评等、按列评级。

（二）货车运用维修

1. 货车运用维修意义

货车运用条件较差，在解体、编组及机械化装卸作业中承受频繁的冲击，易腐货物对配件造成的腐蚀，重载运输、长大列车在运行中的冲撞等，使货车零部件产生较大的磨耗、变形、松弛、腐蚀等情况。因此，必须对货车进行及时的检查维修，使运用中的货车保持良好的技术状态，保证安全、正点、优质、高效地完成货物运输任务。

2. 摘车修与不摘车修

（1）摘车修。

把有故障的车辆从列车中摘下，送到专用修车线或站修作业场内施修，称为摘车修。实行摘车修可以充分利用固定台位和机械化修车设备，按技术标准修复车辆，消除故障，保证质量。但摘车修会增加调车作业的工作量和车辆停留时间，对运输效率有所影响。对列车内无法修复的故障必须施行摘车修。

（2）不摘车修。

在列车到达后、始发前进行技术检查时，对发现的车辆故障，能在停车线上利用站停时间修复的，称为不摘车修。实行不摘修，能较快地消除危及行车安全的故障，可加速车辆周转，提高运输效率。

采用摘车修及不摘车修两种修理方式，应根据车辆故障情况和站场设备及运输要求等条件加以综合考虑。原则是：凡是在列车中能处理的故障，尽量在列车内修复；在列车内修复较困难，不能保证质量或会影响正点编发时，应采用摘车修理。

3. 货车运用维修的内容

（1）辅修。

（2）摘车临修。

（3）列车检修，即对货物列车的车辆进行技术检查修理。

（4）货物列车包乘维修。

项目二　车辆运用管理工作

任务一　车辆主要运用技术指标

　　车辆是铁路运输的运载工具。它的运用效率反映着铁路运营工作的水平，关系到铁路运输任务的完成与运输成本的高低。最经济、最合理地运用全部铁路车辆，是铁路部门的重要课题之一。铁路车辆运用的经济性和合理性，主要是通过统计与分析某些技术指标，来正确、及时地反映和考察车辆运用的实际状况。车辆运用效率的高低，可以从车辆周转的快慢和车辆客车车底周转时间、客车日车公里等来体现。

一、车辆运用有关的主要运营指标

（一）现在货车

　　现在货车，是指每日 18:00 管内现有的全部货车。
　　现在货车按支配权来划分，可分为支配货车（铁路有权调配使用的货车，包括部属货车和进出我国参加营业运输的外国货车）和非支配货车（铁路无权调配使用的企业自备车和企业自用车）；以运用类别来划分，可分为运用货车和非运用货车两种。
　　正确掌握现在货车，能为正确地编制作业计划，提供可靠的依据，有助于提高列车编解效率，加速车辆周转。

　　1. 运用货车

　　参加铁路营业运输生产的一切空、重货车，统称为运用货车。它是表明运输生产能力的一项重要指标。铁路完成运输任务的多少，很大程度上取决于运用货车的多少。
　　当日 18:00 运用货车数与现在货车数之比，称为货车运用率。运用率越高，说明投入直接运输生产的货车越多。

　　2. 非运用货车

　　不参加铁路营业运输的非生产性的货车和企业自备、租用的空货车，统称为非运用货车。非运用货车包括自用车、检修车、代客货车、路用车（其中包括救援车，架桥机及铺轨机的附属车，线路施工运送长钢轨的平车和铺轨车，轮渡及各种轨道吊的游车或隔离车，职工用水或机车储水和补水用的水罐车，机车用油、储油、补油用的油罐车，已改装的备战车、检横车、发电车、消防车、除雪车、勘测车等，以及不能装货的零担宿营车、施工宿营车，机务段的运煤及运灰车）、洗罐车、整备罐车、改装及试验车、企业自备及租用和淘汰车等。

一定数量的非运用货车，是运输生产所必需的。但非运用货车要严格控制，不能占用过多，压缩非运用货车是挖掘货车潜力的重要途径。为此，车辆有关部门要提高修车效率，缩短停修时间，努力压缩检修车数，增加运用货车数，为挖掘运输潜力做贡献。

（二）现在客车

现在客车包括运用客车和非运用客车两种。

1. 运用客车

凡是办理旅客营业的客车统称为运用客车。如供旅客乘坐的软、硬座车，软、硬卧车及为旅客服务的行李车、餐车等。

2. 非运用客车

凡不办理旅客营业的客车以及技术状态不良，不能编挂于列车中运用的客车，均为非运用客车。如备用车、公务车、福利车、特种用途客车及各种检修客车等。

（三）货车车辆公里

一辆货车走行一公里叫一辆车公里。运用货车车辆公里是运用货车总走行的公里，它是反映货车走行工作量的数量指标，在一定程度上还反映了轮对磨耗的程度。

运用货车车辆公里等于重车车辆公里与空车车辆公里之和。

（四）货车日车公里

货车日车公里，是指在一定时期内铁路局或全路平均每一运用货车在一昼夜内的走行公里数。计算货车日车公里的公式有以下两种：

$$货车日车公里（km/d）=运用货车车辆公里/运用货车$$

$$货车日车公里（km/d）=货车全周转距离/货车周转时间$$

货车日车公里是反映货车流动程度的指标。货车的流动程度越大，即平均每辆货车每天走行的公里越多，在空车走行率一定的条件下，货车所完成的货运量就越大。

（五）货车全周转距离及周转时间

1. 货车全周转距离（简称全周距）

货车全周转距离是指货车每周转一次（也可以说每完成一个工作量）的平均运行距离。它包括货车在重车状态下和空车状态下的全部行程。货车全周转距离与货车周转时间成正比。若其他因素不变，全周距越长，货车周转时间也越长。因此，全周距应在保证正常工作的前提下力求缩短。

2. 货车周转时间

货车周转时间是指运用货车在一次周转中（即完成一个工作量的整个过程中）平均所花

费的时间。

货车周转时间是考核货车运用效率最重要的指标之一，也是技术计划中最重要的指标之一。它反映着整个货车周转过程的总效率和所有与运输有关各部门的工作质量与工作效率。因此，通常把它称为反映货车运用效率的综合性指标。加速货车周转，对提高运输效率具有重要意义。加速货车周转时间，就能以一定数量的运用车完成更多的运输任务，即完成一定数量的运输任务，可以少使用车辆。车辆运用部门，要不断改进自己的工作，提高车辆检修质量，在确保运行安全的前提下缩短车辆在车站上的停修时间，加速车辆周转。

（六）货车载重量

货车载重量是反映货车载重力利用程度的标志，通常可分为货车静载重和货车动载重两种。

1. 货车静载重

货车静载重指在一定时期内，车站、铁路局或全局平均每装车一辆所装载的货物吨数。它直接影响装车数和为完成一定货物发送吨数所需要的运用车数。车辆的类型对于静载重具有重大影响，增加全部运用车中大型车所占的比例，是提高静载重的有效措施。

2. 货车动载重

货车动载重指在一定时期内，全路、一个铁路局平均每一货车公里所完成的货物吨公里数。它一般分为重车动载重（指在一定时期内平均每一重车公里所完成的货物周转数）和运用货车动载重（指平均每一运用候车公里所完成的货物吨公里数）两种。

货车静载重仅能反映在装车时或重车状态的静止条件下（即不包括距离因素）货车载重能力的利用程度。货车动载重则不同，它所反映的是平均每一重车公里或运用货车公里所完成的货物周转量，从而也就表现出货车在运送货物全过程中的利用程度。

（七）车辆保有量

1. 货车保有量

货车是在全国各铁路线上运行的。对于一辆货车来说，它经常从一个铁路局的管辖区进入另一个铁路局的管辖区，并不固定在某一铁路局管辖区内，所以各铁路局的实际保有量是变化的，但每个铁路局都需要保持一定数量的运用货车，才能完成所承担的运输任务。因此，铁路总公司在每月编制运输技术计划时，分配给各铁路局一定的运用货车保有量。同样，各铁路局也分配给所属各车站一定的运用货车保有量。分配货车保有量的计算公式如下：

$$N = U \cdot \theta$$

式中　　N——运用货车保有量（辆）；
　　　　θ——周转时间（d）；
　　　　U——工作量（辆/d）。

工作量是指铁路局或全路每天新产生的重车数，可按下列公式计算：

全路工作量=使用车数
路局工作量=使用车数+接运重车数

正确掌握铁路局的运用货车保有量,是保证完成规定运输任务的重要环节。因此,铁路局应经常采取各种整调措施,使每天的运用货车保有量基本上符合规定的标准。

2. 客车保有量

我国铁路客车由铁路总公司分别配属给各铁路局,所以各局的客车保有量是相对稳定的数值,即全部配属的客车辆数。

客车保有量也可由下式求得:

$$P = (1+\alpha)\sum Lm$$

式中　P——客车配属辆数;

　　　α——非运用车保有系数,一般取 0.36(其中备用车 0.10,波动率 0.20,检修率 0.06);

　　　L——旅客列车车底列数;

　　　m——车底组成辆数。

计算客、货车保有量的目的:一方面是为了更好地掌握车辆的分布情况,以均衡地完成铁路运输任务;另一方面,用保有量乘各种修程的修理循环体系数,可以计算出检修任务量。

(八)旅客列车公里与运用客车车辆公里

(1)旅客列车公里是指由铁路局所属各段配属车底行的旅客列车公里总数。全路旅客列车公里是全国各铁路局旅客列车公里总和。

(2)运用客车车辆公里是指由铁路局所属各段配属客车在各区段走行公里的总和。

旅客列车公里是计划和考核与旅客列车有关之处的一项重要指标,而运用客车公里则是客车车辆公里的重要组成部分,是计划和考核客车检修费用等有关客运支出的一项重要指标。

(九)旅客列车车底周转时间

旅客列车车底周转时间,简称为车底周转时间,是指为了开行运行图中某一对旅客列车的车底,从第一次由车底始发站发出之时起,至下一次再由该始发站发出时止,所经过的全部时间。

车底周转时间反映着车底周转全过程的效率与所有与客运有关部门的工作效率。车底周转时间的长短,直接影响为开行某对列车所需要的车底数,从而也就影响铁路所需要的运用客车数。因此,在计划旅客列车车底需要数时,都要使用车底周转时间这一重要指标。

(十)旅客列车技术速度、旅行速度、直达速度

(1)旅客列车技术速度是指列车在区段内运行,不包括列车在沿途中间站停车时间在内的平均速度。

(2)旅客列车旅行速度(也称区段速度或商务速度)是指列车在区段内运行的平均速度(将列车在沿途中间站的停车时间考虑在内)。

(3)旅客列车直达速度(直通速度)是指列车在车底始发站和折返之间的平均速度,也就是旅客列车在其运行全程中的平均速度。

二、车辆检修指标

（一）检修车辆现有数

检修车辆现有数，也叫不良车数、残车数或检修车数，是指每日 18:00 全路、一个铁路局、一个车辆修理工厂（包括企业租用车）中因定检到期或临修而扣修的车辆；因事故破损和待报废及回送中的检修车辆；也包括在铁路营业线运用中，因临时发生故障而摘车临修的外国车及企业自备车。

检修车辆现有数可按下列公式计算：

$$检修车辆现有数 = 日初残存检修车数 + 本日扣修车数 - 本日修竣车数（辆）$$

检修车辆现有数可以反映全路或一个铁路局车辆的状况，也可以反映各个车辆检修单位、铁路局或全路修车工作的进展。为了保证工厂和车辆段修车计划有步骤、有节奏地均衡完成，铁路总公司规定了各铁路局和修理工厂有一定的检修车定量，也叫残车定量，铁路局也规定了所属车辆段的残车定量。各段、厂要采取一切必要措施，努力减少管内的检修车数，使之经常保持在规定定量以下。加强扣车的计划性和减少摘车临修，是减少检修车数的主要途径，而提高修车效率，缩短检修时间及提高修车的当日出车率，也是减少检修车辆的重要措施。

（二）车辆检修率

车辆检修率，又称车辆不良率，是以相对数字反映车辆状态的指标，分为货车检修率和客车检修率两种。

1. 货车检修率

货车检修率是指全路或一个铁路局不良货车数与支配货车数之比。计算公式如下：

$$货车检修率（货车不良率）=（不良货车数/支配货车数）\times 100\%$$

由于我国铁路货车是全路通用的，没有固定配属局，而且各铁路局货车检修任务是根据各局检修能力分配的。另外，由于各铁路局管内有无车辆修理工厂及其修车能力的大小不同，其所需的在厂车数和货车检修率，作为考查车辆检修运用成绩的依据。

2. 客车检修率

客车检修率是指不良客车数与配属客车数之比。计算公式如下：

$$客车检修率（客车不良率）=（不良客车数/配属客车数）\times 100\%$$

由于客车都有固定配属，所以它和货车情况不同，除了应当计算全路客车检修率外，还应分别计算各铁路局的客车检修率。

车辆检修率越低，表示不良车辆数越少，可以参加运用的车辆数越多。因此，车辆检修率越低越好。

车辆检修率与检修车辆数成正比，而与支配货车数及配属客车数成反比。由于车辆检修率的大小和检修车辆数成正比，因此，它也在一定程度上反映了全路车辆修理的质量。当修车质量较高时，随着检修车辆数的减少，车辆检修率也就相应降低。反之，当修车质量较差时，随着修车数增大，车辆检修率也就相应增高。

（三）车辆检修停留时间

车辆检修停留时间，简称修车时间，是指在一定时期内，全路或一个铁路局、一个车辆修理工厂、一个车辆段或其他修车单位，平均检修一辆车的全部停留时间。

修车时间是按客、货车车辆的各种修程分别计算的。客车厂、段修的修车时间以天为单位，辅修、临修以小时为单位；货车厂、段修休车时间以天为单位，辅修、临修以小时为单位。

修车时间是表示修车工作进度的重要指标。在保证修车质量的前提下，如果修车时间越短，表明修车效率越高；修车时间越长，表示修车效率越低。

每一检修车辆的全部修车时间，对于交由车辆段修理的车辆来说，大致包括站修时间、待修时间和修理时间 3 个内容；对于交由工厂检修的车辆来说，往往还要加上由确认需要送交工厂检修的地点编入列车，直至送到工厂所在地完成办理入场手续为止的全部时间，也可称之为回送时间。为了加快修车进度，缩短修车时间，就必须努力缩短站修、待修、修理和回送时间。对车辆检修部门来说，往往又以缩短待修和修理时间为关键。

缩短待修和修理时间的途径，主要在于不断改进检修车间的劳动组织，提高修车人员的思想觉悟与操作技术水平和采用先进的技术设备等。

（四）责任晚点

责任晚点是考核列检工作质量的重要指标。检车人员应在列车运行图规定的时间内检修好车，并确保运行到下一个列检所而该所检修范围的部位不发生故障。凡由于工作组织不当影响列车按图定时间开出的和由于检修列车造成的晚点叫列检责任晚点。这种晚点多因车辆故障危及行车安全，如在列车不能修复时，必须做甩尾处理，所以惯称始发甩车晚点。

（五）责任事故

车辆运用部门应消灭行车事故，确保列车运行安全。由于本列检作业场或段责任造成事故的应按《铁路交通事故调查处理规则》规定，列入责任事故，铁路局、车辆段按件数考核。对一般事故，客车按每百辆配属车发生件数统计；货车按管内货物列车运行量每百万辆公里发生的件数统计。

除上述车辆检修运用工作指标外，还有车辆段每年每名工人的平均修车辆数、站修作业场的台位利用率、半日出车率、劳动生产率、临修率等质量指标。

三、车辆检修统计办法

（一）检修客货车现有数

（1）凡定检到期及技术状态不良并以车辆检修通知书（车统-23）扣修或以检修车回送单（车统-26）回送至管辖区段内的客货车辆，均按检修车计算。

（2）检修客车现有数，不论客车实际所在地点，均由客车配属车辆段列报，但摘车临修的客车，则由实际摘车修理的车辆段列报。

（3）检修货车现有数，由货车检修的所在车辆段列报。回送中的检修货车，由当日 18:00 车辆所在地段的车辆段列报。在铁路营业线运用的外国车、企业自备重车及企业租用重车，临时发生故障而扣修时，亦按检修货车统计。

（4）检修货车现有数分为"在厂"和"在段"车数。送往工厂修理的货车，经车辆段与工厂交接完成时起算在厂检修车。

（5）车辆修竣后，自车辆段或工厂将车辆修竣通知单（车统-36）送交车站签字时起，由检修车现有数中减去。报废的检修车，自接到铁路局统计部门通知时起，由检修车现有数中剔除。

（二）客货检修车的起算时分

（1）扣修的车辆，自车站指定人员在车辆检修通知书（车统-23）上签字时算起（车站与车辆段双方协议，对办理"车辆检修通知书"需要间隔时间时，经铁路局同意，可按协议规定办理时分算起）。对需要卸空后修理的重车，自卸车完成，车站通知车辆段的时分起算。

在无列检人员的车站，车辆发生故障时，不论车辆是否空、重或需要倒装，均自车站通知车辆段或列检所的时分起算检修车。经列检人员检查，若确定重车需要倒装后修理时，自列检人员通知时起撤销检修车，卸空后，在自车站通知时起转入检修车。

（2）回送客车顺路使用时，自列车出发至到达摘车时的时间，不计算检修车。

（三）客货检修车的车种分类

（1）客车的车种分为：硬座车、软座车、硬卧车、软卧车、行邮车、餐车、公务车（包括瞭望车）、代用客车（包括简易客车）及其他等9类。各种类型的合造车，按较高一级车计算。

（2）货车的车种分为：棚车（包括通风车、零担宿营车）、敞车（包括煤车、矿石车）、平车、砂石车、罐车、冷藏车及其他（家畜车、长大货物车、散装水泥车、代用罐车、特种车、淘汰车、其他各种货车）7个主要类型，此外还有守车。

（四）车辆段修竣车数

凡由车辆段进行检修的客、货车（不包括返工修和不摘车修）均由施修段统计修竣车数。摘车检修的车辆，根据车站在车辆修竣通知单（车统-36）上签字的时刻计算。数种修程同时进行的车辆，则按以下规定统计：

（1）辅修与轴检、临修同时进行的，只统计辅修的修竣车数。

（2）临修与轴检同时进行的，分别统计临修及轴检的辆数。

任务二　国际联运车辆

国际联运的目的主要是为了加强各国相互之间的联系，增进友谊，促进对外贸易和旅游事业的发展，满足我国改革开放的需要，加快现代化建设的进程。因此，国际联运在铁路运输作业中有着重要的意义。

国际联运车辆

由于各国的车辆界限、设备、行车速度、车辆零部件的检修限度要求不同，所以，为保证国际联运工作的顺利进行，编入联运的车辆，一定要符合途经线路的技术要求，如果车辆技术状态不符合标准，势必在国境站上造成换装或换乘。这样，既增加了国境站的工作负担，又可能使出口物资延期交付或给旅客带来不便，造成不应有的损失和政治影响。因此，对国际联运车辆的技能状态，必须严格掌握，按规定要求，认真交接。

为了确认交出或接收车辆的技术状态，明确责任以及对车辆进行必要的检查、修理和办理车辆交接手续，所以在两国的国境站上设有车辆交接机构和代表人员。

从事国际联运车辆技术状态交接及检查人员，必须遵照有关规定，认真履行职责。对不符合国际联运的车辆，可不接收，但对本国车辆，不论其技术状态如何，都必须接收。在进行车辆交接或接收时，应按规定填写车辆交接单及不良车辆记录表，移交内容经双方确认后，由代表人员在表上签字。

联运在外国运用车辆，其日常的技术保养，由该车行经的各列检所负责进行，但定期修理，则须由所属国进行。在任何情况下，对故障车辆进行维修时，不得改变原车构造。

一、国际联运客车

（一）我国对国际联运客车的规定

（1）凡参加国际联运的我国车辆，必须符合《国际旅客联运车辆使用规则》和《国境铁路会议议定书》中规定的条件。

（2）外国所属联运客车入境时，指定由入境局负责技术交接和检查。途经局及折返局应认真检查维修，发现故障及时处理并编制记录，保证行车安全。

（3）联运过轨到国外的国内客车，应由专人进行维修保养，其宽轨转向架（包括制动机及传动装置）的维修保养，由换装站所在地的铁路局负责。车体和准转向架的维修保养，由配属局负责。

（4）客列检对所通过的国际列车按规定做技术检查和维修。

（二）国际联运客车技术要求的一般规定

（1）车辆的横断面外形应符合车辆全部运行经路上各铁路的车辆界限。车辆的尺寸超过运行经路上的一路或数路机车车辆界限所容许的尺寸时，发送路须事先经运行路上各铁路协商后才允许这种车辆通过。

（2）连接装置的所有各部分（车钩、制动软管等）在非使用状态时，其下垂至轨面距离不得小于 140 mm，如可能小于上述距离时，应将连接装置提起达到不小于上述距离的高度。

（3）电器设备零件与轨面的接近距离，不得小于 100 mm。

（4）车辆转向架的轴距不得小于 2 000 mm。车辆应适合于自由通过 150 m 半径的曲线。

（5）准许在国际联运中运行的符合欧洲 1 435 mm 规矩界限（TE 限界）的车辆，应有 MC 标记。同 0-BM 限界相符的车辆应有 MC-0 标记，同 1-BM 限界相符的车辆，应有 MC-1 标记。上述标记应以白铅油涂在车辆两侧下部中央。

（6）装有链钩的车辆，为了便于连接员工作，缓冲盘和螺旋式链钩侧面的自由空间不得小于 400 mm；由缓冲盘的冲击面到端梁之间的纵向自由空间在缓冲器全部压缩后，不得小于 300 mm；

在两缓冲盘和链钩之间由轨面到2 000 mm高度空间处的车辆端板上不得有任何突出的物件。

（7）由于中国和朝鲜机车车辆构造上的特点，在不换乘运送中，行经中国铁路和朝鲜铁路的车辆的连接问题，应由有关方面协商解决。

二、国际联运货车

（一）我国对国际联运货车的规定

（1）参加国际联运的中方铁路货车，须符合《铁路货车运用维修规程》和《国际联运货车使用规则》中"国际联运铁路货车的技术要求"的规定及中方与外方铁路间《国境铁路协定》的货车技术交接条件。

① 参加国际联运的中方铁路货车须在车体的规定位置图打"MC"联运标记，未涂打"MC"联运标记的中方铁路货车不得编入国际联运列车。

② 以下中方铁路货车禁止涂打"MC"联运标记。

a. 自备铁路货车、租出铁路货车、淘汰铁路货车、国外租入铁路货车、新技术实验铁路货车和专用车（专用车包括救援车、机械车、线桥工程车、宿营车、发电车、检横车、磅秤修理车、生活供应车、战备车、除雪车等）。

b. 无自动制动机的铁路货车。

c. 车轮轮辋宽度不足127 mm的铁路货车。

d. 禁止（含临时禁止和永久禁止）参加国际联运的铁路货车。

（2）外方不同车种车型的铁路货车（以下简称外方铁路货车）首次进入中方铁路参加国际联运前，须符合《国际联运货车使用规则》有关铁路货车的技术要求，并符合规程，中方《铁路技术管理规程》铁路货车的技术要求、限界要求和《铁道车辆动力学性能评定和实验鉴定规范》及其他相关铁路标准、国家标准后，经铁路总公司主管部门批准，方可进入中方铁路运行。

（3）因车钩制式不一致需采用过渡车钩的，还须符合下列要求：入境的外方铁路货车换装与中方铁路货车连挂的过渡车钩，应按中方车钩的制造、检修和运用要求进行管理；入境前已换装外方产权的过渡车钩，须按《国际联运货车使用规则》中"国际联运货车的技术要求"有关规定进行技术检查。

（二）我国国境站技术交接

办理国际联运铁路货车技术交接的国境站应设置国境站技术交接作业场。

1. 国境站技术交接作业场设置

中方国境站技术交接作业场，应设在与外方铁路轨距相同的中方国境站相关车场。国境站技术交接作业场主要负责外方铁路货车在中方铁路的国境站进行货物换装前或进入中方铁路运行前的国境技术交接工作；并派检车员驻外方国境站，负责对过渡进行货物换装的中方铁路货车办理技术交接工作。

2. 国境站技术交接标准

铁路局须对国境站技术交接作业场国际联运出、入境的我国铁路货车按《铁路货车运用维修过程》、参照《国际联运货车使用规则》，外国铁路货车按《国际联运货车使用规则》、参照《铁路货车运用维修过程》，在保证行车安全的前提下，制定联运铁路货车的技术交接办法，并纳入中方与外方间《国境铁路协定》或《国境铁路会议议定书》等，报铁路总公司备案。

3. 接入国际联运货车的技术交接

中方国境站技术交接作业场接入的外方铁路货车，在进行货物装换或进入中方铁路运行前，应按《国际联运货车使用规则》中"国际联运货车的技术要求"进行技术交接，要求如下：

（1）国境站技术交接作业场值班员接到车站接入外方列车的通知后，应在《国境站技术交接检查记录簿》中记录列车基本信息，通知作业组按技术交接作业程序，对入境的外方铁路货车进行技术交接检查。

（2）检车员对办理交接的外方铁路货车，要在《检车员工作记录手册》中逐辆记录车种、车型、车号和发现铁路货车的故障，并及时将发现的外方铁路货车故障通知值班员，由值班员汇总后通知外方检车员对铁路货车故障进行现车确认。将确认属实的铁路货车故障填记《不良铁路货车登记簿》，作为外方铁路货车入境存在故障的原始依据，由中外双方检车员代表签章。

（3）《不良铁路货车登记簿》每页登记一辆外方铁路货车的不良之处，并复写两份：一份交国境站，另一份留存在《不良铁路货车登记簿》内。外方铁路货车出境时，取出《不良铁路货车登记簿》附在国境站出具的外方铁路货车交接单上。

（4）交接发现外方铁路货车不符合《国际联运货车使用规则》中"国际联运铁路货车的技术要求"、定检过期或存在安全隐患故障时，禁止换装中方转向架或进入中方铁路运行。

4. 交出国际联运货车的技术交接

中方国境站技术交接作业场交出的外方铁路货车，在进行货物换装或在中方铁路运行后，应按《国际联运货车使用规则》中"国际联运铁路货车的技术要求"进行技术交接，要求如下：

（1）国境站技术交接作业场值班员接到车站交出外方列车的通知后，应在《国境站技术交接检查记录簿》中记录列车基本信息，通知作业组对出境的外方铁路货车按规定进行技术检查，按规定确保外方出境铁路货车在中方铁路的运行安全。

（2）外方检车员发现铁路货车存在的故障，应通知中方检车员在现场进行故障确认，并与接入的《不良铁路货车登记簿》记录核对，对接入时即存在铁路货车故障，须与外方检车员进行交涉，不形成外方铁路货车存在技术状态不良的"记录"。

（3）外方检车员发现的铁路货车故障，在入境交接《不良铁路货车登记簿》中无记录的，中方检车员代表应在外方形成的铁路货车存在技术状态不良的"记录"上签字。"记录"一式四份，双方各留存两份，中方国境站技术交接作业场应装订成册管理，并按规定上报。

5. 我国国境站技术交接作业场的技术交接时间

中方国境站技术交接作业场的技术交接时间，原则为每轴不超过 1 min。铁路局应在年度的《国境铁路联合委员会议定书》中确定技术交接时间。中方国境站技术交接作业场对外方铁路货车进行技术交接时，应按规定进行安全防护。

6. 铁路货车故障处理

列检作业场应比照中方铁路货车的列车技术作业要求，对外方铁路货车进行列车技术作业，发现外方铁路货车定检到期或过期的应及时回送外方铁路货车所属国施修。

列检作业场发现外方铁路货车存在故障时，在禁止改变外方铁路货车技术结构的要求下，比照中方铁路货车的故障处理标准处理。列检作业场对换下的外方铁路货车故障配件，应按《国际联运货车使用规则》的要求返还外方铁路货车所属国。发现外方铁路货车存在危及行车安全的故障需摘车处理时，应逐级上报，由铁路局组织制定处理方法。

在国境站进行货物换装的外方铁路货车，发现危及行车安全的故障时，应通知车站采取限速等措施，并通知外方检车员处理。

外方铁路货车在中方铁路运行发生铁路交通事故、铁路货车行车设备故障和列车技术质量问题时，应比照中方铁路货车进行调查、分析与处理。外方铁路货车因铁路交通事故等原因造成破损时，应回送外方铁路货车所属国施修。

（三）外方国境站技术交接

1. 出境的中方铁路货车的技术交接

中方派驻外方国境站检车员，对出境的中方铁路货车，在货物换装前，应按《国际联运货车使用规则》中"国际联运铁路货车的技术要求"进行技术交接，要求如下：

（1）值班员接到外方国境站接入中方列车的通知后，应在《国境站技术交接检查记录簿》中记录列车基本信息，并通知交接检车员按规定与外方检车员进行现场技术交接。

（2）对外方检车员发现中方铁路货车存在的故障，根据外方检车员的通知在现场进行故障确认，属实的铁路货车故障由外方填记《不良铁路货车登记簿》，作为中方铁路货车进入外方国境站存在故障的原始依据，中方检车员代表进行签章；同时中方检车员须将故障铁路货车的车种、车型、车号及故障名称记录在《检车员工作记录手册》中，并登记在中方铁路货车《出境货车故障记录簿》中备查。

2. 入境的中方铁路货车的技术交接

中方派驻外方国境站的检车员，对由外方向中方交出的铁路货车，在货物换装后，按《国际联运货车使用规则》中"国际联运铁路货车的技术要求"进行技术交接，要求如下：

（1）值班员接到外方国境站交出中方列车的通知后，应在《国境站技术交接检查记录簿》中记录列车基本信息，并通知交接检车员按规定对中方铁路货车进行技术交接作业。

（2）交接中发现中方铁路货车存在故障时，应及时与《出境铁路货车故障记录簿》进行核对，对出境时无记录的故障铁路货车，应将车种、车型、车号及故障部位通知外方检车员在现场进行确认。

（3）对外方检车员确认属实的中方铁路货车故障，应形成铁路货车存在技术状态不良的"记录"，交外方检车员代表在技术状态不良的"记录"上签章。"记录"一式四份，双方各留存两份，中方检车员应装订成册管理，并按规定上报。

（4）中方铁路货车除存在严重破损或危及行车安全的故障外，其他铁路货车不论技术状态如何，中方检车员均需办理中方铁路货车接收手续，在不危及行车安全的情况下，采取必要的安全措施，将故障中方铁路货车挂运列车驶回中方国境站，并及时将返回车次、车种车型车号、编挂位置、铁路货车故障情况，通知中方国境站列检作业场或技术交接场。

对存在严重破坏或危及行车安全不能挂运的故障或事故中方铁路货车，由铁路局组织制定回送方案，确保返回中方国境站的运行安全。

任务三　重载铁路货车

一、重载铁路货车

重载铁路货车

重载铁路应建立作业布局合理、安全防范有力、装备技术先进、管理体系规范的货车运用工作模式，针对铁路货车固定配属管理、循环运行、周转时间短、运输效率高等特点，以整备作业为基础，装卸站列车技术作业为补充，运行区间铁路货车安全防范系统为支撑，适应重载货运通道集疏运体系建设要求和速密重并举的运输组织要求，确保行车安全。

固定配属管理、循环运行的重载单元列车，原则上应做到统一车种车型、固定运行区段、固定车次辆序，便于集中整备和整列扣车。

重载铁路的列车技术作业须配齐具有临修故障处理经验的修理人员和故障处理工装设施，并强化装卸车站列检作业场的检查修查能力，完善运行区间的安全防范和故障应急处理能力。

二、技术检查作业

重载列车的技术检查作业，应在"全面检全面修"检查范围和质量标准的基础上，按规定提高闸瓦磨耗剩余厚度，严格控制列车制动机试验泄漏量等质量标准和修理质量。

重载铁路的列检作业场应铺设专用网络通道，HMIS 运用子系统应具备列车技术质量管理、铁路货车运行质量追踪反馈等功能，能够做到信息化联网管理、质量问题的提前预测预报，及时处理铁路货车故障。

装车站、卸车站列检作业场及运行区间铁路货车安全防范系统，要建立列车技术质量联控机制，对首发铁路货车故障部位要及时通报各列检作业场重点检查，严格控制和防范突发性、倾向性的质量问题。

由两组或多组单元列车组合开行的列车在计数铁路货车编挂位置时，辆序是从第一单元机后第一辆车开始对铁路货车依次计数，但不计中部和尾部机车。

合理设置作业组数，优化生产组织。技检 5000 t 及以上单元列车和单元万吨列车的列检作业场，应按 5000 t 及以上单元列车编组辆数配置作业组人数和单元万吨列车编组辆数配置作业组人数。

重载铁路应加强铁路货车故障应急处理能力建设，建立、健全事故救援快速反应机制和沿途铁路货车故障应急处理预案，完善铁路局、车辆段、货车运用车间三级应急救援组织，提高应急救援人员素质，规范应急救援管理，设置沿途重车换轮台位，配备处理主管系统故障的应急长风管，做好配件和故障抢修工具、机具的储备，定期和不定期组织开展事故调查和救援模拟演练工作。

项目三　客车运用维修

一、客车运用维修管理工作的目的和任务

铁路客车是铁路旅客运输的重要运载工具。铁路客车运输维修工作是铁路运输的重要组成部分，运用客车的维修质量直接关系到旅客生命财产的安全。提供良好设备，保证行车安全，为旅客运输服务，是铁路客车运用维修工作的基本任务。

铁路客车实行固定配属管理。客车所属的铁路局、车辆段对客车的维修质量、安全负责。铁路客车运用维修工作必须坚持质量第一和为运输服务的原则，积极推行按走行公里施修的维修体制，贯彻修、养并重，预防为主的方针，不断加强基础工作，完善运用管理制度，为铁路旅客运输提供良好的客车。

二、客车运用维修管理工作的内容

客车的运用维修工作包括客整所（库检）、客列检（站检）和客车乘务（乘检）三部分。客车技术整备所（库检）是对到达入库的旅客列车车底进行技术检查、修理（包括辅修、A1级检修）、试验及整备工作，使其达到出库的质量标准后交给车辆乘务组。旅客列车检修所（站检）是利用旅客列车在车站的停留时间对客车进行技术检查和不摘车修理，并协助车辆乘务组应急处理客车故障，保证由该车站出发的列车技术状态良好。车辆乘务组（乘检）是在旅客列车运行途中，按作业要求对客车进行技术检查和维修，保持客车的技术状态良好。

库列检、客列检、车辆乘务组是对运用客车进行检修、维护和保养的重要部门，担负着确保旅客列车绝对安全和为旅客提供良好旅行条件的重要职责，处于铁路运输安全生产的第一线，是确保旅客列车绝对安全的关键环节，防范旅客列车事故的主要防线和展现铁路风貌的重要窗口。

任务一　客车管理

一、客车配属

（1）铁路客车实行固定配属管理，配属工作由车辆部门负责。车辆部门应根据列车运行图、旅客列车编组表、维修生产需求（含检修率5%、备用率5%）、运

行地区的特点、客车技术构造类别，以及集中管理、维修方便的原则做好配属管理工作。

（2）配属铁路局、车辆段对客车的质量、安全负责。

（3）代管客车由配属单位与代管铁路局、车辆段定期签订代管协议。

（4）车辆段每季向铁路局、铁路局每半年向铁路总公司上报客车配属统计情况。

二、客车专属

（1）客车转属时，原配属铁路局、车辆段应负责整修，转出的客车必须达到《运用客车出库质量标准》。

（2）客车交接时，应提供完整的客车技术履历和有关技术卡片。

（3）车电机具的转属按转属命令办理。

（4）转属客车本年度未完成的定期检修（包括车电机具）任务，由新配属单位负责安排实施。

三、客车借用

（1）跨局间的客车借用由铁路总公司批准，铁路局内的客车借用由铁路局车辆主要部门批准。接到客车借用命令后，配属局、段应整修车辆，并按照《运用客车出库质量标准》与借用局、段办理交接。

（2）客车借用期间，借用车辆视为借用局、段配属，并承担相应的质量和安全责任。

（3）客车借用结束时，借用局、段应整修车辆，使其达到《运用客车出库质量标准》，并负责在规定的时间内归还借用局、段。

四、路用客车管理

（一）报废条件

客车凡自然耗损过限、腐蚀或事故破损严重，经鉴定符合下列条件之一者，可申请报废：

（1）外墙、顶板须全部分解，并须更换铁立柱达 2/3。

（2）需要更换中梁。

（3）中、侧梁垂直弯曲超过 200 mm 或横向弯曲超过 100 mm。

（4）两根侧梁折损或一根侧梁折损及两根端梁折损。

（5）车底架扭曲，其倾斜度在车底架 1 m 以内超过 70 mm 或全部车底架超过 300 mm。

（6）底体架破损程度较大和火灾事故后严重变形，经鉴定无修复价值。

根据铁路总公司颁布的技术政策，必须淘汰的客车或达到设计使用寿命的客车可申请报废。

（二）报废手续

客车报废须经铁路局批准，并报铁路总公司核准。

（1）需报废的客车，由配属段（车在工厂时由工厂、事故车由事故发生地的铁路局）组织鉴定。符合报废条件时，填写《客车报废记录单》(车统-10）一式四份（代管行李车、邮政车、路外车等一式五份），须附照片显示破损部位，报客车配属局。

（2）铁路局将拟报废的客车每半年填写《客车报废核准表》和《客车报废汇总统计表》一式两份报铁路总公司，铁路总公司核准并加盖核准章后，一份返回。

（3）铁路局接到铁路总公司核准的《客车报废核准表》后，通知原申请单位。

（4）原申请段（厂）接到通知后，应抹消路徽、车号等标记，并在报废车辆两侧用白油漆写上核准报废的命令号及日期。自核准之日起取消配属，并在2个月内解体完毕。

车辆段每半年向铁路局、铁路局每半年向铁路总公司上报客车报废统计情况。

任务二　客车技术整备所

一、整备所职责

客车技术整备所

客车技术整备所，简称客整所，又称库列检，是客车运用维修保养的重要基地，具有列车的A1级检修、辅修、入库检查、客车整修及临修等功能。其职责如下：

（1）客整所是运用客车维修与保养的主体，承担着客车入库检修、辅修A1级检修和客车整修等工作。本属客车经检修应达到《运用客车出库质量标准》，并保证列车在一个入库检修周期内不发生责任事故。

（2）对外局所属客车要认真处理乘务员交修的故障，主要对走行、制动、钩缓、发电机吊架及传动装置全面检查，重点修理。扩大不摘车修，减少摘车临修，努力保持原编组折返。

（3）装用盘形制动装置的客车，须进地沟线检修。

（4）配合外属列车做好加油、供电、排污等工作。

（5）集中供电空调列车，库内停留期间须使用外接地面电源进行检修。

二、整备所主要设施

客整所的主要设施包括线路、检修线路上的主要设施、生产房屋和设备、办公房屋和生活设施等。

（一）线　路

客整所应设检修线、临修线、存车线，并根据需要设牵出线、转向线、装卸线和机车走行线等线路。线路应平直，确因地形困难，线路纵断面的坡度不得超过1.5‰。

1. 检修线

检修线是对客车车底进行车辆技术检查、整修的线路。

（1）检修线的数量应按始发、终到列车整修数选配。

（2）检修线应为平直线路，其长度不得小于整修车底的全长加安全距离（10 m）及调车机作业连挂长度（20 m）。其中一至两条检修线应增加拉钩检查距离（10 m）。

（3）整修车底的全长按列车编挂辆数乘客车计算长度计算。

2. 存车线

存车线是存放非运用客车（如备用车、专用车、检修回送车等）的线路。

存车线的总长度（有效长）应按需要存放的非运用车辆数乘客车计算长度计算确定。尽头式布置时，每股道增加安全距离（10 m）。线路间距一般为 5 m。

需要存放的非运用车辆数，一般按运用客车的 22%～25%计算。

3. 临修线

临修线是专供客车进行摘车临修的线路。

（1）客整所应根据规模设一台位或两台位的临修线一条，其作业段的平直线长度应考虑一个落轮台位和退出一台转向架进行修理的长度，分别为 75 m 或 120 m。

（2）空调客车检修线的作业段平直线长度不得小于 100 m。

（3）设有存放一定数量备用轮对的存轮线。

4. 牵出线

（1）客整所与客运站横列配置时，应设牵出线，其有效长度不得小于列车到发线有效长度。

（2）客整所与客运站纵列配置时，可利用站、所联络线进行调车作业，不应单设牵出线；但当联络线不能满足调车作业要求时，应设牵出线。

（二）检修线路上的主要设施

（1）检修线间和线群外侧作业场地应设硬化地面，并有良好的排水、排污及处理设施。

（2）检修线上须设照明、充电、列车供电等专用电线路，并分设插座、充电设备等。

（3）在每两股检修线间，应设有供风、供水管路和接头。

（4）在检修线中应根据需要设置检查地沟，一般结合拉钩检查线路来设置。

（5）临修线上应有架车、起重、换轮和电焊设备等。

（6）检修线和临修线的进车方向应设置带有固定式（电动或手动）脱轨器信号防护装置等作业安全防护装备。

（7）广播设备或对讲等通信设备。

（8）在检修线进车端的适当位置设有列车制动试验器等。

（三）生产房屋和设备

（1）根据规定设置客车检修库（棚）。

（2）根据生产需要设置相应的辅助作业间以及各种备品、配件、材料存放的仓库和棚等。

（3）根据任务量和作业要求配备必要的检修、试验设备和仪器仪表。设备的配备应满足客车检修和试验的要求。

（四）办公房屋和生活设施

客整所应根据组织机构和生产需要配置必要的办公房屋和生活设施。

（1）办公房屋应根据客整所的组织机构和铁路总公司有关规定配置。

（2）更衣室、接待室、休息室等房屋，应根据各类生产人员的工作性质和工作需要配置。

（3）根据需要设置茶炉室、浴室、食堂等生活设施。

任务三　客车辅修及 A1 级检修

客车辅修及 A1 级检修

一、客车辅修

（一）辅修修程

客车辅修是标记速度低于 160 km/h 的客车在整备线上对本局所属客车按规定周期定期施行的低级修程，主要是进行制动装置检修和滚动轴承轴箱检查。客车辅修应严格执行《客车辅修质量标准》。

标记速度低于 160 km/h 的客车运行（20±2）万千米（或距上次各级修程不超过 6 个月）实施辅修。

（二）辅修作业人员分工

辅修作业各段根据自身情况确定。下面以 7 人（编号①~⑦）作业为例介绍如下：

1. ①~③号负责空气制动部分

（1）①号负责软管、折角塞门、紧急制动阀、主支管、压力表及铅封、缓解阀、定检标记、单车试验等的检修或试验工作。

（2）②号负责制动缸清洗和调整活塞行程的工作。

（3）③号负责分配阀（三通阀）、集尘器、自动间隙调整器、截断塞门等的检修工作。

2. ④~⑦号负责轴箱和基础制动部分

（1）④~⑥号负责轴箱装置开盖检查、基础制动部分、磨耗部分的给油工作。

（2）⑦号为工长，负责全面竣工后的质量验收及全组的作业安全。一旦检查到托、吊、销磨耗过限时，可布置②、⑤、⑥号处理。

（三）辅修检修作业范围

1. 普通客车检修范围

对软管、分配阀实施换件修。对空气制动管系、紧急阀、风缸、折角塞门、集尘器、截断塞门、自动间隙调整器、缓解阀、压力表、手制动机、基础制动装置、各磨损部位、轮对轴箱装置实施检修。

2. 25G 型空调客车检修范围

对空气制动及总风软管、分配阀实施换件修，对空气制动及总风管系、紧急阀、制动缸、风缸、制动及总风折角塞门、远心集尘器、截断塞门、闸调器、制动单元、缓解阀、制动及总风压力表、手制动机、基础制动装置、电子防滑器、集便装置、各磨损部位、轮对轴箱装置实施检修。

3．双层客车检修范围

对空气制动及总风软管、分配阀实施换件修，对空气制动及总风管系、紧急阀、高度阀、差压阀、空重车调整阀、风缸、空气弹簧装置、制动折角塞门、远心集尘器、截断塞门、制动单元、缓解阀、压力表、手制动机、基础制动装置、电子防滑器、各磨损部位、轮对轴箱装置实施检修。

（四）辅修作业工序及质量标准

作业工序：作业前准备→设置防护信号→辅修检修作业→单车试验→落成及质量检查→撤除防护信号→完工作业。

1．作业前的准备

检查工具（24 英寸管钳 2 把，24、17、19 英寸扳手各 2 把，钢丝钳 1 把，橡胶锤 1 把，1.5 磅手锤 1 把，$\phi20$ mm×500 mm 撬棍，铅封钳 1 把，250 mm 活动扳手 2 把，试验风表 2 套，漏模 1 套，检点锤，手电筒，卷尺，钩高尺，试验用球及网状接收器），要求作用良好，材料配件（16 mm 截丝 5 个，16 mm 螺母 12 个，8.8 级 M10×35 mm 螺栓 2 个，M10 mm 螺母 2 个，104 阀一套，软管 2 根，104 阀垫一套，远心集尘器垫 1 个，铅封及红绳，黑、白自喷漆各 1 瓶，生料带 2 卷，$\phi8$ mm×65 mm 开口销，89D 制动缸润滑脂，稀油，记号笔）准备齐全。按规定对单车试验器进行检查、校对；对压力空气管路进行排尘、排水。

2．设置防护信号

由专人负责对号志，安插防护信号及脱轨器后，下达作业指令。

3．辅修检修作业

（1）两人对辅修车辆进行技术检查。两人处理故障（严格落实客车出库质量标准）。一人按规定检查测量轮对各部尺寸符合规定限度（轮缘磨耗剩余厚度不小于 23 mm，不得形成碾堆），垂直磨耗不大于 15 mm，踏面剥离一处不大于 30mm，两处每处不大于 20 mm，两端宽度不足 10 mm 时不计算在内，长条状剥离宽度不足 20 mm 时不计算在内，连续剥离不超过 350 mm。踏面圆周磨耗不大于 7 mm；踏面缺损时，相对距外车轮轮缘外侧不小于 1 505 mm，缺损长度不大于 150 mm。踏面局部凹入及擦伤深度不超过 0.5 mm，轮辋厚度不小于 25 mm。车轮直径之差：同一转向架不大于 20 mm，同一车辆不大于 40 mm，轮对外侧碾宽不大于 5 mm。清除轴箱各部外部尘垢，检查轴箱各部无裂纹，无甩油。有甩油或状态异常者开盖检查，轴承不得有裂损，无缺油、混砂、混水、油脂变质现象和金属粉末。橡胶密封圈更换新品。组装后密封良好，螺栓无松动。测量车钩高度及车钩全开位（不大于 250 mm）及闭锁位（不大于 135 mm）符合规定限度（测量列车首尾车辆未连接的车钩）。填写客车辅修检修记录单。

（2）关门排风。关闭截断塞门，排除工作风缸、副风缸积水和压力空气，并在副风缸安装一块压力表。

（3）换件修。

①更换软管：更换经段修标准检修过的软管，检查防尘堵链的长度符合规定[（853±20）mm]，检查折角塞门（非球芯折角塞门须分解检修），更换后进行主、支管"三吹三打"：用橡胶锤敲打后，以 600 kPa 压力空气吹扫除尘、取出滤尘网去尘垢后，状态须良好，管系无泄漏，卡子吊架无松动，漆层剥落时补漆，腐蚀严重时更换新品，并涂防锈漆。

②更换 104 分配阀：1 人更换经段修标准检修过的 104 分配阀，确认滤尘网清洁无破损。排风嘴安装时，排风口须向下；安装座须无裂损，安装座胶垫须更换新品；中间体或安装座的吊架不得松动。

（4）分解进修。

①制动缸：分解检查制动缸。密封式制动缸作用良好者可不分解，防尘套须作用良好，不良者更换。非密封式制动缸须分解检查，清洗给油。制动缸前盖无裂纹；制动缸内壁无划痕，漏风沟良好；制动缸无泄漏，无裂纹。进行单车试验时，在制动缸后盖或制动缸管系安装试验风表，进行制动安定试验保压后制动缸漏泄 1 min 不得超过 10 kPa。制动缸活塞分解检查无裂纹，清洗制动缸内壁风沟及活塞皮碗上的旧油和锈垢，清洗后涂 89D 制动缸润滑脂；缓解弹簧无折损；活塞皮碗无裂纹、裂损、变形、变质或张力不足；活塞压板无裂纹；螺栓均匀紧固；活塞杠杆无抗劲；制动缸无泄漏，活塞行程、标记符合规定，并在活塞杆用标准漏模喷白漆涂打行程标记。单元制动缸作用良好，金属软管不抗磨，闸片厚度不小于 15 mm。

②远心集尘器（截断塞门集尘器联合体，非球芯截断塞门须分解检修）：分解检查、清扫除尘、阀体无裂纹、止尘伞作用良好（在止尘伞表面写上检修日期）；集尘体须垂直安装，安装时须平均扭紧两耳螺栓（螺栓用 8.8 级），方向正确、无泄漏，胶垫更换新品；截断塞门现车试验，作用良好无泄漏。

③自动间隙调整器：分解检查，清扫给油，作用良好。调整螺丝须留有 1/2 以上的调整量。

④闸调器：现车性能试验，清扫给油，配件齐全，作用良好。ST1-600 型闸调器应清除外露部分尘垢，并进行外观检查；螺杆、护管、闸调器体控制杆等无弯曲、变形，连接部位配件齐全，紧固件无松动，圆销、开口销磨耗不过限，螺杆工作长度不得少于 100 mm。

⑤压力表：距有效期 15 日以内者更换为按计量标准检修过的压力表；15 日以上者，检查压力表固定是否良好，须有有效期标签及铅封（有效期为 6 个月），作用良好。

⑥手制动机：现车检查、除尘、各活动部给油，各部配件齐全，作用良好，在制动试验时，与之相连的闸瓦或闸片须抱紧车轮或制动盘。在缓解试验时，与之相连的闸瓦或闸片须离开车轮或制动盘。

⑦缓解阀：作用良好，不漏风。

4. 单车试验

按《客车制动机单车试验方法》规定对辅修车辆进行全面试风，填写辅修试风记录单。试验完毕后撤除副风缸及支管的试验风表，装上排水塞门，充风检查安装部位是否泄漏。

5. 落成及质量检查

①对转向架、基础制动装置、钩缓装置各销孔及磨损部位正确涂注润滑油。

②涂打检修标记：按有关要求用漏模在制动缸外侧中部涂打辅修（制动检查）标记，在

转向架第二、三位侧梁上涂打辅修（轴箱检查）标记。标记清晰端正。

③ 两人平行作业，检查折角塞门、截断塞门是否正位，各更换件、检修件螺栓是否紧固。

④ 工长进行全面质量检查；验收人员确认各项目检修是否按规定进行施修及是否符合质量标准，对全部项目进行检修、试验过程的质量检查、验收，对发现的问题及时以故障记录单的形式通知车间，车间应及时进行处理，对填写的《客车辅修检修记录单》进行审查并在落成验收一栏中签字。

6. 撤除防护信号

作业完毕，按规定传递撤号志信号，并在确认信号贯通后，由专人负责按规定撤除安全防护装置并通知值班室，值班室按规定登记撤除安全防护装置的班组、人员姓名、股道和时间等信息。

7. 完工作业

整理好工具材料，清理干净作业场地，集合列队，全员转至下一列车或回工班填写《客车辅修检修记录单》。

二、客车 A1 级检修

（一）检修修程

客车 A1 级修程即安全检修，按照客车运用安全要求，通过对安全关键部件实施换件修，其他部位实施状态修，对故障部位进行处理，恢复其基本性能，保障客车运行安全。A1 级修程在列车整备线上实施，在状态修中换下的配件检修时执行换件修标准，适用于 25C 型、25Z 型、25 型、19K 型、25T 型、19T 型客车。客车 A1 级修周期如下：

（1）25K、25Z、25C、19K、25T、19T 型客车，（20±2）万千米或距上次 A1 修程超过 1 年。

（2）其他型客车：（20±2）万千米或距上次辅修及以上各修程 8 个月。

（二）检修要求

客车 A1 级检修应严格执行《客车 A1 级检修质量标准》。

1. 制动装置

（1）空气制动装置。

① 压力表。

压力表等级须为 1.5 级，量程为 0~1 000 kPa，表盘须印有路徽标记。压力表检修须符合国家质量技术监督局规定的检修规程。经校对合格的压力表须贴检定标签并加铅封。

② 分配阀。

a. 104 型分配阀主阀和紧急阀分解检修，须符合《车辆空气制动装置检修规则》有关规定。

b. F8 型分配阀需分解检修。

（a）将主阀和辅助阀从中间体上拆下，对其表面污物进行清理，再进行分解。

（b）所有橡胶 O 形圈、膜板和阀座密封垫须更换。

（c）阀体、各阀盖有裂纹或安装平面有碰伤时加修或更换。

（d）各阀口、各导向杆、导向套的导向面有伤痕时加修或更换。

（e）各弹簧须按规定进行测量，有磨损、锈蚀、衰弱、变形时更换。

（f）各缩堵有堵塞时，须用小于各孔尺寸的钢针疏通并清洗。

（g）各橡胶夹芯阀开胶、变质时更换，阀面不平及有压痕者，须磨平或更换。

（h）各导向杆、密封圈、活动摩擦部，需涂适量硅脂。

（i）各活塞组装后，装入阀体内拉动时，动作须灵活，阻力须适当。

（j）各橡胶件不得沾浸汽油、煤油等腐蚀性液体。

（k）组装时，各活塞膜板边缘须完全入槽，平均拧紧各部螺栓。

（l）各密封处运行使用密封剂，不允许使用铅油、麻、聚四氟乙烯生料带。

（m）修竣的分配阀，须经F8阀试验台试验，符合《F8型分配阀试验方法》（铁运〔2001〕96号附件五）要求，合格后方准装车使用。

③ 制动软管、总风管按段修标准检修。

（2）电空制动装置。

① 空气管路系统须无泄漏，各塞门、单向阀、制动缓解指示器等作用不良者分解。

② 在单车试验时，对制动软管、总风管软管及金属橡胶软管进行充气状态下的外观检查，状态不良者更换。

③ 分解、清扫集尘器及其滤网，状态须良好。

④ 分配阀中间体进行外观检查，有裂纹者更换。中间体内的滤尘器须分解检查、清扫；对F8型分配阀装有制动缸限堵的中间体，须将该堵卸下，用标准钻头或钢针疏通后，重新装入中间体。

⑤ 电空制动装置进行外观检查，各部配件须齐全，配线连接良好，电磁阀安装紧固，密封良好。

2. 轮对轴箱装置

（1）检查、测量轮对各部，包括轮径、轮缘高度、轮缘厚度、踏面状态等，各部限度符合《铁路客车盘形制动轮对组装及检修技术条件（试行）》要求。

（2）轴箱须无裂纹、甩油，螺栓无松动，轴箱有甩油时开盖检查，发现油变质或含金属粉末时换轮，无异常情况可不开盖。209HS转向架轴箱油压减振器安装座及紧固螺栓，有裂纹时更换。弹性节点状态须良好，锥形销无裂损，螺母紧固。

制动盘盘毂无松动，制动盘与盘毂连接螺栓紧固，螺栓、开口销无折损、丢失、盘面热裂纹。

3. 转向架

（1）油压减振器配件齐全，无漏油，安装牢固，作用良好，漏油时更换。

（2）空气弹簧。

① 清除空气弹簧外部污垢，胶囊无裂纹、漏风，充气后高度符合相关要求。

② 高度调整阀、空重车阀、差压阀须作用良好，不漏风，高度调整阀调整杆须动作可靠，空气弹簧高度合格后用革布或软管包扎高度调整阀调整杆。

（3）转向架构架、摇枕、弹簧托梁、摇枕吊及螺母、吊轴、牵引拉杆、抗侧滚扭杆、横向拉杆、横向控制杆、安全吊（绳）、钢弹簧等外观检查，须无缺陷、裂纹、状态良好；转向架各橡胶件须无裂损、脱胶现象。

（4）基础制动装置。

① 基础制动装置各部须配件齐全，状态良好，各杠杆、吊杆、夹钳良好、无裂纹。

② 各制动销套配合间隙不超过 3 mm，衬套无松动。

③ 闸片进行现车检查，其厚度最薄处不得小于 5 mm，超限时成对更换。

4. 车体及上部服务设施

（1）车底架各梁无裂纹，车底板钢结构无破损、裂焊，状态良好。

（2）对车门、三锁、车窗及玻璃、座席、地板、地板布、行李架、给水装置、便器等上部车辆服务设施进行状态检查，须符合《运用客车出库质量标准》要求。

（3）塞拉门的检修须符合以下要求：

① 配件齐全，各部无烧损。

② 电控箱内部电器件接线正确，作用良好；电源箱输出电压正常、稳定；无故障显示。

③ 各微动开关或行程开关调试良好，动作准确，安装牢固。

④ 气路系统过滤减压阀值调整到 459~612 kPa。各管路连接正确，排列整齐，固定良好，无泄漏；气缸无裂损，作用良好。

⑤ 门系统各部螺栓齐全、紧固，作用良好。门扇清洁无损伤，上下滑道、防护罩内、门框周边胶条清洁无杂物，作用良好，门关闭后须密封。

⑥ 对各运动件进行润滑，须动作灵活，磨耗不过限。

⑦ 内外开关锁、中央锁、隔离锁、紧急锁、翻转脚蹬作用良好。

⑧ 防挤压及行程的 98% 关门作用良好。

⑨ 5 km/h 自动闭锁功能和集控功能良好。

5. 空调、电器

（1）电子防滑器。

① 各部配件齐全，安装牢固，各外接线紧固。

② 主机内部及接线排处清洁，接插件插接牢固。

③ 速度传感器与齿轮顶径向间隙须在规定范围内。

④ 进行压力开关、排风阀泄漏和单车静止试验，各部须无泄漏，单车静止试验须无故障显示。

⑤ 压力开关动作值。

⑥ 车下线管、接线盒须完整，断裂或严重腐蚀时更换新品。

（2）旅客信息系统。

① GPS 天线安装牢固，作用良好。

② 液晶显示器显示正常，主机内外各部清洁，配件齐全，接线紧固，接插件插接良好，各部无烧损；自检良好，显示内容正确，开关电源输出电压正常，T4、T5 总线输出正常。

③ 显示屏安装牢固，自检良好，能准确显示自检信息、车厢号、厕显信息，无混乱、缺

笔画情况。

④顺号调节器指示灯显示正常，车厢号调节功能正常，显示屏通信功能须正常。

⑤厕显开关配件齐全，安装牢固，作用良好。

（3）轴温报警器。

①报警仪、记录仪。

a. 内外部清洁，机壳无变形，配件齐全，安装牢固；开关、键盘锁、按键作用良好，盘面上各种标志清晰。

b. 各部无脱焊、虚焊、烧损，熔断器容量符合要求，接插件连接良好。

c. 轴温显示正常，同侧误差<5 ℃，功能良好。

d. 报警仪车厢顺位号、记录仪时钟、记录时间间隔设置正确。

②温度传感器安装牢固，无磨碰，外观良好，轴位准确。

③下部线管、接线盒、线排配件齐全，安装牢固，无破损。

④各部配线良好，接线牢固。

（4）照明。

①各灯具内外清洁，配件齐全，导电部位导电须良好。灯座安装牢固，裂损者更换。

②各接插件、接线柱作用正常，性能良好。

③灯罩无破损、变形。

④灯带卡安装牢固，作用良好；灯带装车后须有保护接地线，且状态良好。支线出线口处须有橡胶防护套。

⑤灯具须进行点灯试验。

（5）各插座、开关、插头、接线柱配件齐全，安装牢固。接线紧固，作用良好。

（6）应急电源。

①应急电源箱配件齐全，安装牢固。把手、折页、插销、门锁等作用良好、无松动，箱内外清洁；箱内变压器、控制板及各元件须安装牢固，无烧损、异常，导线无脱焊，各部连接状态良好，熔断器容量符合规定。

②充电电流、电压正常，各指示灯、开关作用良好。

③整流输出电压正常、稳定。

④应急转换功能良好，电池电压低于（45±1）V时，欠压保护须起作用。

⑤蓄电池安装牢固，电池清洁无破裂，端子无氧化，接续线紧固无松动，工作电压为45～60 V；电池箱各部无破损，吊具配件齐全，紧固件无松动。

（7）控制柜（箱）。

①控制柜（箱）内外清洁，配件齐全，安装牢固，作用良好。

②配线线号清晰、排列整齐；绝缘层良好，无老化、烧损，引线口有保护套；接地线齐全可靠。线槽完整，各部接线牢固。

③指示标牌、图纸清晰、齐全、正确。

④各继电器、接触器、空气开关、漏电保护器接触良好，无缺相，触点无烧损、无粘连。继电器、接触器吸合动作无卡阻、无异音。

⑤各控制、保护继电器，空调温控器等整定值正确，各熔断器容量符合规定。

⑥各转换开关、按钮、指示灯不良者须更换。

⑦ 控制柜（箱）保护接地线状态良好。

⑧ 各仪表校验不过期。

⑨ 控制柜（箱）在额定电压下进行通电试验，作用须正常，电器动作准确、可靠，仪表、指示灯显示准确；各元件及端子温升正常；各项功能符合要求。

⑩ 各电器件更新时，须符合标准。

（8）电茶炉。

① 电茶炉的控制箱检修须符合（7）要求。

② 炉体安装牢固，各部无泄漏，过滤器清洁，液位显示清晰。

③ 电热元件须进行绝缘测试，其绝缘值不得小于 20 MΩ。

④ 装车后壳体须有可靠接地保护线。

⑤ 通电试验，工作电流正常，缺水、满水保护功能正常。

（9）空调系统。

① 各部滤网清洁，破损者须更新。软风道无破损、霉腐。

② 出、回风口风棚配件齐全，无松动，无损坏；调节板调节灵活、位置恰当。

③ 客室电加热器配件齐全，安装牢固，状态良好。

④ 空调系统检修后须通电试验，根据外温检查相应功能，作用良好。

（10）排气扇、废排风机、新风机须配件齐全，安装牢固，工作电流正常，运转无异音、异振。

（11）餐车冰箱。

① 内外部配件齐全，作用良好。

② 彻底清扫电动机、冷凝器。

③ 各开关、仪表等作用良好；仪表校验不过期。

④ 通电试验，须运转正常，制冷良好。

⑤ 悬吊装置良好，配件齐全，无裂纹，无脱焊，螺栓无松动。

（12）液位显示装置、呼唤器配件齐全，安装牢固；通电试验作用良好。

（13）车体配线、各连接器及座。

① 各连接器及座配件齐全，各部无损坏，运动件动作灵活，外观检查端子和绝缘板无烧损；密封胶圈无老化，密封、防水作用良好。

② 连接器座后部检查盖须加胶垫，安装须严密。

③ 在各连接器座处测试各主干线绝缘（使用 500 V 级兆欧表）。

④ 各接地线连接状态良好，接地电阻不大于 4 MΩ。

（14）播音天线安装牢固，作用良好。

（15）电伴热装置须绝缘良好，在环境温度许可时检查须作用良好。

（16）温水箱各部配件齐全，安装牢固，无泄漏，作用良好。通电试验须工作正常。

（17）DC 600 V/AC 380 V 客车有关车电装置。

① DC 600 V/AC 380 V 电源装置内外部清洁，通风顺畅；通风机工作正常，无异音；各接插件接触可靠，各接线端子紧固，无松动，无氧化、烧损痕迹；直流变换器损坏时换件；各熔断器熔量符合标准；通电检查，工作时输出电压为 DC 115 V，充电电流为（25±1）A；控制面板上的各指示灯指示准确，内部接触器等开关元件的闭合、分断可靠；当电池电压低

于 93.6 V 时，欠压电路控制作用良好。

② 客车逆变电源主机箱吊架无裂纹，清除锈垢，箱体无腐蚀破损；散热器及逆变主机箱、车上控制箱各部清洁；箱内各功率开关件、电阻、接线端子外观良好，无变色烧损；开关件无开裂；各熔断器容级符合标准；车下主机箱门密封胶条平滑完整，密封性能良好。门安装螺栓齐全紧固。

③ TGN3 型和 TGN3A 型客车逆变电源装置按以下要求进行负载工况试验：

a. 试验时接入 DC 600 V 电源，短接电源控制柜 41 号、198 号线，接通 DC 600 V 电源，开启逆变电源。

b. 轻载试验：置空调控制柜工况于通风位逆变电源能正常启机，通风机启动运行，逆变电源输出对称三相电压。

c. 额定负载试验：置空调控制柜工况于全冷（暖）位，逆变电源能正常启机，空调机组启动运行，逆变电源输出对称三相电压，电流值正常。

d. 逆变电源工作时，各状态指示灯指示正确。

④ 车上逆变电源控制箱控制板、车下逆变电源模块和控制板损坏时换件。

⑤ 换件时，直流变换器模块（包括监控装置）、逆变电源装置的控制板、车下逆变电源模块须送生产工厂维修，装车后符合①～④的要求。

（四）试验要求

（1）进行 104 型、F8 型电控制动机单车试验，须符合《客车制动机单车试验方法》（附件9）要求。

（2）手制动机试验：手制动机制动时，与之相连的闸片须抱紧制动盘；手制动机缓解时，与之相连的闸片须离开制动盘和闸片无压力。

（3）电子防滑器进行静态测试。

（4）空调、电器。

① 各部检修后按要求进行相关试验，未说明的试验方法及要求参照产品说明书进行。

② 测试电力主干线绝缘、直流电源带负载测试正负线对地绝缘须符合规定。

（五）定检标记涂打

修程完毕后，在车辆二、三位端定检标记处涂打 A1 修标记。25K 型客车实施各种修程后应在车辆两端的端墙板的右上方涂打标记。

（六）检修作业流程

（1）预检。

（2）连接件拆卸。

（3）架车

① 检修。

a. 检查。

b. 车底架、钩缓部、转向架、轮对轴箱装置、制动装置检查。

c. 各部故障检修。

d. 落车。

② 试验.

a. 制动试验。

b. 高度阀、差压阀试验。

c. 防滑器试验。

③ 状态修。

a. 车电装置（电子防滑器、电子显示屏等）状态修。

b. 空调机组、控制柜、电力连接线等状态修。

c. 车体上部设备状态修。

（4）落成检查。

（5）检查员检查。

（6）验收员验收。

三、25T 型客车 A1 级修程

（一）A1 级修程基础部分、车内设施和上部技术作业过程

作业工序：作业前准备→设置防护信号→A1 修检修作业→单车试验→落成及质量检查→撤除防护信号→完工作业。

1. 作业前准备

检查工具，要求作业良好，材料配件准备齐全。按规定对单车试验器进行检查、校对；对压力空气管路进行排尘、排水。

2. 设置防护信号

由专人负责对号志，安插防护信及脱轨器后，下达作业指令。

3. A1 修检修作业

（1）两人对辅修车辆进行单车检查。两人处理故障（严格落实客车出库质量标准）。一人按规定检查测量轮对各部尺寸符合规定限度：检查轴身打痕、碰伤、磨伤及弹伤深度≤2 mm 限度内将锐角消除继续使用，不到限时继续使用。检查轮辋厚度≥25 mm。检查踏面圆周磨耗≤7 mm。检查轮缘厚度≥23 mm，轮缘产生碾堆时须消除。检查踏面周缺损检查相对车轮轮缘外侧至缺损部之距离≤1 505 mm。检查缺损部之长≤150 mm。检查轮对外侧碾宽≤5 mm，检查车轮直径之差对同一转向架：10 mm，对同一车辆：40 mm。

（2）关门排风：关闭截断塞门，排除工作风缸、副风缸、总风缸积水及压力空气，并在副风缸安装一块压力表，空气弹簧附加气室各加装一块压力表。

（3）换件修。

① 更换软管：更换经段修标准检修过的动管（金属部分涂红漆）和总风管软管（金属部分涂黄漆），检查防尘堵链的长度符合规定[（853±20）mm]，更换后进行主、支管"三吹三打"：用木锤敲打后，以 600 kPa 压力空气吹扫除尘，取出滤尘网去尘除垢，状态须良好，管系无泄

漏，卡子、吊架无松动，漆层剥落时补漆，腐蚀严重时更换新品，并涂防锈漆。

② 更换 104 分配阀：更换经段修标准检修过的 104 分配阀，确认滤尘网清洁无破损。排风嘴安装时，排风口须向下；安装座须无裂损，安装座胶垫更换新品。

（4）分解检修。

① 密接式钩缓装置：a. 连接螺栓、安装螺栓无松动，如有松动用扭力扳手补足力矩 800～900 N·m。垫圈和开口销状态正常。b. 钩高调整螺栓、钩尾销螺母无松动，垫圈和开口销状态正常。c. 钩体、支架、安装座外表面无裂纹、水平方向无弯曲。d. 分解列车，对连挂系统进行分解、清洗和检查。解钩风缸如有异常须进行分解、清洗、检查和修复。

② 轮对轴箱装置：a. 轴箱弹簧：无缺陷、裂纹，状态良好。b. 制动盘厚度不小于 96 mm，半盘连接部位无裂纹。盘面热裂纹位置距内外边缘大于或等于 10 mm 时，裂纹长度须小于 96 mm，裂纹位置距内外边缘小于 10 mm 时，裂纹长度须小于 65 mm。散热筋、片不得有贯通裂纹。c. 盘毂：无松动、裂纹，连接螺栓不得有松动，螺栓、开口销无折损、丢失。

③ 构架组成：a. 构架组成无缺陷、裂纹，状态良好。b. 牵引拉杆及牵引支座：无缺陷、裂纹、状态良好，牵引拉杆节点脱胶深度不得大于 20 mm，长度不得大于 1/4 圆周；深度超过 5 mm 时，橡胶表面产生溶胶现象且有明显的块状橡胶脱出必须更换橡胶件。c. 各油压减振器：零件部件齐全、安装牢固、作用良好，漏油时更换。

④ 空气弹簧：a. 空气弹簧及胶囊：外观清洁，无污物；龟裂深度不超过 1 mm，长度不超过 30 mm；磨损深度不超过 1 mm，帘线无外露；不漏风。b. 上盖、下座、橡胶堆：橡胶表面须光滑；金属表面须无锈蚀；上盖、下座与胶囊之间不得有异物嵌入并保证密封良好；橡胶堆臭氧龟裂纹深度不超过 1 mm；橡胶与金属板不得脱离。c. 高度调整阀作用良好，不漏风；高度调整动作可靠，空气弹簧高度合格后用胶管包扎调整杆；外观清洁，无污物。d. 差压阀、空重车阀作用良好，不漏风；外观清洁，无污物。e. 各截断塞门、供风系统各管路、接头作用良好，不漏风。f. 空气弹簧高度：SW-220 K 为 $[(320+t)] \pm 3$ mm；CW-200 K 为 $[(150+t) \pm 3]$ mm（t 指空气弹簧上平面调整垫厚度，车轮磨耗后，该厚度 SW-220 K 允许到 30 mm，CW-200K 允许到 20 mm）。车体两侧空簧高度差不超过 3 mm。

⑤ 基础制动：各部须零部件齐全，状态良好；各杠杆、吊杆、夹钳状态良好、无裂纹。各销套配合间隙不超过 3 mm，衬套无松动；闸片厚度最薄处不得小于 15 mm，超限时同一制动盘两闸片须成对更换。

⑥ 手制动装置：零部件齐全，作用良好。

⑦ 电空制动装置：a. 组合式集尘器各部无裂纹；胶垫及止尘伞须良好；组装时不得反映平均拧紧螺栓；截断塞门作用良好，组装试验无泄漏；检查折角塞门，无裂损泄漏。b. 各风缸无裂纹；吊架及安装螺栓无松动。c. 单元制动缸各部作用良好，销轴压板螺栓紧固；销轴不窜出；制动时不得泄漏，缓解时闸片须离开制动盘或闸片无压力。d. 制动缓解指示器无破损，试验显示正确。e. 紧急制动阀作用良好，试验完毕加装铅封。f. 风表距有效期 15 日以内者更换；校对不良者更换；风表误差不超过 10 kPa；安装风表时，表座与墙板安装须牢固。g. 气路控制箱各部状态良好，无泄漏。h. 集成电空制动机无破损、锈蚀，零部件齐全、清洁，作用良好；各安装螺栓、螺母无松动。

（5）车体及上部服务设施。

① 车底架各梁，外观检查无裂纹。

② 车底板钢结构：外观检查无破损、开焊，状态良好。
③ 裙板、支架：外观检查无破损、脱焊，牢固可靠。
④ 风挡及车端阻尼装置：外观检查部件齐全，作用良好，紧固件无松动。
⑤ 车体倾斜不得超过 50 mm。
（6）单车试验。
① 按客车制动机单车试验方法要求进行试验。
② 按气路控制箱单车试验方法要求进行试验。
③ 差压阀试验：手把置于一位，充风至定压稳定后移至三位保压。待空气弹簧充风至规定高度后，记录一、二位摇枕空气室试验风表压力值，关闭总风缸与空气弹簧通路的塞门，使空气弹簧风压处于保压状态，先进行一端的差压阀性能试验，将此端一侧的空气弹簧压力表上塞门缓慢排风，当两侧的空气弹簧压力差超过 200 kPa 时，关闭塞门停止排风，待空气弹簧压力稳定后，检查这两侧空气弹簧压力差不得超过（150±20）kPa[CW-200K 转向架为（120±20）kPa]。合格后作另一侧空气弹簧差压阀试验，方法及要求同上。
④ 高度调整阀试验：松开调整杆的缩紧螺母，调高或调低整杆高度，高度调整阀须有进气或排气作用。

5. 落成及质量检查

（1）对转向架、基础制动装置、钩缓装置各销孔及磨损部位涂注润滑油。
（2）涂打检修标记：按有关要求用漏模在制动缸外侧中部涂打辅修（制动检查）标记，在转向架第二、三侧梁上涂打辅修（轴向检查）标记，标记清晰端正。
（3）两人平行作业，检查折角塞门、截断塞门是否正位，各更换件、检修件螺栓是否紧固。
（4）工长进行全面质量检查：验收人员确认各项目检修是否按规定进行施修及是否符合质量标准验收，对发现的问题及时以故障记录单的形式通知车间，车间应及时进行处理，对填写的《客车辅修检修记录单》进行审查并在落成验收一栏中签字。

6. 撤除防护信号

作业完毕，按规定传递撤号志信号，并在确认信号贯通后，由专人负责按规定撤除安全防护装置并通知值班室，值班室按规定登记撤除安全防护装置的班组、人员姓名、股道和时间等信息。

7. 完工材料

整理好工具材料，清理干净作业场地，集合列队，全员转至下一列车或回工班填写《客车辅修检修记录单》。

四、25K 型客车 A1 级修程基础部分、车内设施和上部技术作业

（一）作业工序

作业前准备→设置防护信号→A1 级检修作业→单车试验→落成及质量检查→撤除防护信号→完工作业。

（二）作业过程及质量标准

1. 作业前准备

检查工具，要求作用良好，材料配件准备齐全，按规定对单车试验器进行检查、校对；对压力空气管路进行排尘、排水。

2. 设置防护信号

由专人负责对号志，安插防护信号及脱轨器后，下达作业指令。

3. A1级检修作业

（1）两人对检修车辆进行单车检查。两人处理故障（严格落实客车出库质量标准）。一人按规定检查测量轮对各部尺寸符合规定限度：检查轴身打痕、碰伤、磨伤及弹伤深度≤2 m限度内将锐角消除继续使用，到限时继续使用。检查轮辋厚度≥25 mm。检查踏面圆周磨耗≤7 mm。检查轮缘厚度≥23 mm，轮缘产生碾堆时须消除，垂直磨耗≤15 mm，踏面剥离一处≤30 mm，两处每处≤20 mm，两端宽度不足 10 mm 时不计算在内，长条状剥离宽度不足 20 mm 时不计算在内，连续剥离不超过 350 mm。踏面局部凹入及擦伤深度≤0.5 mm。检查踏面圆周缺损检查相对车轮轮缘外侧至缺损部之距离≤1.505 mm。检查缺损部之长≤150 mm。检查轮对外侧辗宽≤5 mm。检查车轮直径之差同一转向架：101 mm，对同一车辆：4 mm。

（2）关门排风：关闭截断塞门，排除工作风缸、副风缸、总风缸积水和压力空气，并在副风缸上安装一块压力表，空气弹簧附加气室各加装一块压力表。

（3）换件修。

① 更换软管：更换经段修标准检修过的制动管和总风管软管，检查防尘堵链的长度符合规定[（853±20）mm]，检查折角塞门（非球芯折角塞门须分解检修），更换后进行主、支管"三吹三打"：用橡胶锤敲打后，以 600 kPa 压力空气吹扫除尘，取出滤尘网去尘除垢，状态须良好，管系无泄漏，卡子、吊架无松动，漆层剥落时补漆，腐蚀严重时更换新品，并涂防锈漆。

② 更换 104 分配阀：更换经段修标准检修过的 104 分配阀，确认滤尘网清洁无破损。排风嘴安装时，排气口须向下；安装座须无裂损，安装座胶垫更换新品。

（4）分解检修。

① 压力表：距有效期 15 日以内者更换为按计量标准检修过的压力表；15 日以上者，检查压力表固定是否良好，须有有效期标签及铅封（有效期 6 个月），作用良好。压力表指针差（与标准压力表校对）不超过 10 kPa。

② 基轴型动装：a. 配件齐全，状态良好，各杠杆、吊杆、夹钳良好、无裂纹。b. 各制动销套配合间隙不超过 3 mm，衬套无松动。c. 各垂下品与轨面距离不小于 50 mm（电器装置 100 mm）。d. 盘形制动部分：检查制动盘的状态，制动盘毂无松动、裂纹，制动盘整体厚度不小于 96 mm；半盘连接部位和盘毂不得有裂纹；散热片不得有贯通裂纹，制动盘与盘毂连接螺栓紧固，螺栓开口销无折损、丢失。闸片进行现场检查，其厚度最薄不得少于 15 mm，超限时成对更换。盘面热裂纹符合以下规定：裂纹位置距内、外边缘大于或等于 10 mm 时，裂纹长度须小于 95 mm；裂纹边缘小于 10 mm 时，裂纹长度须小于 65 mm。e. 单元制动缸：单元制动缸能够正常制动，闸片压紧制动盘，不得泄漏。单元制动缸缓解良好，其活塞杆复位，并不得有卡滞现象；闸片对制动盘不得有压力。f. 检查单元制动缸间隙调整器作用良好。

空气管路系统须无漏泄,各塞门、单向阀、制动缓解指示器等作业不良者分解。g. 在单车试验时对金属软管进行充气状态下的外观检查,状态不良者更换。h. 分解、清扫集尘器及其滤网,状态须良好。i. 分配阀中间体进行外观检查,裂纹者更换。中间体内的滤尘网须分解检查、清扫。电空制动装置进行外观检查,各部配件须齐全,配线连接良好,电磁阀安装牢固,密封良好。

④ 车钩缓冲装置:a. 检查钩体部分,钩体磨耗不超过 6 mm。b. 检查钩尾框磨耗,框深厚度不超过 6 mm。c. 已检查钩舌与钩腕内侧面距离:锁钩位置时不大于 135 mm,开钩位置时不大于 250 mm(测量列车首尾车辆未连接的车钩)。d. 检查钩舌销与钩孔或钩舌孔间隙:不超过 71 mm,超过时换套、镶套或更换钩舌销。e. 检查钩提杆与提杆座凹槽间隙:不大于 3 mm,超过时焊修或磨平。f. 检查车钩中心高度(空气弹簧充气状态):最高 890 mm,最低 830 mm(测量列车首尾车辆未连接的车钩)。g. 检查两连接车钩中心高度之差不超过 75 mm。

⑤ 油压减振器:a. 检查油压减振器配件齐全,与座连接的紧固件不得松动,安装牢固、良好。b. 减振器两端连接部分橡胶件有裂损及老化者,应按原型减振器更换相应配件。c. 检查减振器不得漏油,漏油时需更换。

⑥ 空气弹簧:清除空气弹簧外部污垢,胶囊无破损漏风、裂纹深度不得超过 1 mm,长度不得超过 30 mm。充气后高度符合如下规定:209HS 高度是 185~200 mm,CW-2 高度是(150±3)mm,206PK 高度是(200±6)mm,SW-160 高度是(200±6)mm。

⑦ 高度调整阀、空重车阀、差压阀:各阀作用良好,不漏风。高度调整阀调整杆须动作可靠,空气弹簧高度合格后用革布或胶管包扎高度调整阀调整杆。

⑧ 转向架构架、摇枕、弹簧托梁、摇枕吊及螺母、吊轴、牵引拉杆、抗侧滚扭杆、横向拉杆、横向控制杆、安全吊(绳)、钢弹簧等:a. 转向架构架、下旁承、摇枕、弹簧托梁、摇枕吊及螺母、吊轴、牵引拉杆、抗侧滚扭杆、横向拉杆、横向控制杆、安全吊(绳)、钢弹簧等外观检查,各部配件齐全,须无缺陷、裂纹、变形、开焊,紧固件无松动,技术状态良好。b. 转向架各橡胶件须无裂损、脱胶现象。c. 轴箱顶部与侧梁间隙不小于 30 mm(209HS 型转向架)。

⑨ 轴箱部分:a. 无裂纹、甩油,螺栓无松动,轴箱有甩油、日常掌握有异常温升时开盖检查,发现油质变质或含金属粉末时换轮,无异常情况可不开盖。b. 209HS 型转向架轴箱油压减振器安装座及紧固螺栓有裂纹时更换。c. 弹性节点状态良好,锥形销无裂损,螺母紧固。

⑩ 风管系:各风管及管卡不腐、不松、不漏。

(5)车体及上部服务设施。

① 车底架各梁:外观检查无裂纹。

② 车底板钢结构:外观检查无破损、开焊,状态良好。

③ 裙板、支架:外观检查无破损、脱焊,牢固可靠。

④ 风挡及车端阻尼装置:外观检查零部件齐全,作用良好,紧固件无松动。

⑤ 车体倾斜不得超过 50 mm。

4. 单车试验

① 按客车制动机单车试验方法要求进行试验。

② 差压阀试验:手把置于一位,充风至定压稳定后移至三位保压。先进行一端的差压阀

性能试验,将此端一侧的空气弹簧压力由空气弹簧压力差超过 350 kPa,然后关闭塞门停止排风,待空气弹簧压力稳定后,检查这辆侧空气弹簧压力差不得超过（1 504±20）kPa,合格后排另一侧空气弹簧风压。检查方法要求同上。

③ 高度调整阀试验：松开调整杆的缩紧螺母,调高或调低调整杆高度,高度调整阀须有进气或排气作用。

5. 落成及质量检查

① 对转向架、基础制动装置、钩缓装置各销孔及磨损部位正确涂注润滑油。

② 涂打检修标记：按有关要求用漏模在制动缸外侧中部涂打辅修（制动检查）标记,在转向架第二、三位侧梁上涂打辅修（轴箱检查）标记。标记清晰端正。

③ 两人平行作业,检查折角塞门、截断塞门是否正位,各更换件、检修件螺栓是否紧固。

④ 工长进行全面质量检查；验收人员确认各项目检修是否按规定进行施修及是否符合质量标准,对全部项目进行检修、试验过程的质量检查、验收,对发现的问题及时以故障记录单的形式通知车间,车间应及时进行处理,对填写的《客车辅（A）修检修记录单》进行审查并在落成验收一栏中签字。

6. 撤除防护信号

作业完毕,按规定传递撤号志信号,并在确认信号贯通后,由专人负责按规定撤除安全防护装置并通知值班室,值班室按规定登记撤除安全防护装置的班组、人员姓名、股道和时间等信息。

7. 完工作业

整理好工具材料,清理干净作业场地,集合列队,全员转至下一列车或回工班填写《客车辅（A）修检修记录单》。

五、空调客车电气辅（A1）修技术作业

（一）作业项目

检测绝缘、车端电器连接装置、车下配线系统、车体接地线及接地回流装置、车辆外部电气设备至空调机组及各类天线、其他车下电气设备、电空制动电器部分电源柜及空调控制柜、电气综合控制柜、DC 600 V/AC 380 V 电源系统、空调系统电热装置、应急电源、照明装置、轴报装置、电子防滑器装置、信息显示系统、电开水炉、温水箱、真空集便装置、电控气动塞拉门、电动内端门、影视系统、行车安全监控装置、电气安全监控 TCDS 系统、烟火报警装置、列车广播系统、餐车厨房设备、客室内其他电器设备。

（二）作业工序

作业前准备→设置防护信号→检查绝缘→下部供电系统设备检修供电→各部电气设备检修→故障处理→断电→完工作业→撤除防护信号→填写台账记录。

1. 作业前准备

（1）作业前，工（组）长掌握当日 A1 修任务情况，记录生产任务和有关事项。

（2）检查作业工具、仪器仪表外观良好，仪器仪表各项性能良好，校验不过期，符合检测等级。

（3）工（组）长根据分工向有关检修人员分配任务，对检修重点提出要求。

2. 设置防护信号

（1）由专人负责对号志，安插防护信号及脱轨器并加锁。

（2）特殊原因确实无法锁闭脱轨器的作业股道，值班室需联系车站调度室按规定程序办理该股道封闭手续，作业班组接到线路封闭通知后，在线路来车方向首辆车端部左侧设置安全防护信号（白天设置红旗，晚上设置红灯）。

（3）外接电源供电列车须在 U 车端部悬挂安全警示防护牌。

（4）工（组）长确认作业股道安全防护信号设置完毕后，及时通知班组全体作业人员。

3. 检测绝缘

（1）根据车辆电源电压，对单车电力干线用 500 V 级或 1 000 V 级兆欧表进行绝缘检测，电空干线及 110 V 干线对地绝缘使用 500 V 级兆欧表检测，48 V 电力干线及播音配线使用 100 V 级兆欧表检测。绝缘检测前须确认电路无电，并对兆欧表作开路和短路试验，确认兆欧表性能良好。

（2）在车列端部电力连接器上测试线间、线对地体体钢结构）的绝缘电阻以及 48 V 配线、110 V 配线、通信系统配线、电空系统配线绝缘须符合《客车配线绝缘电阻值》要求。

（3）车端连接线绝缘符合要求。

（4）检查确认单车干线相序或极性正确。

4. 供电

（1）使用地面电源或发电车供电时，须按作业图表规定的时间供断电，因各种原因造成供断电时间提前或延迟时，应有效通知到岗位作业的职工。

（2）地面电源供电：① 车下静态作业完成以后，用地面电源向车辆供电。② 按操作规程用地面供电柜送电，使用地面电源前须先确认设备状态，并在车辆两端挂供电警示牌。③ 向车辆供电时，如出现输出电压波动过大、电不能送出、显示漏电故障时，应立即关闭地面电源，查清原因后，方可第二次送电。④ 地面电源送电过程中，须双人作业由专人负责监护送电。⑤ 地面电源供电后，及时在地面电源使用记录簿上登记供电时间及地面电源设备名称。

（3）发电车供电：① 车下静态作业完成以后，如车辆不具备地面电源供电条件，可使用发电车对车辆供电。② 使用发电至供电时，须严格执行凭牌供断电制度，由专人与发电车负责供电人员办理供电交接手续。

5. 故障处理

（1）对 A1 修过程中发现的故障须查明原因、彻底处理。

（2）工长须对重新故障处理结果进行把关。

（3）将检查发现的所有问题和故障及时记录在"车统-15"上。

6. 断电

（1）按照先分支负载、后总负载的顺序关闭车辆负载开关，将车辆主电源空气开关置于零位；关闭应急电源电池开关。

（2）锁闭车辆配电柜和配电室门。

（3）使用地面电源供电的列车，切断电源、回收连接线，在地面电源使用记录簿上登记断电时间，并撤除列车两端的供电警示牌。

7. 完工作业

（1）清理工作场地

① 收集作业过程中更换的废旧材料、配件，清理工作场地，做到工完、料净、场地清。

② 废旧料返还到材料库，并按规定办理以旧换新手续。

（2）整理工具

将作业过程中使用的大型工具或设备送指定保管地点，并做好大型工具和设备的保养工作。

8. 撤除防护信号

确认作业完毕，由专人撤除脱轨器或防护信号，并通知值班室作业完毕、防护已撤除（车次、完毕时间、撤除防护信号和脱轨器人员姓名）。

9. 填写台账记录

填写《客车辅（A1）修检修记录簿》等。

任务四　旅客列车检修所

一、旅客列车检修所职责

旅客列车检修所（简称客列检），其职责为：

（1）客列检是确保旅客列车安全运行的重要部门，承担对终到、始发、通过旅客列车走行部进行重点技术检查，及时排除危及行车安全故障等工作。

旅客列车检修所

（2）客列检对发现或预报的车辆故障，必须积极修复或妥善处理，保证行车安全。对故障车辆应否摘车由客列检确认并负责处置。

（3）客列检人员工作时必须佩戴臂章。

（4）对始发旅客列车，负责机车与机后第一辆客车的软管、车端电气连接线的摘接并进行制动机简略试验。

（5）对终到旅客列车，负责列车机车与机后第一辆客车的车钩摘接及软管、车端电气连接线的摘接。对不入库检修的站折返列车，按库列检技术检查作业范围检修，并进行制动机全部试验。

二、旅客列车检修所作业范围

（一）通过旅客列车的技术检查作业范围

（1）列车车辆技术状态交接。
（2）轴温：轴温达到 90 °C 或超过外温 60 °C 时摘车处理；超过外温加 45 °C 时，通知车辆乘务员重点监控并预报前方客列检重点检查，站折返列车须开盖检查，发现轴承零件破损，油脂变质、混砂、混水、混有金属粉末等异状，不能保证行车安全时应做摘车处理。
（3）车轮缺损，踏面剥离、擦伤（擦伤深度在 1.5 mm 以内，允许一次运行到终点站换轮）。
（4）摇枕悬吊装置、基础制动装置。
（5）轴箱弹簧、摇枕弹簧、空气弹簧装置。
（6）配件丢失、脱落或损坏。
（7）车钩、制动软管、总风管的连接状态
（8）按规定施行制动机试验。

（二）通过旅客列车的不摘车修范围

（1）更换轴箱弹簧、摇枕弹簧（圆弹簧外圈支承圈折损或内圈折损，可一次运行到终点站更换），标记速度 160 km/h 及以上的客车除外。
（2）处理基础制动故障。
（3）处理空气制动机故障。
（4）更换钩舌、钩舌销，调整钩差。
（5）更换处理牵引拉杆故障
（6）处理配件丢失、脱落或损坏故障

（三）客列检对发现或预报的车辆故障必须积极修复或妥善处理，保证行车安全故障车辆是否摘车由客列检确认并负责，车辆乘务员应服从客列检的决定

三、旅客列车检修所责任划分

（1）属客列检不摘车修范围的故障，未做处理或摘车处理为客列检责任。
（2）经客列检处理的故障，属于不摘车修范围的，应保证安全运行到终点站。
（3）属于检查范围的保证安全运行到下一个客列检。
（4）通过列车凡因不摘车修造成的晚点，一律为关系晚点，列车辆其他。

四、旅客列车检修所设置

（1）跨局客列检的设置由铁路总公司指定，其撤销或改变必须经铁路总公司批准。
（2）铁路局管内客列检的设置，由铁路局指定并报备案。

（3）客列检应有值班室、待检室、设备和材料备品库，配备检修用的无线通信设备、轴温检测装置、广播等设施及必要的工具、配件、材料。

五、旅客列车技术检查作业程序

（一）旅客列车通过技术检查作业程序

作业工序：准备→接车→技检作业→列车制动机简略试验→送车→作业结束。

作业工具：检点锤、防护号志（红旗、红灯）、手电筒、活扳手（8英寸）、平口螺丝刀（150 mm）、十字螺丝刀（150 mm）手钳（200 mm）、试验仪器（风表、列尾装置）、对讲机、卷尺、红外线测温仪等。

安全注意事项：①作业人员列队出待检室须集中思想，严禁钻车底，通过线路（平交道）执行"一站、二看、三确认、四通过"规定，确认安全后方可迅速从平交道通过，严禁强越轨道、不得从待发的列车前通过，列车进站时要站在安全白线外侧。②作业人员在接到列车预报后，提前5 min到达接车位置。工长对每列车作业都要精心组织，周密安排，严格要求，确保安全。③作业前作业人员要严格做好防护号志插设作业，白班用红旗、夜班用红灯，防护号志要作用良好、颜色鲜明。④非站台侧作业时，要注意临线有无列车通过，如遇作业列车临线有列车或单机通过时，要在安全处躲避，不得侵线。值班员和列车首尾作业人员要用对讲机及时通知现场作业人员注意安全，并做好呼唤应答，相互提醒。遇有直通特快、动车组通过时，必须提前10 min停止临线作业，在安全的地方躲避，待直通特快、动车组通过后，方可进行作业，以确保人身安全。⑤严禁在高站台随意跳上跳下，必须上下高站台时，一定要看准、扶稳，防止跳空、滑落摔伤。

1. 准备

（1）作业人员接到值班员通知后，向值班员确认作业车次、到发时刻、停车线路、编组辆数及有关事项。做到任务具体、清楚。

（2）作业人员出发前检查确认工具技术状态良好，且衣帽整齐，佩戴臂章，携带检修工具及通信工具列队出待检室接车。

（3）作业人员在列车进站前5 min到达接车位置，分立于列车到达线两侧安全地点，等待列车进站。

2. 接车

（1）进入工作岗位，打开对讲机监听本次列车接入情况及进行相应工作联系。

（2）列车进站时，作业人员在接车位置面向列车进入方向立岗接车，要目视列车进站，待机车越过站立位置时，面对列车进入方向以45°角蹲下接车，进行"三觉"检查（耳听有无异声及车辆不正常跳动声，目视有无配件脱落，鼻闻有无燃轴、抱闸等异味）。发现有异状时，必须准确记录位置。待列车停稳后及时到达故障部位进行认真判断并妥善处理。

（3）列尾作业人员负责清点确认列车编组辆数，并用对讲机告知其余作业人员。

3. 技检作业

（1）交接：列车首尾作业人员负责与车辆乘务员进行技术状态交接。了解列车运行中转向架、钩缓、制动等部位的异常情况和危及行车安全的故障。工（组）长仔细查阅"车统-181"，了解车辆乘务员交修的故障，由工长组织作业人员处理。

（2）安全防护：进行列车技术检查前，由列首作业人员依次向列尾作业人员用手信号传递号志（对讲机辅助），号志贯通后，列车首尾作业人员分别在列车前后两端侧面设置安全防护号志（白班红旗、夜班红灯）。

（3）机车摘接（有换挂机车作业时）。

① 司机值乘的机车（非机车直供电列车机车），进行列车技术检查前，由列首作业人员打开机后一辆车前端的"三捆绑"，先关闭车辆折角塞门，再关闭机车折角塞门。排净及车辆软管内压缩空气后，摘接制动软管（含总风管）、电气控制连线，提开车钩。列首作员撤除列车前部安全防护号志，手示机车离去。

② 实行单班司机值乘的机车（非机车直供电列车机车），由列首作业人员打开机后一辆车前端的"三捆绑"，先关闭车辆折角塞门，再关闭机车折角塞门。排净机车及车辆软管内空气。摘接制动软管（含总风管）、电气控制连线，提开车钩。列首作业人员撤除安全防护负责引导司机牵出机车，手示机车离去。

③ 机车直供电列车的连接线摘接作业时，列首作业人员接到机车乘务员交付的电力机车供电钥匙或内燃机车供电柴油机启动钥匙（供电钥匙交接地点在机车与客车连接处，电力机车受电弓降下或内燃机车供电柴油机停机），在《机车供电旅客列车供电作业签协车)》上签字确认，方可进行电力连接线的摘接作业。机车摘接后，列车首尾作业人员分别在列车前后两端侧面设置安全防护号志（白班红旗、夜班红灯）。

（4）技检作业要求。

① 作业人员充分利用技修时间，按照分车作业规定在各自区间进行技检作业。

② 按技术检查范围进行检查，重点检查确认车钩状态良好、互钩差不过限；软管无损、连接良好；车轮踏面擦伤、剥离、缺损不过限，摇枕悬吊装置、基础制动装置、车下部配件无折损、脱落；轴箱弹簧无折损。接到轴温预报信息时，使用红外线测温仪测量确达到 90 ℃ 或超过外温加 60 ℃ 时摘车处理，超过外温加 45 ℃ 时，通知车辆乘务员重点预报前方客列检重点检查。

③ 技检作业要求跨轨作业，做到"一钻、二探、三确认"。各部运用限度按照《铁路军维修规程》中"客车运用限度表"执行。

④ 临时换挂、增车辆。接到通知后，作业人员按照库检作业标准检查加挂车。

⑤ 作业人员对乘务员预报故障或检查发现故障积极修复或妥善处理，保证行车安全，并认真做好相关记录。故障车辆是否摘车由客列检确认并负责，车辆乘务员应服从客列检作业人员的决定。故障处理属不摘车修范围的未做处理或摘车处理为客列检责任；经客列检处理的故障，属于不摘车修范围的，应保证安全运行到终点站；属检查范围的保证安全运行到下一个客列检。故障处理按照不摘车修范围执行。

（5）机车连挂（有换挂机车作业时）。

技术检查作业完毕后，撤除安全防护号志，等待机车连挂。

① 实行双班司机值乘的机车（非机车直供电列车机车），机车连挂后，列首作业人员确认车钩连接状态良好后，列车首尾作业人员分别在列车前后两端侧面设置安全防护号志（白班红旗、夜班红灯）。a. 连接软管前，列首作业人员必须排除机车制动软管（含总风管）内灰尘

和积水，连接处不得发生漏风现象，软管连接要可靠。b. 作业人员先打开机车（与车辆连挂处）折角塞门，再缓慢打开机后一辆车前端折角塞门。c. 作业人员捆绑好折角塞门、钩提杆和防跳装置。

② 实行单班司机值乘的列车(非机车直供电列车机车)，列首作业人员负责引导机车连挂，确认机车连挂试拉、车钩连挂状态良好后，列车首尾作业人员分别在列车前后两端侧面设置安全防护号志（白班红旗、夜班红灯）。然后按机车双班司机值乘的机车连挂作业程序执行（同前）。

③ 机车直供电列车机车连挂后，列首作业人员确认车钩连接状态良好后，列车首尾作业人员分别在列车前后两端侧面设置安全防护号志（白班红旗、夜班红灯）。列首作业人员接到机车乘务员交付的电力机车供电钥匙或内燃机车供电柴油机启动钥匙（供电钥匙在机车和车辆连接处，还须确认电力机车受电弓降下或内燃机车供电柴油机停机），在《机车供电旅客列车供电作业签认薄（机车）》上签字确认，然后由作业人员进行连接线的连接作业，连接作业完毕，应及时将钥匙转交车辆乘务员。然后按机车双班司机值乘的机车连挂作业程序执行(同前)。

4. 列车制动机简略试验

（1）试验准备。

列尾作业人员摘接列车尾部制动软管堵链，再打开尾部车辆管折角塞门，吹尘后关闭折角塞门。安装试验仪器（风表、列尾装置）后，打开折角塞门。确认试验仪器（风表、列尾装置）安装可靠。

（2）简略试验。

① 试验仪器（风表、列尾装置）达到 600 kPa（以下简称定压）时，列尾作业人员登上列车尾部车辆，校对制动管风表压力与试验仪器（风表、列尾装置）压力（误差不超过±20 kPa），检查列车总风管风表压力（规定压力 600 kPa）。

② 试验仪器（风表、列尾装置）压力达到定压后，列尾作业人员联系列首作业人员通知司机进行列车简略试验。列首作业人员用手信号通知机车司机制动，制动管减压 170 kPa 后，列车尾部一辆车发生制动作用，但不得发生紧急制动作用，保压 1 min 管系泄漏不得超过 20 kPa。发生制动作用后，列车尾部一辆车制动缓解显示器须显示正确，基础制动装置制动须作用良好。列车首尾作业人员按规定确认本区间车辆制动作用良好。

③ 列尾作业人员确认最后一辆车制动作用良好后，联系列首作业人员通知机车司机缓解，列首作业人员用手信号通知机车司机缓解。缓解后，列车首尾作业人员按规定确认本区间车辆缓解作用良好，制动缓解显示器须显示正确，基础制动装置缓解须作用良好。

④ 确认完全缓解后，列尾作业人员关闭折角塞门，撤除试验仪器（风表、列尾装置），安装制动软管（总风管）管堵并挂起，再次登上尾部车辆查看制动管（总风管）风表压力是否符合规定，通知列首作业人员及运转车长（无运转车长时通知车辆乘务员）试风完毕。列首作业人员确认试风完毕后通知机车司机制动机简略试验完毕。

⑤ 距上次试风时间超过 20 min 的列车，于发车前对列车制动机再次进行简略试验。

5. 作业结束

① 全部作业完毕后，列车首尾作业人员联系撤除安全防护号志，列首作业人员在非站台侧机车车辆连接处（负责监视第一辆车的制动管、总风管折角塞门）、列尾作业人员在列车尾

部、中部作业人员在列车中部位于安全地点送车。

②列车启动时，作业人员面对列车成45角下蹲送车，列车通过作业人员位置后，作业人员起立，面向列车运行方向继续目送列车。待列车尾部越过站台尽头后，列队返回待检室，接受下一个作业计划。

（二）旅客列车始发技术检查作业程序

作业工序：准备→连挂机车→列车制动机简略试验→作业结束。

1. 准备

（1）作业人员接到值班员通知后，向值班员确认始发车次、始发时刻、发车线路、编组辆数及有关事项。做到任务具体、清楚。

（2）作业人员出发前检查确认工具技术状态良好，且衣帽整齐，佩戴臂章，携带检修工具及通信工具列队出待检室接车。

（3）作业人员在列车始发前20 min到达接车位置（机车直供电列车提前40 min到达接车位置），按分配检查列车的辆数、确定的作业位置和规定的时间进入岗位。

2. 连挂机车

（1）进入工作岗位，打开对讲机监听本次列车始发情况及进行相应工作联系。

（2）机车连挂。

① 实行双班司机值乘的机车（非机车直供电列车机车），机车连挂后，列首作业人员确认车钩连接状态良好后，列车首尾作业人员分别在列车前后两端侧面设置安全防护号志（白班红旗、夜班红灯）。a.连接软管前，列首作业人员必须排除机车制动软管（含总风管）内灰尘和积水，连接处不得发生漏风现象，软管连接要可靠。b.作业人员先打开机车（与车辆连挂处）折角塞门，再缓慢打开机后一辆车前端折角塞门。c.作业人员捆绑好折角塞门、钩提杆和防跳装置；

② 实行单班司机值乘的列车（非机车直供电列车机车），列首作业人员负责引导机车连挂，确认机车连挂试拉、车钩连挂状态良好后，列车首尾作业人员分别在列车前后两端侧面设置安全防护号志（白班红旗、夜班红灯）。然后按机车双班司机值乘的机车连挂作业程序执行（同前）。

③ 机车直供电列车机车连挂后，列首作业人员确认车钩连接状态良好后，列车首尾作业人员分别在列车前后两端侧面设置安全防护号志（白班红旗、夜班红灯）。列首作业人员接到机车乘务员交付的电力机车供电钥匙或内燃机车供电柴油机启动钥匙（供电钥匙在机车和车辆连接处，还须确认电力机车受电弓降下或内燃机车供电柴油机停机），在《机车供电旅客列车供电作业签认簿（机车）》上签字确认，然后由作业人员进行连接线的连接作业，连接作业完毕，应及时将钥匙转交车辆乘务员。接着按机车双班司机值乘的机车连挂作业程序执行（同前）。

3. 制动机简略试验

当列车制动主管达到定压后，按规定进行列车制动机简略试验，完好后装好风管防尘堵并挂好风管。

4. 作业结束

（1）全部作业完毕后，列车首尾作业人员联系撤除安全防护号志，列首作业人员在非站台侧机车车辆连接处（负责监视第一辆车的制动管、总风管折角塞门）、列尾作业人员在列车尾部、中部作业人员在列车中部位于安全地点送车。

（2）列车启动时，作业人员面对列车呈45°角下蹲送车，列车通过作业人员位置后，作业人员起立，面向列车运行方向继续目送列车。待列车尾部越过站台尽头后，列队返回待检室，接受下一个作业计划。

（三）旅客列车终到（入库检修）技术检查作业程序

作业工序：准备→接车→机车摘接→作业结束。

1. 准备

（1）作业人员接到值班员通知后，向值班员确认作业车次、到达时刻、接车线路、编组辆数及有关事项。做到任务具体、清楚。

（2）作业人员出发前检查确认工具技术状态良好，且衣帽整齐，佩戴臂章，携带检修工具及通信工具列队出待检室接车。

（3）作业人员在列车进站前5 min到达接车位置，分立于列车到达线两侧安全地点，等待列车进站。

2. 接车

（1）进入工作岗位，打开对讲机监听本次列车接入情况及进行相应工作联系。

（2）列车进站时，作业人员在接车位置面向列车进入方向立岗接车，要目视列车进站，待机车越过站立位置时，面对列车进入方向以45°角蹲下接车，进行"三觉"检查（耳听有无异声及车辆不正常跳动声，目视有无配件脱落，鼻闻有无燃轴、抱闸等异味）。发现有异状时，必须准确记录位置。待列车停稳后及时到达故障部位进行认真判断并妥善处理。

3. 机车摘接

① 实行双班司机值乘的机车（非机车直供电列车机车），机车摘接机车前，作业人员在列车前端侧面设置安全防护号志（白班红旗、夜班红灯），打开机后一辆车前端的"三捆绑"，先关闭车辆折角塞门，再关闭机车折角塞门，排净机车及车辆软管内压缩空气后，摘接制动软管（含总风管）、电气控制连线，提开车钩。作业人员撤除列车前部安全防护号志，手示机车离去。

② 实行单班司机值乘的机车（非机车直供电列车机车）。作业人员在列车前端侧面设置安全防护号志（白班红旗、夜班红灯）后，打开机后一辆前端的"三捆绑"，先关闭车辆折角塞门，再关闭机车折角塞门，排净机车及车辆软管内压缩空气后，摘接制动软管（含总风管）、电气控制连线，提开车钩。撤除安全防护号志，作业人员负责引导司机牵出机车，手示机车离去。

③ 机车直供电列车的连接线摘接作业时，作业人员在列车前端侧面设置安全防护号志（白班红旗、夜班红灯）。作业人员接到机车乘务员交付的电力机车供电钥匙或内燃机车供电柴油机启动钥匙（供电钥匙交接地点在机车与客车连接处，还须确认电力机车受电弓降下或内燃

机车供电柴油机停机），在《机车供电旅客列车供电作业签认簿（机车）》上签字确认，方可进行电力连接线的摘接作业。电力连接线摘接后，作业人员须将电力连接线交给乘务员（本属客车）或挂在挂线盒上（外属客车），并将钥匙转交车辆乘务员。

4．作业结束

作业全部完毕后，作业人员待机车离开后向值班员汇报，返回待检室，接受下个作业计划。

（四）旅客列车终到（站折）技术检查作业程序

作业工序：准备→接车→列车制动机全部试验→机车摘接→技检作业→机车连挂→列车制动机简略试验→作业结束。

1．准备

（1）作业人员接到值班员通知后，向值班员确认作业车次、到发时刻、停车线路、编组辆数及有关事项。做到任务具体、清楚。

（2）作业人员出发前检查确认工具技术状态良好，且衣帽整齐，佩戴臂章，携带检修工具及通信工具列队出待检室接车。

（3）作业人员在列车进站前 5 min 到达接车位置，分立于列车达到线两侧安全地点，等待列车进站。

2．接车

（1）进入工作岗位，打开对讲机监听本次列车接入情况及进行相应工作联系。

（2）列车进站时，作业人员在接车位置面向列车进入方向立岗接车，要目视列车进站，待机车越过站立位置时，面对列车进入方向以 45°角蹲下接车，进行"三觉"检查（耳听有无异声及车辆不正常跳动声，目视有无配件脱落，鼻闻有无燃轴、抱闸等异味）发现有异状时，必须准确记录位置。待列车停稳后及时到达故障部位进行认真判断并妥善处理。

（3）列尾作业人员负责清点确认列车编组辆数，并用对讲机告知其余作业人员。

3．列车制动机全部试验

（1）安全防护：列车停稳后，由列首作业人员依次向列尾作业人员用手势信号传递号志（对讲机辅助），号志贯通后，列车首尾作业人员分别在列车前后端侧面设置安全防护号志（白班红旗、夜班红灯）。

（2）交接：列车首尾作业人员负责与车辆乘务员进行技术交接，了解运行中转向架、钩缓、制动等部件的异常情况和危及行车安全的故障。工（组）长仔细查阅车统-181，了解乘务员交修的故障，由工长组织作业人员处理。

（3）列车制动机全部试验准备：列尾作业人员摘接制动软管堵链，再开尾部车辆尾部折角塞门，吹尘后关闭折角塞门；安装试验仪器（风表、列尾装置）后，打开折角塞门。确认试验仪器（风表、列尾装置）安装可靠。

（4）按规定进行列车制动机全部试验。

4．机车摘接

（1）实行双班司机值乘的机车（非机车直供电列车机车），进行列车技术检查前，由列首作业人员打开机后一辆车前端的"三捆绑"，先关闭车辆折角塞门，再关闭机车折角塞门。排净机车及车辆软管内压缩空气后，摘接制动软管（含总风管）、电气控制连线，提开车钩。列首作业人员撤除列车前部安全防护号志，手示机车离去。

（2）实行单班司机值乘的机车（非机车直供电列车机车），由列首作业人员打开机后一辆车前端的"三捆绑"，先关闭车辆折角塞门，再关闭机车折角塞门。排净机车及车辆软管内压缩空气。摘接制动软管（含总风管）、电气控制连线，提开车钩。列首作业人员撤除安全防护号志，负责引导司机牵出机车，手示机车离去。

（3）机车直供电列车的连接线摘接作业时，列首作业人员接到机车乘务员交付的电力机车供电钥匙或内燃机车供电柴油机启动钥匙（供电钥匙交接地点在机车与客车连接处，还须确认电力机车受电弓降下或内燃机车供电柴油机停机），在《机车供电旅客列车供电作业签认簿（机车）》上签字确认，方可进行电力连接线的摘接作业。

5．技检作业要求

（1）进行列车技术检查前，由列首作业人员向列尾作业人员传递号志，号志贯通后，列车首尾作业人员分别在列车前后两端侧面设置安全防护号志（白班红旗、夜班红灯）。

（2）作业人员充分利用技检时间，按照分车作业规定在各自区间进行技检作业。

（3）接到轴温预报信息时，使用红外线测温仪测量确认，发现轴温达到 90 ℃或超过外温加 60 ℃时摘车处理；轴温超过外温 45 ℃以上时开盖检查，如有轴承零件破损、油脂变质、混砂、混水、混有金属粉末等异状，不能保证行车安全时应做摘车处理。

（4）作业人员按照库检技术检查作业范围进行检修，技检作业要求跨轨作业，做到"一钻、二探、三确认"。对危及行车安全的故障须重点检查，并及时通知工长复认。维修后的列车质量应符合《运用客车出库质量标准》的规定。

（5）临时换挂、增挂车辆。接到通知后，作业人员按照库检作业标准检查加挂车。

（6）发现故障，积极修复并认真做好记录。故障车辆是否摘车由客列检确认并负责，车辆乘务员应服从客列检作业人员的决定。故障处理属不摘车修范围的未作处理或摘车处理为客列检责任；经客列检处理的故障，属于不摘车修范围的，应保证安全运行到终点站；属检查范围的保证安全运行到下一个客列检。故障处理按照不摘车修范围执行。

（7）检修完毕，向值班员和工长汇报检查情况。

（8）列车首尾作业人员联系撤除安全防护号志，收拾工具，试验仪器（风表、列尾装置），等待始发机车来准备始发试风作业，如果没有始发机车可列队返回待检室。

6．机车连挂

（1）实行双班司机值乘的机车（非机车直供电列车机车），机车连挂后，列首作业人员确认车钩连接状态良好后，列车首尾作业人员分别在列车前后两端侧面设置安全防护号志（白班红旗、夜班红灯）。a.连接软管前，列首作业人员必须排除机车制动软管（含总风管）内灰尘和积水，连接处不得发生漏风现象，软管连接要可靠。b.作业人员先打开机车（与车辆连挂处）折角塞门，再缓慢打开机后一辆车前端折角塞门。c.作业人员捆绑好折角塞门、钩提杆和防跳装置。

（2）实行单班司机值乘的列车（非机车直供电列车机车），列首作业人员负责引导机车连挂，确认机车连挂试拉、车钩连挂状态良好后，列车首尾作业人员分别在列车前后两端侧面设置安全防护号志（白班红旗、夜班红灯）。然后按机车双班司机值乘的机车连挂作业程序执行（同前）。

（3）机车直供电列车机车连挂后，列首作业人员确认车钩连接状态良好后，列车首尾作业人员分别在列车前后两端侧面设置安全防护号志（白班红旗、夜班红灯）。列首作业人员接到机车乘务员交付的电力机车供电钥匙或内燃机车供电柴油机启动钥匙（供电钥匙在机车和车辆连接处，还须确认电力机车受电弓降下或内燃机车供电柴油机停机），在《机车供电旅客列车供电作业签认簿（机车）》上签字确认，然后由作业人员进行连接线的连接作业，连接作业完毕，应及时将钥匙转交车辆乘务员。然后按机车双班司机值乘的机车连挂作业程序执行（同前）。

7. 列车制动机简略试验

（1）试验准备。

列尾作业人员摘接列车尾部制动软管堵链，再打开尾部车辆管折角塞门，吹尘后关闭折角塞门。安装试验仪器（风表、列尾装置）后，打开折角塞门。确认风表、列尾装置安装可靠。

（2）简略试验。

按规定进行列车制动机简略试验。

8. 作业结束

① 全部作业完毕后，列车首尾作业人员联系撤除安全防护号志，列首作业人员在非站台侧机车车辆连接处（负责监视第一辆车的制动管、总风管折角塞 I）、列尾作业人员在列车尾部、中部作业人员在列车中部位于安全地点送车。

② 列车启动时，作业人员面对列车呈45°角下蹲送车，列车通过作业人员位置后，作业人员起立，面向列车运行方向继续目送列车。待列车尾部越过站台尽头后，列队返回待检室，接受下一个作业计划。

六、客车的快速修作业

为了保证运用车数量，加速车辆周转，要充分利用库停时间对客车进行检修，减少摘车临修，并尽量扩大在列车队修理。以下为某铁路局客车快速修作生的部分项目及标准。

（一）分解组装 15 号车钩钩头

1. 作业方法

（1）工具及材料。

16 英寸管钳 2 把，1.5 磅手锤 1 把，小撬棍 1 根，中 6 mm 开四销 1 只。

（2）操作方法。

插红旗—放工具—提起钩提杆，使钩舌呈开锁位—打掉钩舌销上部开口销—旋下钩舌销螺母—抽出钩舌销—取下钩舌—左手托起下锁销—右手取出钩舌推铁—右手将钩锁铁锁胸向外拉—左手将下锁销取出—右手将锁铁侧转 90°取出—检查钩舌、钩番销、钩舌推铁、钩锁铁、下锁销—右手将钩锁铁侧向放人钩腔内侧转 90°—将钩锁铁向斜上方推送—左手将下锁销托起，顶端凸起部插入锁铁背部槽内，继续上推使钩锁铁锁脚顶在钩腔后壁凸台上—装上钩舌推铁—装上钩舌销—旋上螺母—装上开口销—试三态作用—收工具—红旗。

2．要求

（1）下锁销不得反装。

（2）下锁销连杆可不分解，但必须落地检查。

（3）标准时间为 3 min。

3．安全注意事项

（1）红旗须插牢且展开。

（2）作业中衣帽穿戴整齐，戴好手套。

（3）作业中身体不能滑倒、任何部位不能划伤出血。

（4）钩舌拆装时，要注意安全。

（二）更换补助管

1．作业方法

（1）工具及材料。

18英寸、14英寸管钳各1把，8英寸活动扳手2把，补助管1根，生料带若干，肥皂水及刷子1套。

（2）操作方法。

插红旗—放工具材料—关闭截断塞门—关另一端折角落塞门—手扶软管，开折角塞门排风（更换端）—拆下软管—拆下折角塞门—松管卡—拆下补助管—新补助管两端缠生料带—装补助管—装折角塞门—软管丝扣缠生料带—装上软管—卡上软管堵—开两端折角塞门通风—补助管两头、软管丝扣端涂肥皂水—检查有无漏泄（如有漏泄应及时处理）—补助管卡处包上布—紧管卡—关折角塞门—拆下软管堵—开截断塞门—收工具材料—撤红旗。

2．要求

（1）缠生料带为逆时针方向。

（2）各丝扣处旋紧后不得反转。

（3）折角塞门、软管角度要正。

（4）卡子螺丝不得松动。

（5）标准时间为 7 min。

3．安全注意事项

（1）红旗须插牢且展开。

（2）作业中衣帽穿戴整齐，戴好手套。

（3）作业中身体不能滑倒、任何部位不能划伤出血。

（4）卸补助管前应先把主管风排尽。

（三）更换104分配阀

1. 作业方法

（1）工具及材料。

红旗1面，10英寸活动扳手1把，肥皂水及刷子1套，抹布若干，手锤1把，104主阀1个，紧急阀1个，胶垫1个，螺母2只等。

（2）操作方法.

插红旗—关门、排风—卸下主阀安装螺母—卸下主阀—卸下紧急阀螺母—卸下紧急阀—开截断塞门吹尘三次—分别取下主阀，紧急阀安装胶垫，检查清扫—清扫各安装座面—装上胶垫—安装新主阀—安装新紧急阀—关副风缸（压力风缸）塞门—开截断塞门通风—检查主阀紧急阀螺母是否坚固—涂肥皂水检查有无漏泄—收工具—撤红旗。

2. 要求

（1）主阀、紧急阀安装面上不沾尘土，轻拿轻放。

（2）安装主阀、紧急阀螺母要对角拧紧。

（3）安装座胶垫不得丢失、破损，安装位置正确。

（4）主阀、紧急阀出轨调换应口述。

（5）标准时间为10 min。

3. 安全注意事项

（1）红旗须插牢且展开。

（2）作业中衣帽穿戴整齐，戴好手套。

（3）作业中身体不能滑倒、任何部位不能划伤出血。

（4）吹尘时脸部要躲开。

（5）单车作业时，要打止轮器。

（四）更换盘形制动闸片

1. 作业方法

（1）工具及材料。

12英寸活动扳手1把，1.5磅手锤1把，小撬棍1根，闸片2片。

（2）作业方法。

插红旗—放工具—关门、排风—拆下闸片挡铁开口销转动挡铁—将闸片从燕尾槽中取下—拉开制动缸活塞的定位销—用扳手按顺时针方向旋转螺杆—使闸片与制动盘间隙增大—装上新闸片（闸片背部燕尾插入闸片托燕尾槽内）—锁紧挡铁—装上挡铁开口销—将定位销插入定位孔内—收工具—关压力风缸塞门—开截断塞门—撤红旗。

2. 要求

（1）定位销必须背向制动盘（面朝外）。

（2）开口销须全包。

（3）标准时间为3 min。

3. 安全注意事项

（1）红旗须插牢且展开。

（2）作业中衣帽穿戴整齐，戴好手套。

（3）作业中身体不能滑倒、任何部位不能划伤出血。

（4）取下闸片时，要防止闸片突然滑落伤人。

（5）闸片手动拆装不方便时，可用手锤轻敲。

（五）更换盘形制动制动盘

1. 作业方法（单独轮对上作业）

（1）工具及材料。

取弹性销套专用工具 1 把，套筒扳手 1 副，两用呆扳手 1 把，10 英寸活动扳手 1 把，小撬棍 1 根，±4 mm 开口销 10 个，垫木若干块。

（2）操作方法，

放工具材料—轮对放在制动盘两半处于上、下位—车轮两侧打止轮器—拆掉上面 4 个弹性销套螺栓的开口销—松开螺母—取出弹性销套中的螺栓、螺母及 V 形垫圈—用专用工具钩出弹性销套（同样方法拆除全部弹性销套螺栓）—抽出止轮器，将车轮转动 180°打上止轮器—拆除另外 4 个弹性销套螺栓—在制动盘下垫木垫—拆掉制动盘两个紧固螺栓的开口销、螺帽—手扶上半个圆盘，抽出紧固螺栓—取下上半个圆盘—慢慢抽出垫木，取出下半个圆盘—换上新制动盘—按上述相反的顺序进行驶组装—落成检查—收工具材料。

2. 要求

（1）装上半个圆盘时，要先用垫木垫好下半个圆盘。

（2）开口销须全包。

（3）标准时间为 3 min。

（4）拆装制动盘时，不得用手锤、扳手等敲打摩擦面。

3. 安全注意事项

（1）红旗须插牢且展开。

（2）作业中衣帽穿戴整齐，戴好手套。

（3）作业中身体不能滑倒、任何部位不能划伤出血。

（4）上半个圆盘搬动时，要抓紧、站稳，防止砸伤。

（5）紧固螺栓拧紧前，先将弹性销套螺栓孔对好。

（六）更换踏面清扫闸瓦

1. 作业方法

（1）工具及材料。

8 英寸活动扳手 1 把，1.5 磅手锤 1 把，小撬棍 1 根，专用扳手 1 把，闸瓦 2 片。

（2）作业方法。

插红旗—放工具—关门、排风—脱开波纹管制动缸端—卸下定位螺栓—用专用扳手插进活塞鼻子缸口处的孔内—按顺时针方向旋转，直到调整丝杠完全退回—拆下旧闸瓦—换上新闸瓦—拧好定位螺栓—装好波纹管—关工作风缸塞门—开截断塞门—收工具—撤红旗。

2．要求

（1）活塞鼻子前端有缸口的一面应朝车体外侧方向。

（2）波纹管不得有破损脱落。

（3）波纹管严禁沾上油渍。

（七）更换209T型制动梁（2人作业）

1．作业方法

（1）工具及材料。

红旗1面，18英寸管钳1把，1.5磅手锤2把，小撬棍2把，制动梁1根，扁开口销若干。

（2）操作方法。

① 安插防护号志—关门、排风—放行程—拆下B端制动梁头部开口销及垫片—手托制动梁下部，取出上部圆销、开口销、垫片，取下制动梁吊（瓦托及闸瓦可拆下也可不拆）—将制动梁拉出—更换新制动梁后，由原处送进台车内—将制动梁拉进，放在复原簧上将制动梁吊下孔套入制动梁B端—托起制动梁吊插入吊受内对好孔，装上圆销、开口销（尾部包好）—安装B端制动梁头部垫圈开口销—全面检查—收工具、材料。

② 放工具材料—拆下A端制动梁头部开口销及垫片—进台车内，拆下1号制动梁支点开口销，取出圆销—拆下2号支点开口销，取出圆销—将制动梁立起（支点朝上）将制动梁向甲方推进（要呼唤应答）—将制动梁拉进，放在复原簧上—将制动梁A端穿入制动梁吊下部孔内—分别安装制动梁1、2号支点圆销开口销—出台车到制动梁A端—安装A端制动梁头部垫圈开口销—收行程—关副风缸（压力风缸）塞门—开截断塞门—撤防护号志。

2．要求

（1）工作中应呼唤应答。

（2）拆装制动梁吊时，手托下部，要注意不要砸在钢轨上。

（3）制动梁出轨调换应口述。

（4）开口销须开口60°～70°。

（5）标准时间为20 min。

3．安全注意事项

（1）红旗须插牢且展开。

（2）作业中衣帽穿戴整齐，戴好手套。

（3）作业中身体不能滑倒，任何部位不能划伤出血。

（4）不得用手指摸圆销孔。

（5）作业中工具不能代用。工具、材料用完后应清理并放回原处。

任务五　旅客列车运行途中车辆故障的应急处理

一、运行途中发生火灾时的处理

（1）立即采取措施，拉下紧急制动阀，使列车停车，并拨打当地火警电话。

（2）协助列车长组织疏散失火车辆内的旅客。

旅客列车运行途中
车辆故障的应急处理

（3）迅速采取有效措施，切断电源，使用灭火器等灭火工具，及时将火扑灭。

（4）根据需要分解列车，先将失火车辆与后部车辆分离，再将失火车辆与前部车辆分离，分离时不要将失火车辆停留在桥梁、隧道及主要建筑物附近。

（5）及时向上级汇报，报告火情、初步原因和已采取的措施。

（6）参加事故的调查与处理工作。

二、运行途中发现轴温升高时的处理

1. 轴温升高的原因

轴承零件破损，组装不良，润滑失效以及车轮踏面等外部故障都会引起轴温升高。

2. 轴箱温度的变化情况及相应对策

（1）在一般情况下，滚动轴承辅箱顶部温度比外温高 15~30 ℃。如该轴箱温度高于外温 40 ℃ 以上时，属于不正常现象，如轴箱温度长时间较高，但不发生变化或轴温升高又下降，可以判断为运转热（多数为厂、段修后第一次运行）可不作处理。如该轴箱温度在递增时，要密切注意，通过轴报器进行特别监视，温升超过规定时，停车时及早开盖检查。

（2）利用轴报器监视观察温度变化情况，当轴温上升至 100 ℃ 左右时，应与运转车长联系，并加强对该轴位的观察。当温度上升至 150 ℃ 左右时，应做好停车准备。发现有异味、异声、冒烟、冒火时，应要求司机在前方站停车，进行处理，当车体严重摆动并有严重异味时应立即紧急停车处理。

3. 检查、判断、处理方法

（1）发现个别轴位温度升高时，乘务员一定要及时下车验证，对轴箱进行"一摸、二看、三对比"，用手摸轴箱顶部，将摸得温度和其他轴箱比较，必要时用点温计测量轴箱顶部温度，确认该轴箱温度是否超过外温 40 ℃。

（2）开盖检查、处理方法。

① 如开盖检查发现轴端压板螺栓松动，应及时紧固防松。

② 如开盖检查发现缺少油脂，应及时加添轴承脂。

③ 如开盖检查发现轴承油脂变质，用手检查油脂内是否混有金属粉末。若有，则说明该轴承零件已严重磨损，应特别注意跟踪检查。

④ 如开盖检查发现该轴箱混砂、混水，应检查前盖密封圈是否失效，有密封圈备品时，应及时更换，关盖前适量补充新油脂。

⑤ 途中开盖检查发现滚动轴承零件破损、卡死，直接影响行车安全时，应采取果断措施，和当地段、分局或路局联系作解车处理，并按当地局、段调度命令办理。

⑥ 轴承故障和处理情况，必须按规定做成详细记录，到达终点交给列检或库检处理。

三、在途中无列检作业时钩舌裂损的处理

（1）发现钩舌裂损时，应迅速更换处理，如无备品钩舌时，可用尾部车辆后端的钩舌或机车前端钩舌调换。

（2）将发现的地点、时间（到发及晚点时分）、车次，编组辆数、机车型号、司机、车长姓名，发生裂损的车辆型号、车号、方位、定检日期、钩舌裂损的断面情况（旧、新痕的比例、材质、砂眼等）做好记录，如25G型、双客钩舌临时用了普通碳素钢钩舌，应在"车统-181"中说明，以便库检更换为C3钢钩舌。

四、运行途中因机车与车辆车钩分离而停车时的处理

（1）车辆乘务员应会同机车乘务员、运转车长认真确认机车与车辆的分离情况是机车端车钩存令开位置，还是两钩都在闭锁位置时的互钩差情况。如机车端车钩在全开位置或测量后车钩高不合要求或机车车钩故障，应由机车乘务员处理，并取得证明，记录车次、时间、地点，机车型号、号码，司机、运转车长姓名。

（2）如属车辆端情况，乘务员要认真检查车钩的技术状态，检查车钩的闭锁位钩舌与钩腕内侧面的距离是否大于135 mm，捆轧的第二防跳装置是否失效，下锁销防跳装置是否良好，锁铁、推铁是否磨耗，钩提杆捆扎情况，是否跳出槽外，钩提杆座与提钩杆间隙是否过限，提杆与下锁销连杆距离是否不足（规定为不大于15 mm）等，特别注意易导致开锁的配件及周围各类装置、部件有否遭到过外力打击的痕迹和人为的损坏、丢失。

（3）如车辆钩舌拉断，乘务应检查钩舌断面是否有旧痕，以及新、旧痕的百分比。同时应注意分离前后的有关情况，特别是要分清是紧急停车后超动时分离，还是运行中分离后造成停车。根据情况做出分析判断，并进行相应的检查、处理，认真详细记录情况和数据、描绘简图，妥善保管损品。

五、当全列旅客列车风表压力达不到规定时的处理

（1）如全列车风表压力在500 kPa左右，又不上升，一般为货车机车挂客车时，压力沿有调整，要求司机调整风压，再观察风表压力。

（2）如机车已用缓解位充风，风表压力仍达到规定时，应检查车主、支管系有无漏泄、制动软管连接处及各风缸排风塞门是否在大量排风，发现漏泄及时处理。

（3）如分配阀有非正常排风时，应更换分配阀。

六、当列车运行途中发生紧急制动停车时的处理

（1）车辆乘务员应了解发生紧急制动停车的原因，及时下车对车辆进行详细技术状态检查。重点是：车钩、缓冲、牵引部位，轮对和转向架各部位配件。检查轮对有无擦伤，配件有无裂损、脱落等，如发现车辆有不良部位和损坏时，及时修复或做临时处理。

（2）确认车辆配件无损坏后，如停车时间隔超过 20 min 时应会同司机、运转车长进行制动机简略试验。

（3）如系动用紧急制动阀而停车，则除对车辆进行必要的检查和做有关记录之外，还应对此项做成记录、并告到达客列检所补封。

（4）开车后，乘务员应加强上部巡视，了解车辆运行状态。

七、途中发现列车制动主管风压突然升高，超过规定时的处理

（1）制动主管风压突然升高，大多系司机操纵不当或机车制动系统故障。乘务员应确认车内风表压力高多少，并及时与运转车长取得联系，如风压过高，超过定过多（650 kPa 以上），要求司机就近停车。

（2）停车后，要求司机缓解、制动、再缓解，反复两次，以排除副风缸内超压部分压力空气，调整制动主管压力达到正常。

（3）会同司机、运转车长进行制动机简略试验，确认良好后开车。

（4）运行途中应随时观察风表压力的变化，并和运转车长、司机取得联系，必要时取得有关证明。

八、始发前如发现列车编组中有车辆自动抱闸现象时的处理

（1）当列车制动后缓解时，先检查分配阀排气口有无排风现象，如有排风现象（分配阀大小排气口都排风）表示分配阀性用良好，然后再检查制动，如果缩回原位，如没有缩回，表明是制动缸故障，即对制动缸进行处理。

（2）当列车制动后缓解时，分配阀排气口无排风现象，先检查截断塞门有没有处于关闭位，若截断塞门处于开通位，可初步判断分配阀故障，应更换分配阀，更换分配阀时应检查其安装座内的滤尘网有无堵塞现象，有堵塞时应进行彻底的清扫。如制动缓解时，分配阀小排气口有排风现象，而大排气口无排风现象时，肯定是分配阀有故障，就及时更换分配阀。

（3）检查发现手制动机未松开时，应松开手制动机。

（4）如出现一个转向架抱闸现象，系基础制动装置故障，调整拉杆销孔位置。

（5）如遇装有闸调器的车辆时，检查确认闸调器装置有没有异状，如有异状，及时处理。

（6）有客列检和库检作业的车站，应及时联系客列检和库检处理。

九、运行途中，因制动后引起全列车不缓解时的处理

（1）制动后不缓解，大多数系列车主管过压使副风缸超压造成。车辆乘务员应向运转车长了解列车在制动前的风压情况，如列车在制动前，制动主管风压超过定压则为司机操纵不

当或机车给风阀故障。

（2）若司机调整压力或给风阀处理后仍不缓解，则应会同司机、运转车长等对列车进行逐辆排风，然后进行制动机试验，确认良好后开车。

（3）如机车故障引起不缓解，应向司机、运转车长取得证明，并记录司机姓名、机车型号、号码、运转车长姓名。

十、最高运行速度超过 120 km/h 的旅客列车，在双管供风时，列车管破损不能修复时的处理

（1）在途中，因意外障碍物将列车管打坏无法修复时，应将破损车辆的总风管连接软管连接在相邻车辆的列车管上，起过桥作用。

（2）在这种情况下，必须将破损车辆及以后各车辆改成单管供风。但必须捆扎好各塞门把手，以防异物打击，造成争议。

十一、双管供风时，因故障需改成单管供风时，各塞门的位置的处理

（1）关闭总风管通往空气弹簧（总风缸）管路上的塞门。
（2）开启副风缸通往空气弹簧（总风缸）管路上的塞门，保证空气弹簧用风。
（3）因分配阀故障需关闭截断塞门停止空气制动机作用时：
① 关闭副风缸通往空气弹簧（总风缸）管路上的塞门。
② 开启列车管通往空气弹簧（总风缸）管路上的塞门，保证空气弹簧正常用风。

十二、在运行途中，空气弹簧漏泄时的处理

（1）首先确认是胶囊漏泄还是管路漏泄，胶囊漏泄只有关闭高度调整阀前面的小塞门，停止空气弹簧供风。

（2）在停止破损空气弹簧的供风时必须停止全车空气弹簧的用风，这是因为：如果只关闭破损的空气弹簧，其他空气弹簧仍在供风会引起车体倾斜和车钩高度差，所以说要关闭全车的空气弹簧。

（3）按规定通知司机和运转车长，列车需限速 120 km/h 运行。
（4）如属管路漏泄时，必须立即紧固管路上漏泄处。

十三、在运行途中，制动机发生故障需要关闭截断塞门时，其运行速度的控制方法

在运行途中制动机发生故障，需要做关门车处理时，其运行速度按原铁道部 97（31）号文件规定："超过 120 km/h 以上，装有空气弹簧的旅客列车，运行途中自动制动机发生故障，允许关闭一辆。但运行速度必须限在 120 km/h 以内。"

十四、在运行途中，当高度调整阀失效，压力空气只进不出，摇枕与构架相碰时的处理

（1）在运行途中，高度调整阀失效，使压力空气只进不出，造成了摇枕与构架相碰，是很危险的事。这时应将高度调整阀往储气室管路上的油冷接头拧松，将压力空气排向大气降低空气弹簧高度，到规定高度时，拧紧油冷接头，同时关闭高度阀前面的小塞门。预报到达有列检作业的车站列检所，要求准备高度调整阀进行更换（并说明左侧还是右侧）。

（2）如有备用的高度阀时，以最快的速度进行更换高度阀。

十五、在运行途中如遇横向控制杆支点座折断时的处理

（1）检查控制杆的安全托是否牢固但也必须进一步加固，可用 4 mm 的铁丝进行加固。保证到达下一个列检所再用其他方法进行处理。

（2）及时向有关部门进行汇报，也可用铁路电报形式向有关单位进行汇报。

（3）如在运行途中没有很好的把握时，可以最快的速度将横向控制杆拆下，并将损品带回单位。有条件时一定要将断面拍摄成照片，以便进行分析。

十六、CW、SW 型转向架在运行途中，发现轴箱弹簧折损时的处理

检查轴箱弹簧断面是否在有效圈与无效圈之间，如果是在有效圈与无效圈之间，可运行到终点站进行更换。如果是在中间位置：若有备品，要以最快的速度进行更换；若无备品，应做应急处理，疏散旅客，减少车辆的载重，必要时通知司机限速运行。

项目四　货车运营管理

任务一　列检作业场

列检作业场

一、列检作业场安全职责

1. 安全负责区段

经列检检查、维修的货物列车和车辆，须保证检查维修的车辆部位技术状态能安全运行到下一个负责检查该部位的列检。

2. 防范和责任范围划分

对因设计、制造、采购、检修等原因造成的产品质量缺陷，列为列检安全防范检查范围；对车辆在运用过程中产生的配件磨耗、紧固件松弛；车轮擦伤、缺损；配件丢失、折断、变形、脱落等故障，列为列检的责任检查范围。列检作业场对列检安全防范和责任范围均需进行技术检查。

二、列检作业场分类

列检作业场按照作业方式的不同分为：

1. 人机 TFDS 业场

铁路局在路网性、区域性、地方性编组站以及编组作业量较大的列检作业场，配备 TFDS 系统，设备性能 TFDS 后，可以向铁路总公司申请更改作业方式，实行人机分工作业。各种作业方式包括：对经本站 TFDS 探测的直通列车进行机检作业；对经本站 TFDS 探测的到达、中转列车进行人机分工作业；对始发列车进行人检作业。

2. 机检作业场

铁路局对设在列车编组作业量较小或中转列车较多车站的列检作业场，配备必要的 TFDS 全防范系统，设备性能稳定后，可以向铁路总公司申请更改作业方式，实行机检。对经本站 TFDS 探测的列车进行机检作业。

3. 人检作业场

未配备 TFDS 系统之前，全部执行人工检查的作业场。

三、列检作业场设置

（一）设置原则

列检作业场的设置须满足铁路运输需要，在保证行车安全前提下，考虑列车到达、始发、中转以及编组工作量、车流方向、机车交路、站场设置、运行区段、线路对车辆运行的要求和车辆检修等条件合理布局，在编组站、区段站、干线入口站、大量装卸货物的车站设置列检作业场，既要保证行车安全，也要防止设点过多或重复作业。

列检作业场的设置、撤销以及局交接口列检作业场的变动均须报铁路总公司批准；列检作业场改变作业方式须报铁路总公司备案；货车安全防范系统由各铁路局按铁路总公司建设规划设置。铁路局交接口列检作业场规定为距两局分界点最近的有人工作业的列检作业场。地方铁路、合资铁路、专用铁路与国铁接轨处的列检作业场，同时负责办理车辆技术交接。

（二）基础设施设备

列检作业场应设在所在车站到发场外侧中部，列检作业场室内地坪标高不低于到发线轨面标高，如房屋为下线式，待检室所在楼层应有通过站场的栈桥。

（1）列检作业场应配备用于安全防护、车辆自动检查、检测和故障处理的必备工装设备及安装处所。

应有值班室、办公室、交接班室、资料室、技术教育室、练功场、灯具和充电室、空气压缩机室、列车微控制动机试验器控制室、钳工间、料具间、储存室、汽车库、材料库或棚、货车安全防范系统设备维修室、锅炉房、更衣室、文化活动室、食堂、洗衣间、浴室、卫生间等生产、生活房舍，炎热地区应设防暑凉棚。列检值班室、待检室须安装照明、给排水、空调降温和采暖设施等。

（2）值班室应设在列检作业场便于瞭望列车到发的位置。在有 2 个以上到发场的编组站，可根据需要，在车站调度楼设列检值班室，以便与车站的工作联系，要装备汇集试风装置、试验监测装置、脱轨器系统、手持机系统、站场监控系统、车号及货车安全防范系统、HMIS、列车信息系统、材料系统等信息的综合控制值班台；配备数字语音记录仪、传真机、无线对讲基地台等作业指挥管理设施，数字语音记录仪要与车站联系的直通电话、对讲机进行不间断的语音记录并进行监控管理。所有设施具备自动储存、回放、打印功能，性能良好，使用正常。

（3）当线路的有效长度为 850 m 及以上时，应在站场两侧适当的位置设待检室；列检作业场在车站的一端时，应在中部和另一端设待检室；待检室配备接发列车及安全信息显示屏、列检工位机、技术管理和培训等综合信息触摸屏系统，配齐应急故障处理工量器具、仪器仪表、提速车辆故障处理工具等，最大限度地为现场作业人员提供良好的作业条件。

（4）列检作业场须设置计算机机房，机房面积不小于 10 m²。货车安全防范系统、货车运用管理信息系统的服务器、网络通信设备须安装在计算机机房内。动态检车班组应设有单独的工作间，每进路工作间面积不小于 30 m²。工作间和服务器机房供电总功率不小于 8 kW，双路电源自动切换。客户端计算机与服务器所用 UPS 均设置在服务器机房内，UPS 功率满足要求，持续供电时间不少于8h；工作间需装修，铺设防静电地板，配有空调设施，配备带有隔断的电脑桌椅（相应的网络接口、电源接口等要到位）、铁路直拨电话、市话直拨电话、与铁路局车辆运行安全监测站直通电话、语音记录仪、激光彩色打印机等。动态检车员要配备防护眼镜、视力保健液等防护用品，室内放置相应的管理制度；服务器机房有良好的通风、取暖设施，密封防尘，保持室内温度 10～30 ℃，相对湿度<95%，防雷应符合国家对建筑物防雷的有关规定。系统设备必须采取防雷、防电涌和安全接地措施，设独立地极1处，接地电阻小于4Ω，并设地线标志桩。

（5）灯具和充电室内应设灯具存放台、工具台、控制台、充电设备和充电台。钳工间应设工作台、钳工台、砂轮机及台式钻床等设备。

（6）实行四班制的列检作业场还应根据需要设置休息间并配备相应的生活用具。

（三）检测装备

列检作业场要按照铁路总公司规划配备 TADS、TFDS、THDS、TPDS 等货车安全防范系统和 HMIS 运用子系统、货车质量管理系统、材料管理信息系统等货车运用管理信息系统。TFDS 要达到每列车具备转向架底部、车钩缓冲、车底和转向架侧架4个工位探测的功能。作业场值班室要根据货车安全防范系统、信息系统监控、操作和维护的需要，配备必要的复示、操作和维护终端、打印设备。

（四）信息化装备

货车运用车间和列检作业场要加强网络通道和硬件平台建设。运用车间和列检作业场须能接入铁路计算机网络，带宽须满足需要；要建设覆盖运用车间及各列检作业场的有线或无线局域网。要配备数据库服务器、传输服务器、应用服务器及网络通信设备，设备性能和指标能满足运用车间、列检作业场数据存储、统计分析、数据传输及信息共享的需求，并具有一定的冗余量和可扩展性。

（五）安全设施

在列检到发作业的线路两端来车方向的左侧钢轨上，应设置带有智能监控固定脱轨器的安全防护装置。列车前后两端的安全防护距离均不小于 20 m，根据需要可适当设置带有移动脱轨器的防护装置。

（六）现场基本设施

要大力加强作业基本条件建设，确保现场设施最大限度地满足作业要求。

（1）列检作业场须配备列车微控试风系统，并配有能够满足现场最大作业要求的储气缸，现场地下风管路采用不锈钢风管路，管径不小于 40 mm，列检作业线路间及线群外侧（距线路中心 3 m）应以水泥板、便道砖填平至轨道底面，平整耐用，并有良好的排水设施，其线路应铺设混凝土平头轨枕，线群外侧应设挡砟墙，硬化标准和地下风管路的长度符合现场作业要求。

（2）设立机车定位停车标，保证列检作业插设安全防护装置和利用地下风管路进行制动机试验的需要。

（3）列检作业场两端或一端应铺设横向运输道路，并与列检作业场道路相通，其宽度应为 3.5 m 以上，路面应硬化，列检作业场应有汽车道路与外界公路相通。

（4）根据现场实际，列检作业现场须设灯桥或灯塔照明设施，场地照明设施齐全，亮度符合规定，满足作业人员夜间以及恶劣天气下作业的需要；涉及列车通过的列检作业场，必须配备站场列车接近报警装置。

（5）任务量较大的列检作业场应设列检工具材料运输小车轨道，其相邻两线线间距离应不小于 5.5 m。列检作业线为 6 条线及以下设 1 条；6 条以上时，设 2 条。在有列检作业的站场上应设置符合现场作业要求的材料工具分存箱。

（6）列检作业场应设边修线，边修线直线段有效长度不小于 60 m；对只设列检作业场未设站修作业场的站场，可根据需要设有重车架车基础的边修线 1 条，并配置料具间和电焊机、架车机具等检修设备。

（七）作业人员工装

检车工长配备第四种检查器、红外线测温仪以及便携式车号标签读出器等，检车员统一配备体积更小、重量更轻、功能更强的对讲机、高性能检车灯以及列检作业手持机，并配备荧光分车牌、防护红灯和红旗、专用检测样板等装备。

四、列检作业场的劳动组织

列检作业场职工的工作时间须符合国家、铁路总公司相关法规，列检作业场的劳动组织必须满足运输需要。列检作业场的作业方式须满足在技术检惨时间内，按质量标准完成列车检查、维修的需要。

（一）列检作业场组织机构和班制

列检作业场设列检作业人员若干班组，每班设有工长及值班员。每个班根据作业范围和任务量的不同可分成若干组。根据分工不同，每个检车员编有固定的工号，以便指挥生产和明确责任。

列检作业采用轮班制，班制原则上应与所在车站运转一致。列检作业场的直接生产人员应根据列检作业场的性质、作业范围、技检时间、列车运行图规定的工作量及列车编组辆数，按"以列定组、以辆定人"原则，每组 12 h 到达不超过 12 列，始发（中转）不超过 15 列，超过时应增加作业组或者实行前后夜分班作业；每个检车员检查单侧车辆不超过 10 辆，人机分工作业时不超过 15 辆。

列检作业场、边修线、站修作业场等要配备相应的专业维修人员，做到检修分开；动态检车班组每班设置动态检车工长 1 人，TFDS 动态检车员要按照列车进路、编组辆数、车流密度、车辆检测部位和图像分工，由铁路局核定人员和组数，满足转向架底部、车钩缓冲、车底和转向架侧架四个部位分工的动态检查需要。TADS 和 TPDS 配备一名动态检车员，THDS

配备一名动态检车员。并按直接生产人员的 8%配备预备人员。

（二）列检作业场班组组织及人员配备

列检作业场的劳动组织及人员配备，由铁路局组织有关部门，根据列检作业场的实际工情况和劳动定员标准确定，并充分考虑列检作业场人员当班时间内的合理非工作时间和辅助准备工作时间。

计算列检工作量应以运行图规定的列车数为标准，列车编组辆数为平均编组辆数。并且要考虑现车技术状态的施修工作量和运输组织，据实查定。

1. 以列定组

（1）每组在每班内应检修的列车数，计算公式如下：

$$D_j = \frac{t - t_0}{t_1 - t_2}$$

式中 D_j——每组每班应检修的列车数（列/班）；

t——每班工作时间（min/班）；

t_0——每班合理非工作时间（min/班）；

t_1——每列列车技检时间（min/列）；

t_2——每列列车辅助作业时间（min/列）。

每班作业时间，按班小时数折算成分钟计算。合理非工作时间，含每班两次吃饭时间，每次 40 min；交接班时间，每班 10 min。每列技检时间，根据列车作业性质分别查出。每列车辅助作业时间，含接发列车准备时间、提前出发接车时间、转线走行时间、待检时间等。一般每列约 17 min。

（2）每班应有作业组数，计算公式如下：

$$Z = \frac{D_i}{D_j}$$

式中 Z——每班应有作业组数（个/班），精确到小数点后 1 位，四舍五入；

D_i——每班按运行图规定的作业列数（列/班）；

D_j——同前公式。

每班应有作业组数，整数外不足 0.3 时，按 0.3 组计；超过 0.3，不足 0.5 时，按 0.5 组计；超过 0.7 者，按 1.0 组计。

每班图定列数，一列无调中转列车可按一列到达列车计；一列有调中转列车按 1.5 列到达计。这样可简化计算。

2. 以辆定人

（1）确定每检修作业组的人数。

$$R = \frac{N}{10} r$$

式中 R——每个作业组的人员数（人）；

N——货物列车编组平均辆数（辆/列）；

r——每一检修单元人员定额（人/单元）。

每一检修单元人员定额，根据作业方式、劳动效率、定员标准等设定。

（2）确定预备定员预备率。

预备定员是为由于出差、探亲、病事假、欠勤等因素造成直接生产人员的缺勤而作的后备，一般以预备率表示，按直接生产人员总数的8%配备。

（3）直接生产人员的总定员数。

直接生产人员总定员数
=（到达组每组人数×组数+始发组每组人数×组数）×班次×（1+预备率）

（4）直接生产人员总定员的修定

① 如到达、始发列车作业较少，中转列车作业较多，列检作业场可采取混合组作业的方式，在编制列检作业场定员时，应考虑到达、始发和有调中转列车的实际情况，从实际出发，合理查定。

② 寒冷地区及长大下坡道前方列检作业场，开行重载列车区段的列检作业场以及线路尽头站的列检作业场，若编组列车或车辆故障较多，检修工作量较大，可按查定的标准适量增加人员。

③ 货车安全防范系统的维修及管理人员配备，应以探测列车的车辆辆次和设备配置为基本工作量，由各铁路局自行查定。

（三）管理人员和间接生产人员

铁路局应根据工作岗位需要，结合工作量和班组设置情况，配备运用车间管理人员，并采取兼职的方式合理配备间接生产人员，提高劳动生产效率。

五、列检作业场列车检修作业计划

（1）正确制定列检作业计划是组织列检作业，保证列车安全正点，完成列车检修任务的重要手段。

（2）列检值班室应接入车站班计划、阶段计划的终端信息。列检值班员应根据到达、始发和中转列车计划及时编制并下达班作业计划和阶段作业计划。

（3）遇有作业计划变更或关键列车，列检值班员应与值班主任或工长联系并及时向作业组通知变更情况及注意事项。

（4）列车到达前，列检值班员应根据车站和货车安全防范系统预报的通知，将列车车次、编组辆数、接入接道以及货车安全防范系统预报等内容通知作业组接车，并将相关内容输入HMIS运用子系统。

列车始发前，列检值班员应根据车站列车编组的通知，将始发列车车次、编组辆数、作业股道、始发时间通知作业组进行技术检查，并将相关内容输入HMIS运用子系统。

任务二　列检作业场列车技术检修作业

一、列车技术检查作业方式

（1）人机分工作业：利用 TFDS 系统，由动态检车员和室外检车员共同完成货物列车的检查。室内动态检车组按照机检范围对列车进行检查并向室外预报；室外检车作业组，对 TFDS 探测以外的部分进行检查，同时，对机检预报的内容进行确认和处理。

列检作业场列车技术检修作业

（2）机检作业：利用 TFDS 系统完成货物列车的检查。室内动态检车组按照机检范围对列车进行检查，负责拦停预报和通过运用货车质量管理系统向前方站跟踪预报；室外保留车辆故障专业处理维修组，对达到拦停级别危及行车安全的故障进行确认和处理。

（3）人检作业：由室外检车员完成货物列车的检查，包括始发列车以及未经本站 TFDS 探测的到达和中转列车执行人工检查作业。

二、技术作业范围及质量标准

根据列检作业场所在车站运输组织方式，在确保行车安全和运输需要的前提下，对铁路货车技术检修作业标准的规定原则如下：

（1）列检作业场对到达解体、编组始发的列车，实行到达全面检修、始发重点检查。

（2）对有调中转列车加挂的车辆，按始发作业标准进行技术检查。

（3）对无列检作业的中间站编组始发的中转列车，在途经第一个列检作业场时，按到达列车施行人机分工全面检修；未安装 TFDS 的列检作业场施行人工全面检修。

（4）各铁路局根据作业场所在站运输组织实际情况，在确保行车安全的前提下，须适当调整编组始发列车的技术检查维修范围，但不得低于本标准。

（一）"人检"技术作业范围和质量标准

实行人工检查作业时，对到达解体、编组始发及中转列车和加挂的车辆，按下列检查范围和质量标准检查、维修。

1. 到达技检范围和质量标准

列检作业场对到达解体列车须按下列技术作业范围和维修质量标准进行检查维修。

（1）车轮磨耗、擦伤、剥离、局部凹入、缺损不超限；车轮辐板无裂纹，辐板孔裂纹不超限。

（2）消除热轴故障；滚动轴承外圈、前盖、承载鞍、轴箱无裂损，密封罩、轴端螺栓无脱出；承载鞍无错位，转 K4、K5 型转向架侧架导框纵向与滚动轴承外圈无接触；转 K1、K6 型转向架轴箱橡胶垫中间橡胶与上、下层板无错位；转 K2 型转向架承载鞍顶面无严重的黏着性磨损；滑动轴承轴箱及配件齐全、作用良好；轴箱盖螺栓无松动。

（3）侧架、摇枕、一体式构架、U形副构架及心盘无裂损，侧架立柱磨耗板及斜楔主摩擦板无破损、窜出、丢失，下心盘螺栓无折断、丢失；间隙旁承游间不超限，常接触旁承配件齐全、无破损，上下旁承无间隙，转 K1、K2、K6 型转向架双作用弹性旁承滚子与上旁承磨耗板不得接触；交叉杆盖板、杆体无弯曲、变形、裂损，安全链无脱落、折断，支撑座无破损、端部螺栓无松动，防松垫止耳无折断；轴箱、摇枕弹簧无折断、窜出、丢失；转 K4、K5 型转向架弹簧托板无裂损，折头螺栓无折断、丢失。

（4）车钩、牵引杆及钩尾框无裂损；钩舌销无折断、丢失，钩锁铁锁角无折断；钩提杆及座、链齐全无破损，松余量符合规定，互钩差不超限；首尾车钩三态作用试验良好；从板、从板座、缓冲器、冲击座无破损；钩尾框托板、钩尾扁销及安全吊架螺栓螺母无松动、开口销无丢失；钩尾销托板螺母无松动，车钩托梁及冲击座止挡块螺栓、螺母无丢失；支撑弹簧无折断；车钩提钩扦复位弹簧无丢失。

（5）空气制动机作用良好，制动缸活塞行程符合规定；制动缸活塞推杆无丢失，制动缸、各风缸等安装座紧固螺栓无松动、裂损；空重车位调整位置正确，空重车自动调整装置各阀、横跨梁及座无破损，螺栓螺母及开口销无丢失；编织制动软管总成、各塞门及手把、缓解阀、远心集尘器无破损、丢失，空重车调整杆及缓解阀拉杆无脱落；闸瓦自动间隙调整器（以下简称闸调器）无破损；脱轨自动制动装置配件齐全、作用良好。

（6）闸瓦托吊、制动梁支柱、槽钢（梁架、撑杆）及弓形杆无裂损，支柱夹扣螺栓无丢失，闸瓦托铆钉无折断、丢失；制动梁端轴无开焊及脱出；制动梁吊的圆销、开口销及闸瓦、闸瓦插销无折断、丢失，闸瓦磨耗不过限；安全链无脱落、折断，下拉杆下垂不超限；各拉杆、杠杆、圆销、开口销、U 形插销（螺栓）无折断、丢失。

（7）人力制动机配件齐全、无破损。

（8）中、侧、端、枕梁及牵引梁无裂损；中、侧梁下垂，车体倾斜或外胀不超限；车号自动识别标签无失效（无 AEI 复示终端的列检作业场除外）、丢失。

（9）车门、车窗无破损、丢失；车门、平车端板（渡板）折页无折断，圆销、开口销无丢失；罐车卡带无折断、螺栓无松动，罐体及阀不漏泄，鞍木与罐体局部间隙不超限；车门各锁销连杆及插销装置齐全、状态良好。

（10）空车定检不过期。

2．始发技检范围和质量标准

列检作业场对编组始发列车及加挂的车辆须按下列技术作业范围和维修质量标准进行检查维修。

（1）承载鞍无移位；滑动轴承轴箱盖螺母无松动。

（2）轴箱、摇枕弹簧无窜出、丢失；心盘及旁承滚子位置正确；闸瓦、闸瓦插销无折断、丢失，各拉杆、杠杆无脱落。

（3）车钩、牵引杆、钩尾框、从板及座、缓冲器无破损，互钩差不超限，钩舌销无折断、丢失；钩提杆及座、链齐全无破损，首尾车钩三态作用试验良好；钩尾扁销及安全吊架螺栓螺母、开口销无丢失；钩尾销、钩尾框、车钩托梁及冲击座止挡块托板螺母无丢失。

（4）空气制动机试验作用良好，编织制动软管总成无破损、漏泄，空重车位置调整正确，各拉杆、链及人力制动机配件无脱落，关门车符合规定。

（5）车门、平车端板（渡板）折页无折断。

（6）对有撞车及脱线痕迹的车辆进行全面检查。

3. 中转技检范围和质量标准

到检作业场对中转列车须按下列技术作业范围和维修质量标准进行检查、维修：

（1）车轮磨耗、擦伤、剥离、局部凹入、缺损不超限；车轮辐板无裂纹，辐板孔裂纹不超限。

（2）消除热轴故障；滚动轴承外圈、前盖、承载鞍、轴箱无裂损，密封罩、轴端螺栓无脱出；承载鞍无错位、转 K4、K5 型转向架侧架导框纵向与滚动轴承外圈无接触；转 K1、K6 型转向架轴箱橡胶垫中间橡胶与上、下层板无错位；转 K2 型转向架承载鞍顶面无严重的黏着性磨损；滑动轴承轴箱及配件齐全、作用良好；轴箱盖螺栓无松动。

（3）侧架、摇枕、一体式构架、U 形副构架无裂损，侧架立柱磨耗板及斜楔主摩擦板无窜出、丢失；间隙旁承游间不超限，常接触旁承配件齐全、无破损，上下旁承无间隙，转 K1、K2、K6 型转向架双作用弹性旁承滚子与上旁承磨耗板不得接触；交叉杆盖板、杆体无弯曲、变形、裂损，安全链无脱落，支撑座无破损、端部螺栓无丢失；轴箱、摇枕弹簧无窜出、丢失；转 K4、K5 型转向架弹簧托板无裂损，折头螺栓无折断、丢失。

（4）车钩、牵引杆及钩尾框无裂损；钩舌销无折断、丢失，钩锁铁锁角无折断；钩提杆及座、链无破损，松余量符合规定，互钩差不超限；首尾车钩三态作用试验良好；从板、从板座、缓冲器、冲击座无破损；钩尾框托板、钩尾扁销及安全吊架螺栓螺母无松动、开口销无丢失；钩尾托板螺母无松动，车钩托梁及冲击座止挡块螺栓、螺母无丢失。

（5）制动缸活塞推杆无丢失，制动缸、各风缸等安装座紧固螺栓无松动、裂损；空重车位调整位置正确，空重车自动调整装置各阀、横跨梁及座无破损，螺栓螺母及开口销无丢失；编织制动软管总成、各塞门、缓解阀、远心集尘器无破损，空重车调整杆及缓解阀拉杆无脱落；闸瓦自动间隙调整器（以下简称闸调器）无破损；脱轨自动制动装置、人力制动机配件无脱落。

（6）闸瓦托吊、制动梁支柱、槽钢（梁架、撑杆）及弓形杆元裂损，支柱夹扣螺栓无丢失，闸瓦托铆钉无折断、丢失；制动梁端轴无开焊及脱出；制动梁吊的圆销、开口销及闸瓦、闸瓦插销无折断、丢失，闸瓦磨耗不过限；安全链无脱落、折断，下拉杆下垂不超限；各拉杆、杠杆、圆销、开口销、U 形插销（螺栓）无折断、丢失。

（7）中、侧、端、枕梁及牵引梁无裂损；车体倾斜或外胀不超限；车门无丢失；罐车卡带无折断，罐体及阀不泄漏。

（8）"人机分工"技术作业范围和质量标准。

实行人机分工作业时，经本站 TFDS 探测的到达解体、中转列车，TFDS-1 或旧型 TFDS 经统型改造后，执行以下技术作业范围和维修质量标准进行机检。其他型号设备，要结合本标准，根据实际显示图像，制定动、静分工范围，并将分工结果报铁路总公司备案。

4. 机检范围和质量标准

列检作业场室内机检对到达解体及中转列车，须按下列技术作业范围和质量标准进行机检检查，对发现的故障通知室外检车员进行确认维修。

（1）车轮无缺损。

（2）滚动轴承无甩油，外圈无缺损，密封罩无脱出，前盖无裂损、丢失，轴端螺栓无丢失，轴承挡键无丢失，承载鞍无错位、挡边无折断；转K1、K6型转向架轴箱橡胶垫中间橡胶与上、下层板前端无错位。

（3）侧架、摇枕无裂损，侧架立柱耗板、斜楔主摩擦板无破损、窜出、丢失；摇枕圆弹簧无折断、窜出、丢失，交叉杆及盖板无弯曲、变形、裂损、折断，安全索无丢失，扣板螺栓、端部紧固螺栓无丢失，锁紧板无移位、丢失，支撑座无裂损；弹簧托板无裂损，折头螺栓无折断、丢失；心盘螺栓无折断、丢失。

（4）车钩、牵引杆及钩尾框无裂损；钩舌销无折断、丢失，钩锁铁无折断，车钩连接状态良好；钩提杆无变形、脱落、丢失，安装座无脱落、丢失，钩提链无折断、丢失；从板及从板座无破损、折断、丢失，缓冲器无破损；钩尾框托板无裂损，螺栓及螺母无丢失；钩尾销及托板螺栓、螺母、开口销无折断、丢失；车钩托梁无裂损，螺栓、螺母无丢失。

（5）空气制动阀配件无丢失，防盗罩无脱落；空重车自动调整装置比例阀或调整阀配件无丢失；调整杆无脱落、丢失；各风缸及堵无脱落、丢失，制动缸活塞推杆无丢失；连通管无折断，制动软管连接状态良好；折角塞门、截断塞门手把无关闭；闸调器无破损、丢失；拉杆圆销、开口、锒垂无折断、丢失。

（6）制动梁无裂损、折断、缺失，端轴无折断，安全链无折断、脱落，安全吊无脱落、丢失；基础制动装置各部件及圆销、开口销无折断、丢失；吊架、托架无脱落；固定杠杆支点座、固定杠杆支架、圆销、开口销无折断、丢失；闸瓦及闸瓦插销无折断、丢失。

（7）人力制动机拉杆及吊架无折断、脱落、丢失，滑轮无丢失，拉杆链及圆销、开口销无折断、丢失。

（8）车号自动识别标签无破损、丢失。

（9）车地板、端墙板无破损，牵引梁、端梁无弯曲、破损。

5. 到达人工技检范围和质量标准

列检作业场室外人检对到达解体列车，需要对TFDS无法检测的部位，按照下列技术作业范围和维修质量标准进行人工检查、维修。

（1）车轮磨耗、擦伤、剥离、凹入、缺损不过限；车轮辐板无裂纹，辐板孔裂纹不超限。

（2）消除热轴故障；滚动轴承外圈、承载鞍、轴箱无裂损；密封罩、轴端螺栓无脱出；转K2型转向架承载鞍顶面无严重的黏着性磨损；滑动轴承轴箱及配件齐全、作用良好；轴箱盖螺栓无松动。

（3）侧架及一体式构架、U形副构架内侧、上部构架部，摇枕侧面及上部无裂损、间隙旁承游间不超限，常接触式旁承配件齐全、无破损，上下旁承无间隙，转K1、K2、K6型转向架双作用弹性旁承滚子与上旁承磨耗板不得接触；交叉支撑装置上盖板无变形、裂损，交叉杆支撑座端头螺栓无松动、防松垫止耳无折断；弹簧托板侧面无裂损。

（4）车钩、牵引杆侧面及上部、钩尾框弯角无裂损；钩提杆及座、链齐全，无破损，松余量符合规定，互钩差不超限；首尾车钩三态作用试验良好；冲击座无破损；钩尾框托板、钩尾扁销螺栓螺母及钩尾扁销安全吊架螺栓螺母无松动；钩尾销托板螺母无松动，支撑弹簧无折断。

（5）空气制动机作用试验良好，制动缸活塞行程符合规定；制动缸、各风缸安装座紧固螺栓无松动、裂损；空重车位调整正确；空重车自动调整装置各阀无破损，横跨梁无折断、螺栓螺母及开口销无丢失；编织制动软管总成无破损；脱轨自动制动装置配件齐全，无破损（包括车体底架以上部分的制动配件）。

（6）闸瓦托吊、制动梁支柱、槽钢（梁架、撑杆）及弓形杆上部及立面无裂损，闸瓦托铆钉无折断、丢失；闸瓦、闸瓦插销无折断、丢失，闸瓦磨耗不超限；下拉杆下垂不超限。

（7）人力制动机配件齐全、无破损。

（8）中、侧、端、枕梁及牵引梁无裂损；中梁、侧梁下垂、车体倾斜或外胀不超限，车号自动识别标签无失效（无 AEI 复示终端的列检作业场除外）。

（9）车门、车窗无破损、丢失；车门、平车端板（渡板）折页无折断，圆销、开口销无丢失；罐车卡带无折断、螺栓无松动、罐体及阀不漏泄，鞍木与罐体局部间隙不超限；车门各锁销连杆及插销装置齐全、状态良好。

（10）空车定检不过期。

6. 中转人工技检范围和质量标准

列检作业场室外人检对中转列车，需要对 TFDS 无法检测的部位，按照下列技术作业范围和维修质量标准进行人工检查、维修。

（1）车轮磨耗、擦伤、剥离、凹入、缺损不过限；车轮辐板无裂纹，辐板孔裂纹不超限。

（2）消除热轴故障；滚动轴承外圈、承载鞍、轴箱无裂损；密封罩、轴端螺栓无脱出；转 K2 型转向架承载鞍顶面无严重的黏着性磨损；滑动轴承轴箱及配件齐全、作用良好；轴箱盖螺栓无松动。

（3）侧架及一体式构架、U 形副构架内侧、上部及底部，摇枕侧面及上部无裂损；间隙旁承游间不超限，常接触式旁承配件齐全、无破损，上下旁承无间隙，转 K1、K2、K6 型转向架双作用弹性旁承滚子与上旁承磨耗板不得接触；交叉支撑装置上盖板无变形、裂损，交叉杆支撑座端头螺栓无松动；弹簧托板侧面无裂损。

（4）车钩、牵引杆侧面及上部、钩尾框弯角无裂损；钩提杆及座、链无破损，松余量符合规定，互钩差不超限；首尾车钩三态作用试验良好；冲击座无破损；钩尾框托板、钩尾扁销及安全吊架螺栓螺母无松动；钩尾销托板螺母无松动。

（5）列车管贯通良好（有调中转列车须进行列车制动机全部试验）；制动缸、各风缸安装座紧固螺栓无松动、裂损；空重车位调整正确；空重车自动调整装置各阀、横跨梁及座无破损，螺栓螺母及开口销无丢失；编织制动软管总成无破损；脱轨自动制动装置、人力制动机配件无脱落（包括车体底架以上部分的空气制动机及其附属配件）。

（6）闸瓦托吊、制动梁支柱、槽钢（梁架、撑杆）及弓形杆上部及立面无裂损，闸瓦托铆钉无折断、丢失；闸瓦磨耗不超限；制动梁端轴无开焊及脱出；安全链无脱落，下拉杆下垂不超限。

（7）中、侧、端、枕梁及牵引梁无裂损；车体倾斜或外胀不超限；车门无丢失；罐车卡带无折断，罐体及阀不漏泄；车号自动识别标签无失效（无 AEI 复示终端的列检作业场除外）。

（三）"机检"技术作业范围和质量标准

列检作业场对经 TFDS-1 或旧型 TFDS 经统型改造后进行机检的货物列车，须按机检范围进行全面检查。其他型号设备，要结合本标准，根据实际显示图像，制定机检范围，并报铁路总公司备案。经 TFDS 探测站机检的列车，发现属于下列拦停范围故障时，按规定及时办理拦停。对其他能够安全运行的故障，通过运用货车质量管理系统向前方列检进行跟踪预报。

（1）制动梁脱落、折断。

（2）下拉杆脱落、圆销、开口销丢失。

（3）制动梁支柱折断、圆销、开口销丢失。

（4）交叉杆折断。

（5）制动缸及各风缸脱落。

（6）轴承冒烟等其他危及行车安全的车辆故障。

（四）运用其他有关技术检查作业标准

1. 编入货物列车中客车技检范围和质量标准

列检作业场对编入货物列车中的客车车辆，须按下列技术作业范围和维修质量标准进行检查、维修。

（1）车轮磨耗、擦伤、剥离、局部凹入、缺损不过限。

（2）与货车车钩连接状态良好。

（3）闸瓦、闸瓦插销无折断、丢失；闸瓦磨耗不过限。

对编入货物列车中的客车进行技术检查作业时，制动机试验由客车乘务员负责，检查中发现车辆故障是否需要扣修，由当地列检作业场决定，对随车乘务员预报的车辆故障，列检作业场应积极配合处理。

2. 编入货物列车中机冷车组技检范围和质量标准

列检作业场对编入货物列车中的机械冷藏车组，须按下列技术作业范围和维修质量标准进行检查、维修。

（1）车轮磨耗、擦伤、剥离、局部凹入、缺损不过限。

（2）车钩连接状态良好。

（3）空气制动机作用良好，制动缸活塞行程符合规定。

（4）闸瓦、闸瓦插销无折断、丢失；闸瓦磨耗不过限。

编入货物列车中的机械冷藏车组进行技术检查作业时，对乘务人员预报的车辆故障，应积极配合处理，发现热轴时，由列检作业场确认能否继续安全运行。

3. 行包专列技检范围和质量标准

行包快运专列的技术检查应在铁路总公司规定的列检作业场进行，须按下列技术作业范围和维修质量标准进行检查、维修。

（1）消除热轴故障，车轮擦伤、剥离、局部凹入、缺损不过限。

（2）下拉杆、固定杠杆、移动杠杆、制动梁吊的圆销、开口销、闸瓦及闸瓦插销无折断、丢失，闸瓦磨耗不过限。

（3）侧架、摇枕、一体式构架及心盘无裂损，侧架立柱磨耗板及斜楔主摩擦板无窜出、丢失，下心盘螺栓无丢失；常接触旁承配件齐全、无破损，上下旁承无间隙，转 K1、K2、K6

型转向架双作用弹性旁承滚子与上旁承磨耗板不得接触；交叉支撑装置盖板无变形、破损，交叉杆无裂损、弯曲、变形，交叉杆安全链无脱落、折断，交叉杆支撑座无破损、端部螺栓无松动，轴箱、摇枕弹簧无折断、窜出、丢失，转 K4、K5 型转向架弹簧托板无裂损；转 K1、K6 型转向架轴箱橡胶垫中间橡胶与上、下层板无错位。

（4）车钩托梁及钩尾框托板螺栓、螺母无丢失；钩尾扁销及安全吊架螺母无松动，开口销无丢失；钩舌销无折断，车钩互钩差不超限；首尾车钩三态作用试验良好。

（5）空气制动机试验符合规定。

（6）中梁、侧梁下垂及车体倾斜、外胀不超限。

4. 行包专列整备范围和质量标准

行包快运专列每次装车前车辆须进行整备，整备须执行下列标准：

（1）车体及底架。

① 车底架各梁有裂纹时执行《铁路货车站修规程》规定。

② 棚车无漏雨、门锁扣鼻无损坏。

③ 车体倾斜不大于 50 mm。

④ 车门配件齐全、作用良好，破损严重时须进行换件修理。

（2）转向架。

① 下心盘螺栓无松弛、折断及丢失；上、下心盘无裂损。

② 摇枕弹簧无折断、窜出及丢失。

③ 侧架立柱磨耗板及斜楔主摩擦板无破损、窜出、丢失。

④ 交叉杆无变形、裂损、折断，交叉杆支撑座无破损、端头螺栓无松动、防松垫止耳无折断；交叉杆夹板无裂纹，交叉杆杆体损伤深度不超过 3 mm，交叉杆弯曲、变形不超过 38 mm。

(3)轮对。

① 轮对及滚动轴承按照《铁路货车站修规程》规定进行检查。

② 车轮擦伤深度大于 0.5 mm。

（4）制动系统。

① 各拉杆、杠杆无裂纹、折损，各圆销、开口销无折断、丢失。

② 高摩合成闸瓦磨耗剩余厚度不小于 18 mm。

③ 制动梁端轴无开焊，滚轴套无丢失，闸瓦托铆钉无松动、丢失。

④ 安全链松余量在 20～50 mm 内。

⑤ 人力制动机配件齐全、作用良好。

⑥ 主、支管卡子及吊架螺栓无松动、丢失。

⑦ 不得有制动故障关门车；空重车自动调整装置配件齐全、作用良好。

⑧ 车辆制动机须进行全部试验。

（5）车钩缓冲装置。

① 车钩缓冲装置配件齐全、状态良好，各部螺栓螺母无松弛。

② 车钩、钩舌及钩尾框无裂纹。

③车钩中心线高度空车最高不大于 890 mm、最低不小于 845 mm，车钩高度差不大于 45 mm。

（6）其他。

① 作业完毕后各圆销部须给油。
② 无定检过期车（在本次往返期间内不得过期）。
③ 车辆其他技术指标和限度须符合有关条款规定。
④ 需更换轮对时，按"段修标准"执行。
⑤ 整备按临修统计、清算。

三、列车技检时间

列车技术检修时间应根据列车技术检修工作量和检修组人数查定，具体规定如下：

（1）列检作业场：编组列车的到达与始发技术检修时间合计原则上规定为到达列车 35 min，始发列车 25 min。无调中转列车为 25 min；有调中转列车为 40 min。

（2）中间站编组始发途经第一个列检作业场列车：技术检修时间为 35 min。

（3）行包快运专列：无调中转列车为 15 min；有调中转列车为 25 min。

（4）TFDS 动态检查列车：技术检查以 50 辆/列、检查时间 10 min 为基准掌握，对组合列车按每单元计算。

（5）行包快运货车技术整备时间不少于 4 h。

（6）寒冷、长大下坡道或运输不很繁忙的地区和重载列车及列车编组超过 60 辆的区段，应由各铁路局根据实际情况增加技检时间。处于国境站技术交接作业场技术检查及技术交接时间，按有关国际联运协定的规定办理。

（7）在同一技术检修时间段内，到达、始发及中转列车超过列检作业场的作业组数时，按车站安排的顺序进行检修，对于待检的列车，列检作业场与车站双方应在列车技术检查记录簿内注明待检时间；对于作业过程中产生的待检列车，技术检修时间不含中途待检时间，双方应记载待检时间。

（8）列车技术检修开始时间以插设好带有脱轨器的防护信号为准，列车技术检修完成时间以撤除防护信号为准。计算列车技术检修时间不包括摘、挂机车时间。

四、列检扣车作业

非配属的货车定检到期或过期时，一律由发现的列检作业场进行扣留。扣留时，检车员在扣留车上插以规定的色票，并通知列检值班员办理扣车手续。

（1）按计划扣车：扣车应根据铁路总公司下达的各类检修任务，按车型、车种有计划地进行扣车，以保证全路车辆都能按时、按状态地得到检修。

（2）按检修周期扣车：各种修程必须按周期检修。列检作业场必须按现车检修周期标记扣修定检车，厂修、段修车以月为准，辅修、轴检车以月、日为准，辅修可错后 10 日，轴检可提前、错后 5 日。厂修、段修、辅修、轴检同时到期时应做高级修程。扣修的临修空车距辅修到期在 10 日以内时，可提前做辅修，并在《货车检修记录单》（车统-22 D）备注栏内注明。如确因事故等特殊情况需要提前扣修时，须经铁路总公司批准。

任务三 站修作业场

站修作业场是货车检修的重要基地。货车站修包括辅修和临修，主要任务是维护货车的运用基本性能，努力缩短车辆修车时间，加快车辆周转，保证行车安全。

一、站修作业场工作任务及特点

（一）站修作业场工作任务

站修作业场

（1）施行货车定期检修、辅修。
（2）施行货车临修，包括修复破损程度较轻的事故车、
（3）整备配属专列货车、
（4）修制站修作业场所需的一般车辆配件和工具维修。

（二）站修作业场特点

为质量良好地完成站修任务，站修作业场除应逐步装备先进的检修设备实行机械化修车外，还应强化科学管理，组织均衡生产。

（1）由于货车通行全国，无固定配属（配属专用车除外），运用条件较差，易造成损坏。因此，站修作业场工作具有任务艰巨，责任重大的特点。

（2）由于站修作业场工作范围广，除定检车外，尚有大量临修车，检修范围大，质量标准不一。加之同修程的车辆自身损坏程度也不一样。所以，站修作业场具有生产组织管理工作难度大的特点。

（3）由于货车流动性大，检修任务计划的落实受车流情况、车辆定检周期、现车技术状态等多方面因素影响，具有日常维修任务量相对波动较大的特点。另外站修还具有检修时间短、修车量大的特点。

二、站修作业场设置

（一）设置

有铁路货车技术检查作业的车站或枢纽，应根据实际需要设置站修作业场。站修作业场在站场上的位置应便于取送车辆，尽量减少与列车运行相干扰，严禁切割正线。应有与外界相通的汽车道路，并考虑有一定的发展余地。

（二）规模

站修作业场规模由生产能力决定，生产能力取决于修车台位，修车台位由主要检修工作量决定。

1. 工作量计算

（1）辅修工作量可由管内货车保有量、辅修循环系数及全年有效工作天数来计算，具体公式如下：

$$G_f = \frac{N\alpha_f}{T}$$

式中　G_f——每日辅修工作量（辆/天）；
　　　N——管内货车保有量（辆）；
　　　α_f——辅修循环系数（对常用货车，其值为1）；
　　　T——全年有效工作天数（天）。

（2）摘车临修工作量。

摘车临修工作量的计算办法有两种：一种是以每辆每年平均发生摘车临修次数来计算；另一种是以日均临修车数占日均货车保有量的百分比（即临修率）来计算。这两种办法虽然不同，但都是以管内货车保有量为基本依据的，实质上是一样的。从近几年的统计资料分析，目前大约每辆车每年平均发生一次摘车临修。因此，计算如下：

$$G_l = \frac{N}{T}$$

式中　G_l——每日临修工作量（辆/天）。

（3）日均总检修工作量。

$$G = G_f + G_l$$

式中　G——站修每日总工作量（辆/天）。

2. 检修台位

站修作业场检修台位可由站修作业场日均总检修量，加上扣车不均衡因素和台位利用率来计算，公式如下：

$$T_z = \frac{G\alpha_b}{\beta_t}$$

式中　T_z——站修台位数（个）；
　　　G——站修每日总工作量（辆/天）；
　　　α_b——扣车不均衡系数（α_b=1.15）；
　　　β_t——台位利用率（n=1.5为宜）。

三、站修作业场设施及设备

站修作业场设施及设备应根据地区、规模、工作范围以及与车辆段距离等因素合理设置。应做到有利于提高修车效率，保证修车质量，有利于实现修车机械化、自动化和改善劳动条件等。

（一）站修作业场设施

1. 线路

（1）根据车辆检修的日工作量，站修作业场应有与台位相适应的一定长度的检修线路，以及存放储备轮对的轮对存放线路。工作量大的站修作业场还应设待检修车存放线路。车辆检修线路与车站相邻线路间距不小于 8 m。

（2）有专用车整备任务的站修作业场，应有专用车整备线和备用车存放线路。

（3）地处国境口岸的站修作业场，应有检修国际铁路联运车辆的线路。

（4）承担罐车检修任务的，还须有洗罐专用线路。

（5）站修作业场还应有车辆牵出线等。

2. 检修设施

（1）应设有修车库（棚）、检修地沟和存轮库（棚），地面须硬化。

（2）应集中铺设动力电源线、电焊专用回路线、风管路，并有给排水、照明、电话、有线广播、无线对讲、车号自动识别标签读出器（以下简称标签读出器）、编程器等装备和设施。

（3）检修线上应配有一定数量架车、调梁设施和落轮坑。

3. 生产、生活房屋

应设有辅助生产房屋，如电焊间、空压机间、料具间、汽车库、材料库等；办公房屋，如办公室、值班室、交接班室、微机室、资料室、会议室、教育室等；生活房屋，如职工休息室、更衣室、浴室、茶炉室、卫生间等。根据需要站修作业场室内应有防暑降温和采暖等设施。

（二）站修作业场设备

1. 生产及生产辅助设备

站修作业场应有不小于 10 t 桥式起重机、重车架车机、移动式车体整形机、移动式钩缓成套拆装机、侧架立柱磨耗板铆钉机、滚动轴承转动检查装置、微机控制单车试验器、牵车机、空气压缩机及机加工等设备（并配齐交叉支撑装置检修设施）。为满足生产需要，站修作业场应结合实际情况适当配置空气锤、车轮车床、叉车、运搬车、汽车等生产辅助设备。

2. 信息化管理设备

站修技术管理工作须实现以计算机网络处理为基本手段的信息化管理，站修作业场 HMIS 站修子系统须与车辆段 HMIS 信息中心联网，在完善车辆入线预检、作业计划、故障处理、配件修制、质量检验、材料收支、技术数据等信息集中或分点录入的基础上，实现工位录入或装备自动采集。

四、站修修车作业程序

站修作业场生产组织的核心是编制和执行先进的技术作业程序，规范质量标准，建立布局合理、流畅、先进的检修工艺流程。这是保证车辆站修质量的重要手段。为此，站修作业场应依据有关规定要求、结合自身实际情况，认真编制、修订站修作业过程及修程中各工种的作业过程，使之达到作业过程合理、分工明确、项目齐全、标准到位、切实可行。

（一）入线预检

预检是编制当日修车作业计划的依据，是保证计划修车的重要环节。预检人员须做到：

（1）认真核对并记录入站修作业场车辆的车种、车型、车号和定检标记，确认列检扣修的主要故障。

（2）使用标签读出器读取标签内存信息并确认。

（3）按修程和预检范围检查，发现主要故障须标识清楚。

（4）对较大的车辆故障提出施修方案。

（5）填写《货车检修记录单》(车统-22 D)有关内容。

（6）提出入线辅修、轴检、临修车所需配件的名称、规格、数量等。

（7）装载易燃、易爆、有毒、放射性物品的车辆，发生临修需要焊修、更换轮对或在重车状态下无法施修时，须倒装后施修。

（8）装载放射性物质的车辆，须经有关部门鉴定、处理，并符合国家有关规定。

（9）装载过易燃、易爆物品的罐车，须经洗刷并有罐车洗刷合格证。

（10）毒品车须经消毒并有消毒合格证。

（11）装运液化石油气、液氯等化工产品的罐车，检修时不包括罐体部分的修理。

（12）装运压缩气体、液化气体、放射性物质及有毒货物的罐车，不锈钢罐体和铝板制罐体的罐车，罐内装用内衬的罐车，工程专用车辆等的底架、车钩缓冲装置、制动装置、转向架、轮对、滚动轴承及整车修竣须按本规程检修，罐体、罐体阀类及车体机电设备等需检修时应执行有关行业标准。

（二）开工前会检

每天开工前由主任主持，各工长、质量检查员、预检员、调度员及验收员参加，由预检员提出当日入线车的修程概况和需要会检的车辆，对较大的车辆故障确定施修方案。

（三）制订和实施日修车作业计划

（1）根据入线的辅修和临修车的状况确定出车方案，由调度员负责按上、下午分别编制均衡的阶段修车作业计划，车间主任确认后组织各班组实施，报车辆段调度。并及时报告车站，车站须将站修作业场日修车计划纳入车站日班计划。取送检修车的具体办法按车站和车辆段双方有关协议办理。协议内容应包括取送检修车的时间、检修作业时两车辆之间的作业距离。

（2）各工长在开工前须向本班组认真传达当日修车作业计划，分配工作，布置重点故障的施修方法和要求。

（3）工作者按修车作业计划、修程、作业范围施修，将车辆的施修情况分别填写在《货车检修记录单》(车统-22 D)的相应项目栏内，签名或盖章后录入 HMIS 站修子系统。

（4）调度员应全面掌握、及时协调各班组作业进度，发现薄弱环节和关键问题，会同工长及时采取措施解决，保证生产计划实现。

（5）站修作业场应组织 2 次出车，提高半日出车率。

（6）修车基本要求：

①站修专用的车辆配件，须符合铁路总公司颁发或批准的有关图样、技术条件和质量标准，并须经检验合格。

② 货车站修时，须对车辆及有关零部件的技术状态进行外观检查、分解检修或试验。零部件裂纹、焊缝开裂、裂损、磨耗、腐蚀、弯曲、变形超限或作用不良时，须焊修、补强、调修或更换，丢失时补装。施修时须满足车辆原结构要求。

③ 更换车辆配件时，须更换为同型号标准型配件。新型车原型配件按标准型配件更换。

④ 经站修分解检修、调修、更换、补装的车辆配件须齐全，其组装位置正确、作用良好。

⑤ 在型钢翼板倾斜部位组装螺栓时，须安装斜垫。各螺栓组装紧固后，螺杆须露出1扣以上螺纹，但不得超过1个螺母厚度。

⑥ 车辆零部件裂纹或焊缝开裂需焊修时，须清除裂纹，按规定开坡口焊修。铆接、焊修技术要求及质量标准须符合《车辆铆接通用技术条件》(TB/T 2911)、《机车车辆修理焊接技术条件》(TB/T 1581)、《机车车辆二氧化碳气体保护焊技术条件》(TB/T 1582)和《机车车辆耐候钢焊接技术条件》(TB/T 2446)的规定。

（7）车体及底架新截换、新挖补、新补强部分和加热调修的底架、车体钢结构及铆接配件金属结合面，在组装前均须涂防锈漆；除摩擦式减振器及特殊规定的部位外，摩擦转动位均须涂润滑油（脂）。

（8）车钩托梁、钩尾框托板、钩尾销、心盘、交叉支撑装置等零部件的组装螺栓更换或补装时，螺纹处须涂黑铅粉油。组装时，管系螺纹处须使用聚四氟乙烯薄膜或涂黑铅粉油，缠绕聚四氟乙烯薄膜时端部须露出1~2扣螺纹。

（9）站修时，车辆配件材质原设计为低合金高强度钢者，不得更换为其他材质的配件。低合金高强度铸钢、型钢、板材等在焊修时，须符合焊接技术要求，并使用与母材强度相对应的低合金钢焊条；车体钢结构为耐候钢时，须使用耐候钢及相应的耐候钢焊条，普碳钢与耐候钢焊接时可使用普碳钢焊条。

（10）转8AG、转8C、转K1、转K2、转K3、转K4型转向架更换制动衬套时，材质为奥贝球铁，硬度须为38~48HRC；更换制动圆销时，材质为45号钢，硬度须为50~55HRC。控制型转向架更换制动衬套时，材质为27SiMn，硬度须为45~59HRC；更换制动圆销时，材质为20CrMnMo，硬度须为58~62HRC。

（11）除另有规定者外，开口销双向劈开角度为60°~70°。

（12）人力制动滑轮组装圆销与垫圈，人力制动拉杆、拉杆链组装圆销与垫圈，人力制动掣子锤组装圆销与垫圈，掣子组装圆销与垫圈，提钩链上、下马蹄环组装圆销与垫圈，敞车中门下锁销连杆和座组装圆销与垫圈，敞车侧门组装圆销与垫圈，平车端门、侧门组装圆销与垫圈，平车手制动轴折叠处组装圆销与垫圈，制动阀、空车安全阀防盗罩安装螺栓与螺母，脚踏式人力制动机安装螺栓与螺母等均须点焊牢固。圆销与垫圈三等分3处点焊牢固，垫圈与组装件须有轴向间隙。

（13）制动轴链、制动拉杆链裂纹时须熔接焊修，焊修后须进行拉力试验。制动轴链拉力为14.20 kN，制动拉杆链拉力为26.47 kN。

（14）凡辅修有检修限度要求而临修没有时，临修须符合运用限度。

（15）辅修时，轮对尺寸须符合辅修限度。

（16）检修转向架时，不得借助交叉杆或弹簧托板吊装、支撑、移动转向架。起降装用交叉支撑装置或弹簧托板的转向架时，同一轮对两端须同时起降。

（17）无轴箱滚动轴承站修时，须使用转动检查装置检查（因车辆结构等原因无法检查者除外）。

（18）站修更换轮对时，须符合下列要求：

① 同一转向架不允许混装不同型号的轮对。

② 同一转向架轮径差不大于 95 mm，同一车辆轮径差不大于 50 mm。装用交叉杆及运行速度为 120 km/h 车辆的同一转向架的轮径差不大于 15 mm,同一车辆的轮径差不大于 30 mm。

③ 轮对尺寸符合段修限度。

④ 滚动轴承的质量保证期不低于该车段修的到期日期。

⑤ 装用转 8AG、转 8C、转 K1、转 K2、转 K3、转 K4 等型转向架的车辆，更换轮对时须符合规定。

⑥ 向车辆上安装的轮对，按月计算其超声波探伤的剩余保证期，须达到下次段修到期月份。轮座镶入部位发生断轴事故时，在组装保证期内者由轮对组装单位负责；超过组装或探伤保证期者由向车辆上安装的单位负责。

（19）在车号自动识别标签附近进行焊修、补强、调修、高温洗罐等作业时，须对车号自动识别标签进行防护；拆卸标签时，不得使用火焰切割，不得损伤标签。

（20）各垂下品至钢轨顶面的最小距离：钢轨内侧为 60 mm、外侧为 80 mm、闸瓦插销为 25 mm。

（21）检查用的量具、样板须按规定校对、检定。

（22）微机控制单车试验器、微机控制三通阀、分配阀、控制阀试验台等自动检测设备，每日开工前须进行性能校验，按规定定期检修。单车试验器校验须符合规定。

（四）完工分析

（1）完工后，各工长须组织本班组人员对修车计划实现、产品质量、作业安全等情况进行总结。

（2）车间主任召集调度员、质量检查员及工长等人员，分析当日生产计划完成情况，总结经验、吸取教训、制定措施，不断提高修车质量，并保证均衡完成任务。

（五）竣工检查验收

对施修的车辆严格执行"三检一验"制度。在小组自检的基础上，由工长复检，最后由检查员检查并向验收员交车。验收员按标准验收，验收合格者，签发"车辆修竣通知书（车统-36）"一式 2 份，一并送车站签字后，取回 1 份送段调度。不合格返修者填写"工种回修记录单（车统-93）"。

1. 质量检验

（1）站修修车和配件检修须执行"三检一验"制度。

（2）辅修车凡三通阀、分配阀、锥芯折角塞门、空车安全阀、缓解阀、编织制动软管总成、钩舌及钩腔内部配件（钩锁、钩舌推铁、上锁销及上锁销杆）、钩尾销螺栓未更换，普通制动缸、副风缸堵、远心集尘器下体未分解检查者不能交验。

（3）车辆交验时，1 辆车发生 1 件主要故障或 10 件及以上一般故障时为不合格车。

（4）主要故障范围：

① 侧架、摇枕、构架裂纹，侧架立柱磨耗板松动、丢失。
② 交叉杆裂纹或弯曲超限。
③ 弹簧托板裂纹超限，摇动座裂纹。
④ 摇枕、轴箱弹簧折断。
⑤ 轮对裂纹、缺损及尺寸超限。
⑥ 滚动轴承轴端螺栓松动、丢失、折断；密封罩脱出，外圈裂纹，前盖裂纹、丢失。
⑦ 承载鞍裂纹。
⑧ 心盘裂纹超限（外观）。
⑨ 旁承间隙超过规定。
⑩ 制动各拉杆、杠杆圆销开口销未装、未劈；制动梁、闸瓦托及安全链裂纹。
⑪ 手制动轴链及手制动拉杆链裂纹，空气制动机、人力制动机、空重车调整装置及闸瓦间隙自动调整器作用不良。
⑫ 制动管系漏泄超过规定，制动缸活塞行程超限。
⑬ 车钩三态作用不良，钩舌与钩腕内侧距离、车钩高度及钩锁移动量超限。
⑭ 提钩链松余量超限；钩提杆弯曲影响作用；下作用钩提杆与座凹槽间隙超限。
⑮ 钩体、钩舌、从板、钩尾框、冲击座、钩体托梁裂纹；缓冲器裂纹超限（外观）。
⑯ 车体外胀超限，端柱、侧柱、篷布护铁裂纹、焊缝开裂。
⑰ 中梁、端梁、枕梁、横梁、侧梁裂纹，新焊、铆接及补强板不符合规定。
⑱ 中梁、侧梁下垂及中梁、上侧梁、上端梁弯曲过限。
⑲ 端板、侧板、地板及门板破损。
⑳ 罐车卡带松动，侧阀、暖气阀盖丢失。
㉑ 定检标记错打、漏打或涂打不清。
㉒ 标签损坏或丢失。

（5）一般故障范围：每个零部件松动、弯曲、裂损、折断、丢失、磨耗超限时按 1 件计算。

（6）配件交验范围及技术要求：
① 必验配件：轮对、车钩、摇枕、侧架。
② 抽验配件：必验配件以外的其他配件。
③ 技术要求：配件交验须符合图纸、工艺、铁标、通用件及有关规定。

2. 检修标记要求

（1）零部件检修标记。

站修装用的钩体、钩舌、钩尾框、ST 型缓冲器、下心盘、制动梁、交叉支撑装置及闸瓦间隙自动调整器等零部件，须有铸造（或刻打）的标记，经检修的零部件应按要求在规定部位涂打检修标记，位置须符合规定要求。

（2）辅修标记。

辅修检修完毕后，应按辅修标记的型式涂打辅修标记。货车辅修到期日期与下次段修到期日期须一致或与下次段修到期日期为 6、12、18 个月。如不能在规定位置涂打标记时，应涂打在厂修、段修标记附近，但不得涂打在侧柱、柱插及下侧门上。

（3）临修标记。

距下端梁下边缘 20 mm 处横向涂打，内容包括序号、空重别、临修日期、临修单位。空、重车分别涂打"K"或"Z"，临修日期须涂打施修年、月、日，临修单位须涂打站修作业场简称，字号为 20 号；下次临修单位应在上次临修标记的上方涂打相应的内容。

（4）标记涂打要求。

涂打检修标记时，检修周期的年、月、日为 2 位阿拉伯数字。

涂打标记的油漆须质量良好，浓度适宜。红、黑色车体用白色油漆，白、黄、银白或灰色车体用黑色油漆，绿、蓝色车体用淡黄色油漆。车辆标记须使用字模涂打，且位置正确、字体规范，并保证定检期内字迹清楚，临修标记须保留到下次段修到期。

3. 检测标准

配件测量部位及方法，除使用专用检查量具及《铁路货车站修规程》有明确规定者外，磨耗处测量规定如下：

（1）测量孔径磨耗以深入孔内 10 mm 处为准；零部件孔深不足 25 mm 者，深入孔内 1/3 处测量。

（2）测量钢板厚度以深入边缘 15 mm 为准（包括铸钢件平直处厚度）。

（3）测量间隙必须贯穿。

另外，为加强检测质量，实施计量管理，对检查用的量具、样板每年至少校对检修一次。单车试验器每半月校对一次，每月分解检修一次。三通阀、分配阀试验台每月校对一次，每季分解检修一次。

4. 特殊处置

当发生规程规定与现车实际情况有出入时，同段验双方共同研究解决。如意见不一致可先按车辆段总工程师(或主管段长)意见办理，同时记录在《货车站修检修记录单(车统-22 D)》上，并将不同意见分别报铁路局（集团公司）和部驻铁路局（集团公司）车辆验收室。

项目五　动车组业务管理

任务一　动车组运用概述及工作基本任务

一、动车组运用的特点

1964 年，日本新干线开通运营，开启了世界铁路发展的新时代。1981 年，法国高速铁路后来居上，将高速铁路的发展推上一个新台阶，同时带动了欧洲高速铁路的发展，意大利、德国、西班牙等国先后投入建设高速铁路的行列。2008 年，中国拥有了第一条时速 350 km 的高速铁路——京津城际铁路。2009 年，中国拥有了世界上一次建成里程最长、运营速度最高的高速铁路——武广客运专线。

动车组运用概述及工作基本任务

（一）世界高速铁路特点

1. 运输能力大

高铁所能承受的旅客运输能力非常强大。目前各国高速铁路几乎都能满足最小行车间隔时间 4 min 及其以下（日本可达 3 min）的要求，扣除维修时间 4 h，则每天可开行的旅客列车约为 280 对；如每列车平均乘坐 800 人，年均单向运输能力将达到 8 200 万人；如果采用双联列车或改用双层客车，载客量高达 1.65 亿人。4 车道高速公路客运专线，单向每小时可通行小轿车 1 250 辆，全天工作 20 h，可通行 25 000 辆。如大轿车占 20%，每车平均乘坐 40 人；小轿车占 80%，每车乘坐 2 人，年均单向运输能力为 8 760 万人。航空运输主要受机场容量限制，如一条专用跑道的年起降能力为 12 万架次，采用大型客机的单向输送能力只能达到 1500 万～1800 万人。

2. 速度快

速度是高速铁路技术水平的最主要标志，各国都在不断提高列车的运行速度。法国、日本、德国、西班牙和意大利高速列车的最高运行时速分别达到了 300 km、300 km、280 km、270 km 和 250 km。如果做进一步改善，运行时速可以达到 350～400 km。除最高运行速度外，旅客更关心的旅行时间，而旅行时间是由旅行速度决定的。以北京至上海为例，在正常天气情况下，乘飞机的旅行全程时间（含市区至机场、候检等全部时间）为 5 h 左右，如果乘高速铁路的直达列车，全程旅行时间则为 5～6 h，与飞机相当；如果乘既有铁路列车，则需要 15～16 h。若与时间为 3.3 h，加上进出沪、宁两市区一般需 1.7 h，旅行全程时间为 5 h，而乘高速列车则仅需 1.15 h。

3. 安全性好

高速铁路由于在全封闭环境中自动化运行，又有一系列完善的安全保障系统，所以其安全程度是任何交通工具都无法比拟的。高速铁路建成以来，日、德、法三国共安全运送了 50 亿人次旅客。据统计，全世界由于公路交通伤亡事故每年死亡 25 万~30 万人；1994 年全球民用航空交通中有 47 架飞机坠毁，1 385 人丧生，死亡人数比前一年增加 25%，比过去 10 年的平均数高出 20%，每 10 亿人·千米的平均死亡数高达 140 人，高铁事故率及人员伤亡率远远低于其他现代交通运输方式。因此，高速铁路被认为是最安全的。

4. 正点率高

高速铁路全部采用自动化控制，可以全天候运营，除非发生地震。据日本新干线风速限制的规范，若装设挡风墙，即使在大风情况下，高速列车也只需减速行驶，比如风速达到 25~30 m/s，列车限速在 160 km/h；风速达到 30~35 m/s（类似 11、12 级大风），列车限速在 70 km/h，而无须停运。飞机机场和高速公路等，在浓雾、暴雨和冰雪等恶劣天气情况下则必须关闭停运。

正点率高也是高速铁路深受旅客欢迎的原因之一。由于高速铁路系统设备的可靠性和较高的运输组织水平，可以做到旅客列车极高的正点率。西班牙规定高速列车晚点超过 5 min 就要退换旅客的全额车票费；日本规定到发超过 1 min 就算晚点，晚点超过 2 h 就要退还旅客的加快费，1997 年东海道新干线列车平均晚点只有 0.3 min。高速列车极高的准时性深得旅客信赖。

5. 舒适方便

高速铁路一般每 4 min 发出一列车，日本在旅客高峰时每 3.5 min 发出一列客车，旅客基本上可以做到随到随走，不需要候车。为方便旅客乘车，高速列车运行规律化，站台车次固定化等优点，是其他任何一种交通工具无法比拟的。高速铁路列车内布置非常豪华，工作、生活设施齐全，座席宽敞舒适，走行性能好，运行非常平稳，而且还减震、隔音，车内很安静。乘坐高速列车旅行几乎无不便之感，无异于愉快的享受。

6. 能源消耗低

如果以"人·千米"单位能耗来进行比较的话，高速铁路为 1，则小轿车为 5，大客车为 2，飞机为 7。高速列车利用电力牵引，不消耗宝贵的石油等液体燃料，可利用多种形式的能源。

7. 环境影响轻

当今，发达国家对新一代交通工具选择的着眼点是对环境影响小，高速铁路符合这种要求，并明显优于汽车和飞机。

8. 经济效益好

高速铁路投入运行以来，备受旅客青睐，其经济效益也十分可观。日本东海道新干线开通后仅 7 年就收回了全部建设资金，自 1985 年以后，每年纯利润达 2 000 亿日元。德国 ICE 城际高速列车每年纯利润达 10.7 亿马克。法国 TGV 每年纯利润达 19.44 亿法郎。

(二)国外动车组运用简介

动车组的运用方式因各国国情不同而有着较大的区别。各国高速铁路建设管理模式大致有 4 种类型:一是新建高速铁路专线,专门用于旅客快速运输,如日本新干线和法国高速铁路,均为客运专线形式,白天行车,夜间维修;二是新建高速铁路双线,实行客货共线运行,如意大利罗马—佛罗伦萨高速铁路,客运速度 225 km/h,货运速度 120 km/h;三是部分新建高速与部分既有线混合运行,如德国柏林—汉诺威线,承担着客、货运任务;四是在既有线上使用摆式列车运行,这常见于欧洲国家,在美国"东北走廊"摆式列车速度也达到了 240 km/h。

建设管理模式的不同,使得动车组的运用管理模式也不尽相同。

1. 日本新干线动车组运用

日本新干线铁路从 1964 年开始营业运行,50 多年来一直保持着安全的良好纪录,至今未发生过行车安全事故。这是因为日本新干线经过多年的实践,逐步总结、研究出一套具有日本特色的列车运用组织方法。其基本过程是:首先制定合理、准确反映运输需求的列车运行计划,然后利用各种手段保证列车运行计划的设施,当发生列车运行被动时,采用必要的办法尽量快速恢复列车的稳定运行。日本新干线首先从分析旅客运输需求开始,制定列车运行的种类,考虑旅客季节性、临时性运输需求,在基本列车运行图基础上形成列车运行的实施计划。为了保证列车运行的可靠,在编制列车运行图的同时,完成动车组的运用计划、乘务员的运用计划。总结日本新干线动车组运用特点为:列车密度大,运行组织灵活多变;安全、准时;实行一体化管理。

2. 德国 ICE 动车组运用

德国从 20 世纪 70 年代开始逐渐形成了四通八达的城际特快列车系统(IC 系统),连接着 30 多个重要城市和交通中心。德国高速铁路部分区段由既有线改造而来,全部高速线路均按客货列车混合运行。德国高速铁路的基本组织方式为白天不同速度的客运列车混合运行(高速列车、IC 列车),夜间客运列车、货运列车混合运行。德国之所以采用这种方式,主要是由于德国的区间通过能力比较富裕,而且既有线路列车技术水平与高速列车的差别不是很大。

3. 法国 TGV 动车组运用

法国高速铁路在建设模式上采用部分修建新线、部分改造的方式,以巴黎为中心向各个方向辐射,为客车专用铁路。每条高速线上只运行同一种类的高速列车,列车运行组织相对简单。列车运行线平行,列车只有停站地点和次数不同,整个列车运行图为平行运行图。为适应客流需要在高速线上运行的高速列车可以下到既有线上运行。

列车运行图根据市场需求编制,充分考虑新线、既有线列车速度差以及换乘等问题,使高速列车和其他普通列车在班次上互相协调,在各大铁路枢纽站制订出一套完整的转车方案;充分利用 TGV 高速列车可双向运行的特性,按照折返时间要求尽量把某一方面的列车时刻表和反方向的列车时刻表衔接起来;利用 TGV 高速列车可连挂的特性,在一天、一周及例外的高峰时刻,实行两组列车重联编组运行。根据运营要求合理安排线路维修天窗。在编组动车组使用计划时,一般采用动车组长、短途结合,多次循环开行的方式,一些列车的整备工作在车站的侧线进行，大大提高了动车组的使用效率。

二、动车组运用管理工作的基本任务

动车组是完成旅客运输产生任务的重要设备，动车组运用工作是铁路运输的重要组成部分，动车组运用管理采用现代化管理手段，建立、健全准确无误、反应迅速的通信网络、信息采集、数据处理系统，实行网络管理，实现有序可控。因此，要求各级动车组运用人员应具备高度的责任心和求实精神，热爱本职工作；对工作做到高标准、严要求，对技术做到精益求精；顾全大局，联劳协作，服从命令，听从指挥；深入实际，调查研究，扎扎实实地做好各项工作。

动车组运用管理工作室基本任务是：管好用好动车组，优质高效地全面完成运输生产任务；加强安全管理，确保行车和人身安全；加强职工队伍建设，不断提高职工的政治素质、技术素质和文化知识水平；坚持改革开放，推广先进经验，遵循经济规律，促进资产回报，不断提高动车组运用效率。

任务二　动车组运用管理组织及内容

动车组特别是高速动车组在我国的运用时间不长，运用经验尚缺，运用管理、运用模式都基于既有线机车、车辆的管理经验，尚需不断进行尝试、探索，从而总结出我国高速动车组的运用模式。

一、动车组运用管理部门的体制及职责

我国铁路运用管理工作贯彻"统一指挥，分级管理"的原则，以利用充分发挥各级运用管理组织的职能作用。

动车组运用管理组织及内容

1. 中国铁路总公司

（1）对全路动车组运用工作统一规划，综合平衡。

（2）制定有关动车组运用的规章制度及全路动车组运用工作人员的培训规划和动车组司机任职条件。

（3）确定、调整全路动车组机型，审定各铁路局的年度动车组配属，编制动车组列车运行图，审批跨局动车组周转图、动车组交路，掌握乘务制度、动车组运转制、动车组司机换班方式。

（4）负责全路动车组调度指挥。

（5）组织动车组司机考试、培训；审批动车组司机驾驶证。

2. 铁路局

（1）执行中国铁路总公司的命令指示，根据中国铁路总公司有关规定，制定本局动车组

运用的有关细则、办法和作业标准,明确动车组运用所的职能作用。

（2）审定各动车组运用所的动车组运用计划。

（3）审定各动车组管理单位提报的列车运行图和动车组周转图资料。

（4）确定全局救援列车的配制,负责全局动车组管理及调度指挥。

（5）审核上报动车组运用部门报表资料。

（6）拟定本局动车组司机配备计划,组织动车组司机的选拔、考试。

3．动车段（运用所）

（1）贯彻执行上级的命令指示及有关规章、标准,认真执行列车运行图、周转图,按计划供应质量良好的动车组（机车）,全面完成年、季、月动车组（机车）运用计划。

（2）加强对乘务员的管理,负责乘务员的任免、教育、培训、晋升考试及技术考核。

（3）运用现代科技手段,强化安全管理,不断加强安全基础工作,质量良好地完成运输生产任务。

二、动车组运用管理的内容

动车组的运用管理工作是高速铁路运输组织工作的重要组成部分,运用管理工作的内容丰富,范围广泛,主要包括以下几个方面：

（1）运用组织：统一指挥、分级管理。

（2）动车组的运用：动车组交路和周转方式。

（3）乘务员的使用：乘务制度和换班方式。

（4）动车组能力：运用时分和技术作业时分。

（5）动车组生产活动组织：动车组周转图。

（6）动车组生产任务和指标：动车组运用指标计划。

（7）调查研究：动车组运用分析。

（8）行车安全：制度、设施和章程。

（9）行车组织指挥：内外勤和地勤工作管理。

（10）适应特殊情况下运输需要：专运动车组、机车（班）。

（11）救援列车的管理和出动。

（12）非值乘人员登乘动车组、机车的管理。

（13）动车组的配属、调拨、回送、备用及保养。

（14）乘务员的培养、教育、考试、提升和人事管理。

三、动车组的管理

（一）动车组配属与使用

动车组由中国铁路总公司统一管理、统一调配,实行配属制度。所谓配属制度,就是中国铁路总公司根据运输任务的需要和运输设备条件等因素将动车组配属给各铁路局、动车段使用和保管的制度,以完成运输生产任务。

配属原则如下：

（1）根据铁路建设的规划发展和客运量的变化趋势，远、近期相结合，各地所配属的动车组要力求稳定，避免频繁调动。

（2）车型力争集中统一，有利于动车组的运用管理与检修的布局安排。

（3）要适应运输设备的基本条件，动车组的基本性能及构造条件要与该区段线路的限制坡道、钢轨重量、桥梁等级、最小曲线半径、允许速度、站线有效长度及气候特点等具体条件相适应。

（4）车型配置应与修理工厂的专业化修车方案相吻合，并力求缩短动车组检修的回送距离。

（二）动车组的管理分类

此处所指的分类是指从管理角度进行的分类，而非技术角度。由于动车组车型不同，运用情况复杂，为了正确统计、考核与分析有关动车组运用状况等，必须对动车组进行分类。按动车组的配属关系，分为配属动车组与非配属动车组；按动车组的支配使用关系，分为支配动车组与非支配动车组；按动车组的工作状况，分为运用动车组与非运用动车组。

1．配属动车组和非配属动车组

配属动车组：指根据中国铁路总公司配属命令，拨交铁路局、动车段保管和使用的动车组。包括：在工作中、等待工作中和技术作业中的动车组；在检修和待修中的动车组；在长期备用和短期备用中的动车组；等待报废和交接过程中的动车组。

非配属动车组：指原配属关系不变，由于工作需要，根据中国铁路总公司命令，由他局（段）派至本局（段）助勤的动车组，还包括某些临时加入支配的动车组（如跨段轮乘的动车组和未配给局（段），委托进行动力实验或运行考核的新造动车组）。配属、非配属动车组的转变时分：

（1）凡新配置、新造或在段调拨的动车组，依据中国铁路总公司运用部门拍发的电报和机调命令，自实际交接完成共同签字时分起加入配属。

（2）在工厂或动车段修竣后调拨的动车组，自验收员签字时分起加入配属。

（3）报废动车组，自中国铁路总公司设备"动车组报废申请核准书"后并电复时分起取消配属。

2．支配动车组和非支配动车组

支配动车组是指本局（段）有权支配使用的动车组。支配动车组不一定都是本局（段）的配属动车组；本局（段）的配属动车组本局（段）也不一定都有权支配。

非支配动车组是指在配属动车组中本局（段）无权支配使用的动车组，其中包括根据铁路局命令批准的长期备用、出租的动车组，以及按租用合同办理的出租动车组。

3．运用动车组和非运用动车组

运用动车组指参加各种运用工作的动车组，包括担当工作以前必须进行必要的准备工作、等待工作的动车组，以及中间技术检查动车组和经中国铁路总公司命令批准的其他工作的动车组。

非运用动车组为未参加运用工作而处于停留或修理状态中的支配动车组，包括备用、检修及中国铁路总公司命令批准的其他动车组。

（三）动车组的调拨

动车组的调拨由中国铁路总公司决定，以运输局车辆部的电报和调度命令为准；动车组状态应符合运用条件。原配属单位应做好交接准备工作，填写移交记录，办理移交手续。

（四）动车组的回报

动车组因新配属、调拨、出助、出租、检修等需要时进行回送。动车组的回报一般采用专列方式进行。按动车组动力可使用状态划分，可分为有动力回送和无动力回送两种，亦称为有火回送和无火回送。动车组的回送规范和既有线机车、车辆的回送有着较大的区别。

任务三　动车组专业管理规定

一、动车组编号基本知识

（1）动车组编组中国的车种代码规定如下：

车种代码是汉语拼音缩写，分别为：一等座 ZY，二等车 ZE，软卧车 RW，硬卧车 YW，餐车（含酒吧车）CA，二等座车/餐车 ZEC，餐车卧车合造车 CW。

（2）各型动车组技术序列代码规定如下：

BSP 动车组定为"1"，四方股份动车组定为"2"，唐山工厂动车组定为"3"，长客股份动车组定为"5"。

（3）各型动车组的制造序列代码规定如下：

按不同的技术序列单独编排，顺序由 001～999 依次排列。

（4）各型动车组的型号系列代码按速度登记、车种确定。对已有的动车组规定如下：

A——运行速度 200 km/h、8 辆编组、座车。

B——运行速度 275 km/h、8 辆编组、座车。

C——运行速度 300 km/h、8 辆编组、座车。

（5）动车组编组顺位代码规定如下：

以两位阿拉伯数字表示，位置排列编号自首车起从"01"开始顺序排列，尾车排列编号为"00"。

（6）动车组编号实例：

2007 年动车组上线运营后，为满足不同的运输需求，中国南车股份有限公司在消化吸收国外技术的基础上，自主研发了 16 辆长编组卧铺车型 CRH2E、CRH1E；适应高速铁路 350 km/h 运行的 CRH-380A、CRH-380AL、CRH-380B、CRH-380BL 等车型。这些车型的编码并未按上述规范命名。

二、动车组各专业人员配置与隶属

（1）动车组本务司机、地勤司机隶属机务段管理。
（2）随车机械师、存放点车辆调度人员、地勤机械师隶属车辆段管理。
（3）客运乘务人员（列车长、列车员）隶属客运段管理。

三、主要岗位职责

1. 本务司机

（1）认真执行规章制度，服从命令、听从指挥，切实履行职责。
（2）动车组在区间被迫停车时，负责指挥随车机械师、客运乘务组处理有关事故救援等事宜。
（3）出所后，负责 CRH1 型、CRH2-300 型、CRH3 型、CRH5 型动车组的车门集控开关。在车站，列车在规定位置停稳后开启车门；开车前，根据客运乘务员通知，关闭车门。
（4）动车组运行中出现故障时，按车载信息监控装置的提示，按步骤及时处理；需要由随车机械师配合处理时，通知随车机械师。
（5）负责在运用所内（货存放点）在动车组操纵端司机室与地勤司机办理动车组驾驶、列控车载设备，LKJ、CIR 设备及制动系统技术状态，主控钥匙、司机室门钥匙及列控车载设备柜钥匙交接。

2. 地勤司机

（1）认真执行规章制度，服从命令、听从指挥，切实履行规定职责。
（2）动车组出入运用所（存放点）时，负责与本务司机办理动车组驾驶、列控车载设备，LKJ、CIR 设备及制动系统技术状态，主控钥匙，司机室门钥匙及列控车载设备柜钥匙交接。
（3）动车组出所时，负责确认行车安全设备技术状态，与相关行车安全设备检修单位办理行车安全设备合格证交接；负责与动车所质检员办理驾驶设备技术状态交接。
（4）负责动车组调车作业。
（5）负责检修库以外停放的动车组防溜设置及撤出。

3. 随车机械师

（1）认真执行规章制度，服从命令、听从指挥，切实履行规定职责。
（2）负责在运行途中监控动车组的技术状态，发现故障并及时将有关信息通知司机，并采取设施，妥善处理。
（3）出所后，负责 CRH2-200 型动车组的车门集控开关。在车站，列车在规定位置停稳后开启车门；开车前，根据客运乘务员通知，关闭车门。
（4）动车组出入所时，负责与运用所（质检员）办理技术交接；与调度员或地勤机械师办理车门集控开关钥匙交接。
（5）在司机指挥下，处理有关事故救援等事宜。

（6）发生危及行驶车安全故障或其他紧急情况时，使用紧急制动阀停车或通知司机采取停车措施。

4. 客运乘务员

（1）认真执行规章制度，服从命令、听从指挥，切实履行规定职责

（2）在车站，确认旅客乘降情况，通知司机关闭 CRH1-200 型动车组车门。

（3）发生危及行车和旅客生命安全的紧急情况时，使用紧急制动阀停车或通知司机采取措施；需要组织旅客撤离列车时，通知司机，由司机向列车调度员报告或通知就近站值班员；在司机指挥下，处理有关事故救援等事宜。

5. 动车组存放点车辆调度人员

（1）负责按照作业计划组织、协调各专业，传达命令。

（2）负责随车机械师出退乘报道及动车组主控钥匙、司机室门钥匙、车门集控开关钥匙及列车控车载设备柜钥匙等管理。

（3）负责组织协调处理动车组相关事宜并及时报告。

6. 动车组存放点地勤机械师

（1）负责动车组设备使用及管理。

（2）负责配合存放点的调车、客运设备、保洁、吸污作业，检查吸污作业质量。

（3）负责动车组防冻。

（4）负责与存放点的动车组随车机械师办理交接。

四、动车组专业接口管理

（1）动车组运用管理。

车辆（动车）段运用所按规定的修制，完成动车组的运用检修，确保动车组出所时技术状态达到标准要求。机务段在动车运用所设派班室和待乘室，安排本务司机按计划出乘。

（2）动车组车载设备管理。

电务段负责列控车载设备和 LKJ 设备，铁通公司负责 CIR 设备，车辆段负责车载广播设备的检修。在运用所内设上述设备的检修点，负责相关出所检测、检查及维护工作。

（3）动车组配电盘、车内空调、照明及旅客信息系统设备由随车机械师操作。

自动广播装置的广播内容客运段负责按规定要求录制，车辆段负责输入自动广播装置。客运乘务员发现设备故障时，通知随车机械师及时处理。运行中发生设备损坏时，随车机械师与列车长共同确认，并填写上设施破损记录，双方签字。

（4）动车组的设备和保洁管理。

动车组的客运整备和车内保洁由客运部门负责，动车组外皮清洗和吸污作业由车辆部门负责。

（5）动车组的看管，由铁路局指定部门负责。

（6）动车组作业管理。

车载行车安全设备（列车车载设备、CIR 设备、LKJ 设备）的检修、客运整备及保洁作业，

须统一纳入动车组运用检修计划，由运用所统一管理。作业前，地勤司机、地勤机械师、客运整备人员、吸污作业人员、看管人员等有关作业人员，应向运用所调度人员报到，教授命令；各专业作业结束后，应到调度人员处进行登记，填写检修竣工单。

（7）动车组调车管理。

动车组出入所（存放点）的操纵由各铁路局根据具体情况自定；动车组转线及所内（或存放点）调车等作业，根据动车所的安排，地勤司机负责操纵。各铁路局根据具体情况制定详细的调车作业办法。

（8）动车组存放点管理。

① 铁路局设置的动车组存放点须具备动车组存放条件，并报部核准。

各局在动车组存放点应设调度人员、地勤机械师及地勤司机，并建立作业登记制度、钥匙交接管理制度、出退乘签到制度。根据原铁道部《关于铁路第六次大面积提速调图有关动车组劳动组织职工培训和工资分配问题的意见》铁劳卫〔2007〕67号文件，动车组存放点所需调度人员、地勤机械师由铁路局内部调整解决。

② 存放点的作业管理。

对不进行检修作业的外属停放动车组，由停放地铁路局指定有关单位负责动车组的吸污、防冻、客运整备、保洁等作业及看管，安排乘务人员待乘休息及接送条件；对不进行检修作业的本属动车组管理比照外属动车组执行。

（9）动车组的交接管理。

① 动车组入运用所存放点，本务司机与地勤司机办理驾驶设备和行车安全设备的状态交接及主控钥匙、司机室门钥匙及列控车载设备柜钥匙交接，并提交动车组运行状态交接单。

地勤司机与调度人员办理主控钥匙、司机室门钥匙及列控车载设备柜钥匙交接，并与行车安全设备检修单位人员办理列控车载设备及LKJ、CIR运行技术状态交接。动车组入动车所，随车机械师与调度人员办理动车组技术状态交接及车门集控开关钥匙交接，填写交接记录。动车组入存放点，随车机械师与地勤机械师办理动车组技术状态交接及车门集控开关钥匙交接，填写交接记录；随车机械师持交接记录到调度人员处签到；地勤机械师与调度人员办理车门集控开关钥匙交接。

② 动车组出运用所前，由动车所质检员组织地勤司机、客运人员、随车机械师及列控车载设备、LKJ、CIR检修单位进行出库联检，填写出库联检记录单。

客运人员负责车厢内服务设施完好状况的检查确认，与质检员办理交接；随车机械师负责动车组技术状态的检查确认，与质检员办理交接；行车安全设备检修单位负责对列控车载设备、LKJ、CIR设备进行出库检查确认后，填写行车安全设备合格证，地勤司机确定行车安全设备技术状态，与检修单位办理合格证交接；本务司机与地勤司机办理行车安全设备合格证和驾驶设备技术状态的交接。

③ 动车组出存放点前，地勤机械师、随车机械师、地勤司机到调度人员处签到。

地勤司机向调度人员领取主控钥匙、司机室门钥匙及列控车载设备柜钥匙，负责确认行车安全设备技术状态；地勤司机撤出防溜，本务司机签认防溜撤出记录；双方在操纵端驾驶室办理主控钥匙、司机室门钥匙及列控车载设备柜钥匙交接，本务司机负责驾驶设备技术状态的确认，填写交接记录。地勤机械师向调度人员领取车门集控开关钥匙，与随车机械师办理动车组技术状态及钥匙交接，填写交接记录。地勤司机、地勤机械师将交接记录交调度人员。

④ 动车组继乘，有本务司机、随车机械师按规定交接。

⑤ 列控车载设备柜钥匙交接管理。列控车载设备及 LKJ 出入所检测时，由设备检测单位与运用所办理钥匙交接。

（4）动车组本务司机要认真填写《动车组运行技术状态交接单》。

根据动车组专业管理规定，动车组的安全运行需要铁路系统各个部门之间协同作业。

任务四　动车组运行安全管理规定

动车组运行速度快，作业标准高，安全压力大，所以必须制定相应的安全管理办法，同时还要制定动车组发生各种安全事故时的应急处置预案。

一、安全规则

（1）列车乘务组人员（列车员、保洁员、配餐师、服务员、车辆机械师、乘警）应当接受列车长统一领导，各负其责、各司其职，在确保旅客安全的情况下，质量良好地完成本岗位工作。特殊情况下，按规定也要服从司机统一指挥。

（2）客运乘务组人员上岗前必须通过路局培训，段劳动安全考试合格后，由路局统一颁发上岗证后，方能上岗。

（3）列车长、列车员主要承担服务旅客、检查车票、处理票务、危险品卡控、突发事件应急处理等工作。发生影响旅客安全问题时，客运乘务组应当立即采取有效措施，保护旅客生命和财产安全。

（4）旅客乘降按照"前门下，后门上"分工，特殊情况可通报车站具体变更组织方案。到达中间站前，列车通过列车广播组织旅客在各车厢运行方向前端车门等候下车。车站开车前提前 5 min 停止检票，始发站提前 20 min 检票放客，列车长提前 20 min（折返站 10 min）按规定通知司机，司机通知机械师开门。到站为低站台时，到站前由列车长组织提前打开车门翻板，并提示附近旅客安全注意事项，开门后及时放平、扣锁翻板；到站为高站台时，车门翻板免开。发车前，由列车长确认旅客乘降完毕后，通知司机关闭车门（始发站为开车前 2 min），用语为"动车××次司机，旅客乘降完毕，请关闭车门"，司机听到后回答"动车××次司机明白"。如自动开关门装置故障时，由司机通知随车机械师和列车长，列车长负责组织手动开关车门，随车机械师负责处理相关故障。动车组到站停稳后，司机负责开启车门。按钮不在司机操纵台的，由司机通知机械师开关车门。动车组重联运行时，两列车长同时确认旅客乘降完毕，二组列车长和一组列车长呼应乘降完毕，用语为"××次后部旅客乘降完毕"，由运行前方列车长第一组的列车长负责确认旅客乘降情况并通知司机，呼叫用语同发车呼叫用语。

（5）列车乘务人员应当配备无线对讲机，及时通报各种信息，但不得用对讲机从事与工作无关的事情。动车组列车配备两支长度 1.5 m、杆把为绝缘材料的钩具,定位放置,及时协助旅客捡拾掉入站台下的行李物品。

(6)动车组列车乘务室只能用于放置班组资料和办公用品,不得储物或改作他用。

(7)全列车除指定车厢吸烟处外,其他车厢一律禁止吸烟。列车乘务员要加强宣传,对吸烟的旅客做好解释引导工作。

(8)列车销售的食品、饮品必须为全国名优产品,并实行统一采购、统一进价、统一销售价格,严把食品、饮品进货渠道,防止旅客食物中毒。

(9)列车乘务员在列车运行中应当注意对列车安全设备的管理,制止旅客搬动、触碰安全设备等不安全行为。严禁任何人在列车运行中打开气密窗。除因工作需要列车长或列车长指定的工作人员准许进入司机室外,其他人员一律不得进入司机室。

(10)电气化线路上,接触网的各导线相连部件,通常均带有高压电,禁止直接或间接(通过任何物件如:棒条、导线、水流)与上述设备接触。

为保证人身安全,除专业人员按规定作业外,任何人员所携带的物品(包括长杆、导线等)与接触设备的带电部分必须保持 2 m 以上距离。动车组需要外皮洗刷作业时,必须在接触网断电区域进行。严禁保洁人员用水冲洗车顶受电弓、高压电缆头连接器,上述部位的清洁采用湿抹布擦抹方式。同时登高作业要采取安全防护措施。内部保洁严禁用水冲洗地板、墙板和车辆连接处。

(11)全列车门的开启和关闭由司机操控。

列车乘务员在车门关闭后,不得随意开启车门;遇特殊情况必须开启车门时,须先由列车长确认列车未启动,得到司机同意后方可开启车门;再次关闭后,由列车长逐辆确认车门状态,通知司机已关闭车门,由司机确认车门状态后方可动车。列车运行中如车门发生故障,危及人身安全时,现场发现人员应立即采取安全防护措施,并通知机械师处理。列车停车时车门发生故障,列车乘务员可采取手动开关车门的措施。

(12)列车运行中发生影响列车正常运行的情况时,列车长应向司机询问原因,并应按照晚点处置有关规定向旅客说明情况,做好安全宣传,稳定旅客情绪。防止旅客擅自开启车门。

(13)因接触网临时停电或列车故障造成列车途中停车或中断行车时,列车长应组织列车乘务人员启动动车组发生行车中断应急处置预案,各岗位乘务员要坚守工作岗位,加强车内巡视,照顾好重点旅客,并向旅客做好宣传解释,不得擅自开启车门,防止发生意外。

(14)列车运行中遇有旅客因伤、病必须临时停车抢救时,列车长应通过司机向所在局列车调度员报告情况请求临时停车。

列车长应组织列车乘务人员启动动车组旅客人身伤害或急病事件应急处置预案,及时编制客运记录并做好交接准备。列车长应及时将现场情况报告段调度室及所在车队负责人。列车乘务人员不得下车参与处理。

(15)列车运行中发生火灾爆炸时,列车长应组织列车乘务人员启动动车组发生火灾爆炸事故应急处置预案。列车乘务人员应当立即按动报警按钮和紧急停车按钮,将旅客疏散到安全车厢,有防火隔断门的,应当关闭防火隔断门,及时将情况通报司机及列车长,并及时将现场情况向段调度室报告。

(16)列车运行及途中作业安全:

① 客车运行中工作人员严禁向车下扔、扫垃圾；列车运行中严禁旅客向车下扔东西或杂物；餐车防护栏必须入槽枷锁牢固；列车方向牌必须入槽枷锁牢固；餐桌、茶桌、空酒水饮料瓶必须及时清理；果皮盘及其他垃圾必须及时清理。

② 运行在提速区段的列车方向牌必须具有锁闭装置，悬挂方向牌前要进行安全状态检查，锁闭装置失灵的装置严禁悬挂，挂牢方向牌后，必须确认其处于锁闭状态。

③ 对列车垃圾处理的管理。客车运行中若工作人员往车下扔、扫垃圾（未造成严重后果的），负责人转岗培训6个月，直接责任班组长并转岗培训6个月，领导责任班组长转岗培训3个月，直接责任干部记过，领导责任干部警告。

二、动车组应急处置及组织机构职责

（一）组织机构及职责

（1）应急处置领导组工作职责是：
① 制定动车组应急处置的方针、政策、制度、办法。
② 指挥、指导、监督应急处置指挥组启动应急预案，全面掌握应急预案的实施。
③ 听取应急处置指挥组汇报，对应急处置指挥组的工作提出指导意见。
④ 需要应急处置领导组解决、协调的其他重大事宜。
（2）应急处置指挥组工作职责是：
① 旅客列车发生火灾、爆炸。灾害、事故危及旅客和职工生命财产安全时，组织启动实施旅客列车安全应急处置预案。
② 负责制定旅客列车安全应急处置预案，并组织实施。
③ 指挥现场启动安全应急预案，对安全预案在执行中出现的问题，提出指导意见。
④ 需要安全突发事件应急处置指挥组解决、协调的其他问题。
（3）乘务组织突发事件应急处置指挥组工作职责是：
① 旅客列车发生食物中毒事件及旅客人身伤害或急病、死亡等突发事件时，组织启动旅客列车乘务组织应急处置预案。
② 负责制定旅客列车乘务组织应急处置预案并组织实施。
③ 针对预案执行中出现的问题，提出指导性意见。
④ 需要乘务组织突发事件应急指挥组解决、协调的其他问题。
（4）现场应急处置组工作职责是：
① 现场应急处置组组长负责所有应急预案的启动、报告、组织、指挥、实施等工作。
② 各副组长在列车长的统一指挥下，按照应急处置预案中的职责分工，带领应急处置小组组织实施预案。
③ 应急处置组成员按照预案具体分组的职责，实施预案。

（二）应急处置原则

快速反应、正确处置；先行补救、统一指挥；站车协同、以站保车；依靠科学、减少损失。

（三）应急处置要求

成立现场处置组；现场反应迅速、信息传递准确、善后处理妥当；分工明确、步调一致、统一指挥；强化培训，提高救治技能。

（四）参考依据

（1）《中华人民共和国铁路法》。
（2）《铁路运输安全保护条例》。
（3）《铁路旅客运输规程》。
（4）《铁路旅客运输办理细则》。
（5）《铁路旅客列车晚点处置办法》。
（6）《中华人民共和国食品卫生法》。
（7）《突发公共卫生事件应急条例》。
（8）《铁路突发公共卫生事件应急处理办法》。
（9）《铁路突发公共卫生事件应急处理预案》。
（10）《铁路车站、旅客列车卫生监督管理办法》。
（11）《铁路食物中毒调查处理技术规程（试行）》。

三、动车组发生火灾爆炸事故应急处置预案

（一）发生电器初始火灾的应急处置预案

（1）动车组发生电器设备冒起火时，最先发现、到达现场的乘务人员应立即关闭电源，使用灭火器灭火。同时应当立即按动报警按钮和紧急停车按钮，并立即使用无线对讲机通知列车长及全体乘务员。列车长应立即组织全体乘务人员参加扑救。

（2）接到通知后的全体乘务人员在列车长、乘警的统一指挥下，各负其责、各司其职，全力以赴进行补救灭火，动车司机坚守岗位，协同处理。

（3）根据火情启动动车组发生火灾爆炸事故的应急处置预案。全体乘务员到达现场后，在列车长、乘警的统一指挥下集中列车所有的灭火器材，根据火灾现场实际情况，采取有效的灭火方案和补救措施展开扑救，控制火势，扑灭火源。

（4）车辆机械师根据火情要求司机彻底关闭电源。动车司机应立即停止向车内通风。

（二）发生初起明火的应急处置预案

（1）动车组设施或旅客携带品发生初始明火时，最先发现、到达现场的乘务员应立即使用灭火器灭火或可以用来灭火的物品迅速扑救，并立即通知全体乘务员参加扑救。

（2）接到通知后的乘务人员在列车长的统一指挥下，各负其责、各司其职，全力以赴进行扑救灭火。

（3）根据火情启动动车组发生火灾爆炸事故的应急处置预案。同时列车长应立即使用无线对讲机通知全体乘务员。全体乘务员立即到达现场，在列车长、乘警的统一指挥下集中列

车所有的灭火器材，根据火灾现场实际情况，采取有效的灭火方案和扑救措施展开扑救，控制火势，扑灭火源。

（4）动车司机立即停止车内通风，做好停车准备。如果火情不能迅速有效控制，立即启动动车组发生火灾爆炸事故的应急处置预案。

（三）发生火灾爆炸事故的应急处置预案

1. 运行途中的处置

（1）动车组发生火灾爆炸事故时，最先发现、到达现场的乘务人员应立即按动报警按钮和紧急停车按钮，并迅速将情况通报司机及列车长，同时使用灭火器或可以灭火的物品迅速扑救。列车长接到通知后应立即使用无线对讲机通报全体乘务员参加扑救，动车司机坚守岗位，立即停止向车内通风，协同处理。

（2）在列车长、乘警的统一指挥下，应本着先人员后财产的原则，有序组织人员、灭火器材和可以灭火的其他物品，按预案分工，根据火灾现场实际情况，采取有效的灭火方案和扑救措施迅速展开扑救，控制火势，扑灭火灾。

（3）如衣物、棉絮、地板上的杂物等发生燃烧时，应首先选择用水或就地取材的方式扑救，不得打开车窗通风，如需使用灭火器时应果断使用，以免延误扑救时机；如电源支线处冒烟时，首先将电源关闭或断开保险，使用灭火器向冒烟或烧坏处喷射。

（4）未关闭电源前组织扑救时，应事先确认燃烧物体与接触网带点设备的距离，车厢上部着火距接触不足 4 m 时，不得用水灭火，灭火人员所站位置要距离接触网 2 m 以外，用水和一般灭火器灭火必须断电。

（5）根据需要动车司机通知就近车站向电力调度员要求切断接触网电源。

（6）在扑救火灾的同时，乘务员应迅速有序指挥旅客向车下及相邻安全的车厢疏散，解救被围困的旅客。对已经疏散的旅客，严禁其返回事故车厢。

（7）根据旅客伤害程度及是否危及生命情况，有计划地实施抢救，对仍处在危险中的旅客要首先抢救使其脱离危险。组织动员旅客中有医护经验的人员参加抢救伤员。对伤员要根据具体情况采取止血、简易固定、包扎等初期现场救护措施，为医院救治创造条件。

（8）要加强宣传，维持好车内秩序，防止旅客跳车和混乱等意外情况发生。火灾处理完毕后，指派专人监护，防止复燃。

（9）列车长和机车司机要在最短时间内向事故发生地铁路局客运、行车调度员报告情况根据火势情况，提出请求车站、当地消防部门或当地政府、驻军救援的要求。报告内容要简明扼要，主要包括车次、时间、区间、事故概括，火势情况要报告清楚。

2. 停车后的处置

（1）列车停车后动车司机立即打开侧门或由机械师、乘务人员启动侧门紧急开门装置来打开侧门，向地面安全地带疏散旅客。车内产生浓烟危及人员生命安全的情况下，应立即使用安全锤击碎侧窗玻璃，必要时可利用侧窗作为紧急出口，向地面疏散旅客。

（2）列车在区间停车时，动车司机应立即使用列车无线调度电话通知两端站、追踪列车和列车调度员，并根据需要做好列车防护工作。在区间向地面疏散旅客时，动车司机还应通知过往列车。

（3）须分解列车时，司机、车辆机械师要密切配合，如使用重联车组时，与重联的动车司机、机械师及时沟通、密切配合，按照先摘后、后摘前的方法将着火车组分解分离，即：先将着火车辆与后部车列分离，并将着火车辆尽量转移到线路平坦处，再将前部车列与着火车辆分离，切断火源，防止火势蔓延。

（4）列车分离时，对尾部车厢腰门要加锁，防止意外情况发生。列车分离后，动车司机应迅速做好列车（包括列车分解后区间遗留的车辆）防护工作。

（5）乘警长要采取措施，维护现场秩序，防止发生混乱，视情况设置警戒区，禁止实施救援以外的人员进入现场，不得擅自移动现场任何物品，对事故现场痕迹、物证有关证据材料要采取有效措施妥善保护。列车乘务人员在扑救火灾的同时，要配合乘警工作，注意保护好火灾现场，采取多种形式做好宣传工作，稳定旅客情绪，共同维护秩序以免发生混乱。在有条件的情况下，应尽可能地对旅客车票及住址进行登记，以备查证。

（6）救援部门到达后，列车长要详细介绍火灾爆炸原因、火势、人员伤亡、疏散情况，协助救援部门灭火。

3. 善后处置

（1）列车长要认真了解伤员人数及伤害程度，登记旅客姓名、性别、年龄、单位、地址、车票、身份证号码、其他证件及随身携带物品，并作详细记录，为车站处置善后事宜提供依据、做好准备。

（2）乘警要及时进行调查取证，证据材料要客观、翔实，能为现场勘查、认定火灾原因创造有利条件。列车乘务人员要积极帮助公安人员了解情况，提供线索。同时，要积极协助公安机关调查事故情况。

（3）列车长要将掌握的伤亡人员情况和旅客财产损失情况及相关记录，及时移交车站，以便车站尽快处理善后事宜。

（四）动车组发生食物中毒事件应急处置预案

（1）动车组发生疑似旅客食物中毒时，列车长、乘警应立即赶赴现场，及时了解中毒旅客主要症状，掌握中毒旅客人数、发病时间等情况，准确判断毒物根源或确定怀疑导致食物中毒的食物，判明病人基本情况。

（2）列车长要向前方停车站、前方卫生防疫部门、段生产调度室报告。段生产调度室应立即上报铁路局卫生、客运主管部门和列车所在地区铁路疾病防控中心。怀疑投毒导致食物中毒时，还应同时向所在地铁路公安机关报告。报告的内容包括：日期、车次、运行区段、发病时间、地点、病人主要症状、发病人数（包括危重人数及死亡人数）、可能引起中毒的食物等，要求车站组织采取的措施。

（3）由列车救护员利用列车配备的医疗救护药箱，采取应急救治措施，采取催吐导泄等方法和应急救治措施，进行初步救治，积极组织抢救中毒旅客，同时通过广播寻找医生帮助抢救治疗，以免病情进一步发展。按照上级的指示，与有关车站办理交接，对中毒较严重、危及生命、需立即停车急救的，由列车长立即向所在地路局客调汇报或立即用运转车长电台与调度取得联系，在就近具有抢救条件的停车站临时停车，同时组织急救人员做好与中途车站交接的准备工作，协助车站将病人尽快送往就近医院。

（4）发生 3 人以上具有疑似旅客食物中毒症状时，除按上述要求救治外，列车长立即向前方停车站通报，并汇报所属单位，怀疑投毒导致食物中毒时，还应同时向铁路公安机关报告。并做好相关记载，依据《铁路旅客人身伤害及自带行李损失事故处理办法》的相关规定处理，需要时编写客运记录交前方停车站处理。做好车站移交的准备工作。必要时列车长与行车调度联系，在前方经过的大站停车抢救。

（5）列车长、乘警长应及时调查发病的原因，搜集证据材料，了解旅客发病症状、进食史并做记录，形成第一手资料。对中毒病人的基本情况做好登记，以便协助卫生防疫等部门，最终调查确定诊断。

（6）列车长、乘警要组织相关人员认真做好稳定旅客情绪的工作，防止造成混乱，追回售出的可疑食物，并在低温下封存可疑食物、原材料，保留造成食物中毒或可能导致食物中毒的包装、器皿，采集呕吐物、排泄物样品，封闭被污染厕所，等待卫生检疫人员查验。如不能排除食物中毒是站车列车供应食品所致，要立即停止食品供应，防止继续食用可疑食物扩大中毒事态。

（五）动车组列车发生行车中断应急处置预案

（1）动车组因故发生行车中断，列车长应与司机或列车停留地车站、铁路局调度联系，掌握情况，做到心中有数。并及时向旅客做出解释，通过广播向旅客表示歉意。

（2）动车组不能继续运行时，列车长应及时与司机或列车停留地车站、调度联系，随时掌握晚点情况，需要时用专用数字通信设备与铁路局客调统一电话联系，掌握晚点时间、原因、预计到达时间等情况，做到心中有数。根据掌握的情况，及时部署下一步应做好的重点工作。列车乘务人员应及时向旅客做出解释，如实说明晚点的时间和原因，并通过广播向旅客表示歉意。

（3）列车晚点通告用语为：旅客们，我是××列车列车长，本次列车因××原因晚点，现在大约晚××小时××分。因列车晚点给您造成不便，我代表铁路部门向您表示诚挚的歉意。晚点或线路中断原因按照以下内容表述：自然灾害（暴雨、大雾、大雪、山体滑坡、泥石流……）、事故影响、设备故障。

（4）线路中断，列车不能继续运行时列车员、乘警要安抚旅客，加强车厢巡视，随时向旅客做好解释和服务工作的同时，稳定车内秩序，保证车内治安秩序良好。

（5）在列车长的统一指挥下，列车乘务人员各负其责，做好安全、服务等各项工作。列车乘务人员必须清楚旅客列车晚点情况，及时向旅客通报预计晚点时间和调整列车运行方案等信息。遇旅客问询时，应耐心细致回答，不得使用"不知道""没点"等不负责任语言或有不耐烦表现，以免引起旅客不满而激化矛盾。

（6）如列车停留时间较长时，尽量不要让旅客下车，在车站旅客下车活动，应将旅客组织到安全地带，确保旅客安全。列车长应组织好对旅客的服务、饮水、饮食供应等工作，尽最大的努力为旅客提供方便，保证旅客生活需要。如饮用水不足时，及时与车站联系上水或补充饮用水，食品不足时应及时与车站或所在地方政府联系，组织采购，车站应帮助列车解决食品、餐料、饮用水等问题，保证旅客需要或与上级联系，组织供应配餐。

（7）列车停留给旅客生活带来不便或引起旅客不安时，列车乘务人员应主动了解走访旅客，在保证旅客安全的前提下，尽最大的努力为旅客提供方便，尤其是要加强对重点旅客的服务，设法减少因晚点给旅客带来的诸多生活等方面的不便，维护铁路运输企业信誉。

（8）列车必须在中途停留时，应当尽量将旅客列车停留在办理客运较大车站或城镇所在地车站，以方便解决旅客的饮食和急病救治。列车要采取各种措施，保证滞留旅客的生命财产安全。

（9）列车长应积极与铁路局客调联系，汇报车内情况，尽早恢复运行。同时了解掌握继续停留的时间，随时向调度和单位应急领导小组汇报车内旅客、秩序、供应、安全等情况及请求协助解决的问题，让调度随时掌握车内情况，列车长应根据情况积极提出列车迂回、折返运行等建议。

（10）因故中断停运、折返的动车组旅客列车，对中途下车要求退票、换乘、延长有效期及绕道、返回的旅客，列车长应在车票背面注明日期、车次、原因、返回站，加盖名章，作为旅客免费返回、办理退票、换乘或延长有效期的凭证。

（六）发生旅客人身伤害或急病事件应急处置预案

1. 勘查现场，了解伤情、病情，组织抢救，检查车票，采集证言

（1）旅客列车上发生旅客人身伤害或急病时，列车长应会同乘警勘查现场，查看旅客受伤程度及发病情况，手机旁证、物证，调查事故发生原因，根据受伤及发病旅客具体情况，积极采取抢救措施。同时检查旅客所持车票的票种、票号、发到站、车次、有效期及加剪情况等；收集不少于两份同行人或见证人的证言和有关证据并保护好证据材料。

（2）收集证人证言时，应当记录证人姓名、性别、年龄、地址、联系方式、身份证号码等内容。证言、证据应当准确、真实，并能够证明事故发生的过程和原因（路局补充规定：证人证言，以非铁路工作人员为最具有法律效力）。此外事故发生后，要在第一时间取证，如无目击证人，要尽量采集本人的自述材料。采集证言材料后，有条件时，可将证言复写或复印，一份存查，另一份则必须在三日内移交处理站。

（3）旅客在列车上发生急病生命垂危时，当班列车员要立即向列车长报告，列车长要在第一时间内赶赴现场，并通知广播员利用列车广播找寻医务工作人员到场，在医务人员未到现场或列车上无医务人员时，列车救援人员要立即赶赴现场，询问了解旅客病史，根据旅客患病情况，采取措施，做好应急救护工作。

（4）紧急救护过程中，列车工作人员要将其他旅客疏散到其他席位，维护好车内秩序，确保患病旅客所在位置空气流通，状况良好。

（5）列车上受伤及急病旅客需交车站处理时，必要时应提前通知车站做好救护准备工作，将受伤及急病旅客移交三等以上车站（在区间停车处理时为就近车站）处理，车站不得拒绝受理。发生旅客伤亡人数较多的事故，列车认为必要时，应请求地方政府协助组织抢救。列车向车站办理移交手续时，编制客运记录一式两份（一份存查，一份办理站、车交接），连同车票、旅客随身携带品清单、证据材料一起移交。旅客人身伤害事故系因斗殴等治安或刑事案件所致，列车乘警应在客运记录上签字。

（6）因特殊情况来不及编写记录的，列车长必须指派专人下车与车站办理交接，并必须在三日以内向事故处理站补交有关材料。

（7）如受伤人员伤情及病情较严重，需立即下车治疗时，列车长应立即向所在地路局客调报告请示，准备非图定停车站停车移交，并迅速做好移交准备工作，同时向段生产调度室汇报。

2．报告程序

（1）发生旅客人身伤害或急病时，要在第一时间拍发事故速报，主送责任单位或发生单位（正常意外伤害主送事故处理站、段），抄送路局客运营销处，发生无票人员伤亡时还要抄送路局安全监察室。事故速报内容包括：①事故种类；②发生日期、时间、车次；③发生地点、车站、区间里程（线别、站名、区间、公里、米）；④伤亡旅客姓名、性别、国籍、民族、年龄、职业、单位、住址、车票种类、发到站、票号、身份证号码；⑤事故及伤亡简况（描述直观伤害及发病程度）。

（2）条件允许时，应当先用电话向段生产调度室报告事故概况。

任务五　动车组突发事件的应急处理方法

一、动车组故障及处置

动车组突发事件的
应急处理方法

（1）动车组运行中出现故障时司机应按车载信息监控装置的提示，按步骤及时处理；需要由随车机械师配合处理时，司机应通知随车机械师。经处置确认无法正常运行时，司机应按车载信息监控装置的提示和随车机械师的要求，选择维持运行或停车等方式，并使用列车无线调度通信设备报告列车调度员或车站值班员。

（2）动车组在区间被迫停车时随车机械师、客运乘务组均应听从动车组司机指挥，处理有关行车、列车防护和事故救援等事宜。

（3）动车组被救援时过渡车钩、专用风管和电气连接线的连接和分解由随车机械师负责，动车组司机配合。具备升弓供电条件的，允许动车组升弓供电。

（4）在 CTCS-2 级区段与 CTCS-0/1 级区段级间自动转换失败时，司机应立即向车站值班员、列车调度员报告，并按下述规定办理：

① 若由 CTCS-2 级向 CTCS-0/1 级运行，停车手动转换。

② 若由 CTCS-0/1 级向 CTCS-2 级运行，可维持按 LKJ 方式继续运行。

（5）列控车载设备发生故障且动车信号显示不正常时，司机应将列控车载设备转入隔离模式，按照动车信号故障办理。

（6）动车组司机或设备维护单位人员发现应答器故障时应及时报告邻近车站值班员，车站值班员应及时向列车调度员报告。

二、动车组限速运行的情况

（1）动车组制动系统故障切除25%制动力时，限速160 km/h运行；切除50%制动力时，限速 120 km/h 运行。

（2）空气弹簧故障时，限速 160 km/h 运行。

（3）车窗玻璃破损导致车厢密封失效时，限速 160 km/h 运行。

三、热备动车组出动

1. 热备动车组的启用时机

动车组故障无法及时修复时，应及时启用热备动车组。启用备用动车组时首先考虑使用热备动车组。无热备动车组或热备动车组定员少于故障动车组实际人数时，应调整在线运行动车组交路，有条件时，利用其他动车组担当救援车底。上述措施无法实现时，就近利用空闲普通客车底担当救援车底。

2. 热备动车组的出动

热备动车组预备司机必须满足担当各线动车组任务配备，在机务段机车调度室出勤时，按照热备动车组担当各线任务办理出勤（包括传达调度命令和 IC 卡）。到动车所调度室报到后，在距动车组停留地点较近的行车公寓或机务段（动车组运用所）候班，充分休息，保证叫班后随时出乘担当任务。热备动车组出动救援跨局动车组时，由铁路总公司调度统一指挥。

（1）铁路总公司运输局调度部调度处动车组调度员应立即报告值班处长、调度处长、调度部主任（副主任），并根据需要通知中国铁路总公司车辆、机务、供电、电务调度；由中国铁路总公司车辆、机务、供电、电务调度分别通知客车处长、机车运用处长、供电处长、信号处长。

（2）铁路总公司运输局调度部调度处值班处长接到应急救援指挥中心领导热备动车组出动的指示后，应立即布置动车组调度台向有关铁路局下达热备动车组出动及开行的调度命令。

（3）热备动车组配属局调度所接到动车组出动命令后，立即（3 min 内）向有关单位下达热备动车组出动的调度命令，有关单位必须在接令后 10 min 内完成热备动车组的调车、整备、司乘人员配备等各项工作，具备发车条件。热备动车组救援出动时本务司机、随车机械师、客运乘务由配属局担当。

（4）热备动车组和预备司机担当非本局动车组担当区段的车次时，由原担当铁路局动车组司机担当，车型不符时，由预备司机担当，原担当任务铁路局司机负责带道，并负责提供动车组司机携带列车时刻表。

（5）热备动车组救援局管内动车组时，由铁路局调度统一指挥，并向铁路总公司动车组调度台报告（具体办法由铁路局规定）。

（6）铁路局应细化热备动车组备用及出动管理办法，明确热备动车组、人员、备品、日常管理和出动各项作业时限标准，确保设备完好和准时出动。

3. 热备动车组运行及返回归位

（1）热备动车组出动在始发站至接续站间运行及返回归位车次在所接续的列车车次前加"R"，行车用语为："热备动车组××（次）"，行车有关事项按动车组办理。接续后的车次仍使用原车次。

（2）非热备动车组车底出动在始发站至接续站间运行及返回归位车次应根据客车底车型，

在所接续的列车车次前加"T"或"K",行车用语为:"特快动车组××(次)"、"快速动车组××(次)"。

(3)对热备动车组和临时替换故障动车组的客车底应优先放行,确保及时到位及返回归位。

四、动车组故障情况下旅客的组织

1. 动车组因故障组织旅客换乘

(1)使用热备动车组组织旅客换乘时,车站应加强站车组织,按规定做好换乘旅客的饮食供应和后勤服务工作,两列换乘车底应尽量安排在同一站台方便旅客换乘。此时,站段应急领导小组应立即赶赴现场,必要时,铁路局应急领导小组成员应赶赴现场组织指挥。

(2)使用非动车组热备车底替换动车组开行旅客列车时,车次应当相对固定(原则上将原动车组车次改为特快或快速旅客列车车次),开车命令必须在开车 1 h 前下达,跨局旅客列车由中国铁路总公司、局管内由铁路局客运调度下达停运动车组,开行旅客列车的调度命令。客调命令中须明确停运动车组列车车次、车底所属局、开行车次、编组顺位、车种、型号、定员、停车站到开时刻、乘务担当单位等。

(3)车站接到热备车开车命令后,应按票价差备足零款,指定专人到指定地点组织引导旅客收回动车组旅客原票,换发新票并退还票价差额。旅客要求改乘其他列车时,车站应及时办理改签手续,并尽可能地改签为有席位车票。退票、改签不收手续费。

(4)换乘时,站车要认真组织验票,严禁持其他车次车票的旅客上车,持有停运动车组列车车票的旅客,必须换新票后方可上车。

2. 动车组因故障晚点和旅客滞留

(1)铁路局调度所应按规定做好动车组晚点信息的预报和通报工作。

(2)动车组在始发站晚点 30 min 以上时,车站应及时通知旅客,旅客在始发站乘车前要求退票或改签时,车站应及时办理退票或改签;始发站铁路局客运处或客运段需派科长或车队长级干部添乘,组织列车乘务组做好服务、解释和安抚旅客工作。

(3)动车组途中晚点时,列车长要及时联系铁路局客运调度,了解晚点原因等,报告车内情况和请求协助解决的问题,组织乘务员积极主动做好服务。晚点 30 min 以上时,应做好向旅客致歉、解释工作。乘警应与列车长密切配合,经常巡视车厢,维持好车内治安秩序。

(4)接到动车组终到晚点 30 min 及以上的通知后,车站站长、派出所所长须带领客运、公安有关人员到站台接车,组织旅客下车出站,并做好向旅客致歉、解释工作。到站时铁路局所在地的铁路局客运处、铁路公安局(处)领导要到站台接车,帮助指导车站做好应急处置工作。

(5)发生旅客以滞留列车的方式向铁路要求晚点或空调故障赔偿时,站车工作人员应当以说服劝解、诚恳道歉为主,耐心细致地做好解释和相关法律法规的宣传工作,稳定情绪、化解怨气,力争取得旅客的理解和配合。

(6)公安部门要积极配合客运部门,认真开展滞留旅客的说服劝离工作,争取理解与支持。同时,要向旅客宣讲法律知识,告知旅客可以通过其他合法渠道和方式维护其合法权益,劝说旅客听从车站工作人员的安排到指定地点协商解决,并协助车站工作人员引导旅客下车。

公安部门在协助劝离过程中，严禁携带枪支。

客运部门在宣传和说服旅客离开车厢时，现场应有公安人员维持秩序；经反复工作劝离无效时，公安人员应宣布原铁路总公司、公安部《关于维护铁路运输秩序保证列车正常运行的通告》，并组织足够的公开警力，对拒不下车的人员依法采取措施带离车厢。对煽动旅客滞留车厢和扰乱列车治安、破坏铁路运输秩序、用暴力手段对抗执法的个别人员，要认真调查取证，依法追究其法律责任。劝阻中要依法依规，有理有节，文明执法。

3. 动车组无法接入高站台线路

（1）正常情况下，办理客运营业的动车组必须在高站台上接发，因特殊情况无法接入高站台时，铁路局列车调度员必须通知值班主任，经调度所副主任准许后，列车调度员与车站共同确定接车股道，并要求车站做好准备，在动车组到达车站 15 min 前由列车调度员通知司机，司机要及时通知列车有关工作人员做好准备。

（2）铁路局应制订动车组因故不能在高站台上接发组织办法，明确包括车站信息通报反馈程序、站台服务、应急移动梯使用、管理和车站干部到场指挥等有关要求，确保旅客上下车绝对安全。

4. 空调故障的应急处理

（1）动车组发生故障停车后，若空调装置出现故障超过 20 min 时，CRH3 型动车组允许打开车门通风；CRH1、CRH2、CRH5 型动车组若空调装置故障超过 20 min，且应急通风功能失效或无法满足要求时，也允许打开车门通风。

（2）列车长要及时向旅客通报情况并致歉，组织乘务员积极做好服务工作，帮助受阻旅客妥善解决临时困难，稳定旅客情绪，避免激化矛盾。

（3）为保证旅客的人身安全，同时根据动车组乘务人员的配置情况，打开站台一侧 4~8 个车门，并在车门处安装防护网，由列车长组织乘警、列车员、餐车工作人员及随车保洁员负责值守，严禁旅客自行下车。

（4）动车组故障不能及时排除，需救援或自动力运行时，允许打开列车部分车门，在固定好防护网的情况下限速运行，具体要求为：CRH1 型车限速 60 km/h，通过高站台时限速 40 km/h；CRH3 型车限速 70 km/h。同时，相关乘务工作人员要及时向铁路局、中国铁路总公司汇报情况。

（5）需要组织旅客下车或换乘其他列车时，原则上在车站站台进行。车站应当与列车一起组织旅客乘降。必须在区间组织旅客下车或换乘时，须经铁路局主管运输副局长批准，同时要做好安全防护工作，以防发生意外。CRH2 型动车组停靠在 500 mm 及以下站台或区间时，需组织旅客通过应急梯下车。

（6）动车组增加搭载应急备品。CRH1、CRH2、CRH3、CRH5 型车每组新增加 8 套防护网。防护网存放位置：CRH1 型存放在厨房储物柜内，CRH2 型存放在 3 号车一位端的备品柜内，CRH3 型车存放在 1 号车或 8 号车的备品柜内。防护网存放在备品柜内的由车辆部门保管，存放在储物柜内的由客运部门保管。防护网由四方股份公司按照部审定方案制作，各铁路局自行采购，动车组主机厂向各局车辆处提供安装使用手册。

（7）各局负责制订具体实施办法，对动车组值乘人员进行培训，掌握应急处置方法，提高应急处理能力。

五、动车组设备故障的应急处置

1. 动车组牵引动力设备故障

（1）牵引系统故障但动力未完全丢失时，应利用自身动力维持运行，并使用列车无线调度通信设备报告列车调度员或车站值班员，列车调度员不再下达有关限速运行的调度命令。

① 有一个动力时，CRH1 型动车组限速 100 km/h 运行，CRH2：型动车组限速 170 km/h 运行，CRH5 型动车组限速 150 km/h 运行。

② 有两个动力时，CRH1 型动车组限速 100 km/h 运行，CRH2 型动车组限速 220 km/h 运行，CRH5 型动车组限速 200 km/h 运行。

③ CRH1 型动车组有 3 个动力时，限速 180 km/h 运行；有 4 个动力时，限速 200 km/h 运行。

④ CRH2、CRH5 型动车组有 3 个及以上动力时，不限速。

（2）特殊情况下，遇最前端司机室不能正常操纵，而最后端司机室操纵正常时，双司机值乘或由具备乘务知识的机务干部添乘，前后端司机室通信设备作用良好及天气良好时，准许凭调度命令改为最后端司机室操纵维持运行，列车按站间闭塞行车，列车最高运行速度不得大于 120 km/h，前端司机或添乘干部用车内通信系统指挥后端司机操纵。

（3）动车组受电弓故障时：单列动车组一架受电弓故障，可更换另一架受电弓受流，正常运行；两架均故障时，司机应立即停车降弓，按规定请求救援；两列重联运行时，每列动车组均升弓受流（即双列双弓模式）。当一列动车组无法升弓受流时，可采用单列单弓维持运行至前方站后，停车处理。两列动车组均无法升弓受流时，请求救援。

2. 动车组车辆设备发生故障

（1）动车组到站停稳后，遇自动开关门装置故障时，司机应及时通知列车长、随车机械师，改为手动开关门。

（2）遇通风口冒烟时，司机根据情况立即停车或及时报告列车调度员安排在最近前方站停车检查防尘网有无异物。

（3）当轴承温度超过温度报警时，立即停车请求处理，并用列车无线调度通信设备呼叫两端站或列车调度员，报告停车原因和停车位置。随车机械师下车检查故障车轴，根据实测轴温和检查情况向司机报告，司机向列车调度员提出限速运行请求，列车调度员根据司机请求，发布限速运行命令。

（4）根据随车机械师要求，对轮对踏面缺陷停车检查时，司机应及时转报列车调度员，要求前方站停车检查。轮对踏面缺损超出限度时，列车调度员根据司机请求，发布限速运行命令。

（5）当得到轮对因齿轮箱、连接轴卡滞造成抱死运行的报告时，司机应立即停车，并指派随车机械师下车检查处理，无法消除抱死故障时，及时请求救援。

（6）运行中走行部、风挡连接部有异声、异味、异状需要停车检查时，随车机械师根据具体情况向司机报告，并提出停车请求。司机根据随车机械师报告的故障情况立即停车或转报列车调度员，请求前方站停车检查。经停车检查确认无碍或应急处理后方可继续运行。

（7）当得到空气弹簧发生故障的报告时，列车调度员应发布限速 160 km/h 运行的调度命令。

（8）制动系统故障时，列车调度员应按照下列要求发布调度命令：

①基础制动装置故障抱死车轮不缓解时,司机应立即停车,用列车无线调度通信设备呼叫两端站、追踪列车、列车调度员,报告停车原因和停车位置。随车机械师下车检查处理,切除本车制动运行。

②动车组制动系统故障切除25%制动力时,限速160 km/h运行;切除50%制动力时,限速120 km/h运行。

(9)当得到车窗玻璃破损导致车厢密封失效报告时,列车调度员应发布限速160 km/h运行的调度命令。

3. 列控车载设备故障

(1)动车组出库前发现ATP车载设备故障,应采取以下应急措施。

①电务部门应备齐各种备件及检修工具,立即组织抢修,若故障不能及时排除,应联系车辆及调度部门,启用备用动车组。

②若备用动车组不能及时到达发车地点,电务及车辆部门应根据动车组重联情况采取相应的应急措施:

a. 发生车载设备故障的动车组是重联动车组,应摘解动车组,倒换动车组连接顺序后,重新重联,将故障ATP车载设备置于重联动车组中间部位,也可根据售票情况,临时甩挂发生故障的动车组。

b. 发生车载设备故障的动车组非重联动车组,具备掉头条件的,应安排动车组掉头,将故障ATP车载设备置于动车组非操纵端,同时在该动车组折返车站安排备用动车组。不具备掉头条件的,临时改按CTCS-0级运行。

(2)车载设备显示动车组限速运行但无法判明故障原因时,动车组司机应报告车站值班员或列车调度员,并按车载设备显示的速度值继续运行。

(3)动车组运行中遇列控车载设备故障且触发制动停车时,司机应使用列车无线调度通信设备报告列车调度员或车站值班员,并通知随车机械师将设备断电30 s后重新启动(一般不超过两次),及时将设备恢复情况报告列车调度员。而后由列车调度员根据设备恢复情况下达相应调度命令,按下列方式运行:

①车载设备断电重启恢复正常后,将进入部分监控模式。若列车位于站内,按该模式限速45 km/h出站后,自动转为完全监控模式。若列车位于区间,可按该模式限速45 km/h运行至下一个车站后,自动转为完全监控模式;也可改按CTCS-0级、160 km/h运行至下一个车站后,再停车转回CTCS-2级运行。

②车载设备断电重启后,但未恢复正常,若仍需列车前行,应将车载设备转入隔离模式,若此时动车信号、LKJ正常,可改按LKJ控车运行。

(4)动车组在CTCS-2级区段按LKJ方式行车,遇动车信号或LKJ故障时,司机应立即使用列车无线调度通信设备报告车站值班员或列车调度员,司机凭调度命令、按地面信号运行至前方站,等待救援。遇特殊情况,根据中国铁路总公司调度命令,采取应急性措施,维持动车组继续运行。

(5)车载设备触发异常或紧急制动后,影响列车继续运行,司机不能确定故障原因时,列车调度员可向司机发布转为隔离模式的调度命令,运行途中加强与司机联系,接到司机列控车载设备恢复正常,退出隔离模式的请求后,安排列车前方站停车退出隔离模式。

4. 列控地面设备故障

（1）列控中心、LEU故障时，在CTC/TDCS车务终端报警，车站值班员应立即通知信号维修人员。若确认设备不能很快恢复时，应立即报告列车调度员，由列车调度员下达"列控地面设备故障"调度命令，在进站信号机前从CTCS-2级转CTCS-0级，待列车运行进入下一设备正常的车站后，再按调度命令转回CTCS-2级运行。

（2）车站进站端应答器（组）故障，动车组司机发现异常后，应立即通知车站值班员和列车调度员。故障期间，列车调度员应通知后续动车组，以不高于 45 km/h 通过车站或转CTCS-0级运行。

（3）车站出站端应答器（组）（含电缆）故障时，动车组司机在发现异常后，应立即通知车站值班员或列车调度员。故障期间，列车调度员应通知由到发线发车的列车司机，在发车前转CTCS-0级，待列车运行进入下一设备正常的车站后，再按调度命令恢复CTCS-2级运行。

（4）车站进、出站端应答器（组）皆故障时，动车组司机发现异常后，应立即通知车站值班员和列车调度员，并立即报告列车调度员，按规定执行。

（5）级间转换应答器故障导致级间转换失败并经司机确认后，在无限速命令、确保行车安全的情况下，如不能自动由CTCS-2级向CTCS-0级转换，应停车手动转换；如不能自动由CTCS-0级向CTCS-2级转换，可维持CTCS-0级模式继续运行，并及时向列车调度员报告。

（6）动车组司机发现DMI显示屏连续收到两条"应答器信息缺失"时，应人工及时将速度控制在 120 km/h 以下，避免车载设备触发制动，并及时报告邻近车站值班员和列车调度员。列控车载设备将自动切换为部分监控模式，动车组将根据地面轨道电路信息生成的目标距离模式曲线继续运行，此时对低于 120 km/h 的线路实际限速由司机人工控制运行，当动车组接收到新的应答器信息时将自动恢复完全监控模式。当连续多个区间应答器信息缺失时，列车调度员应根据情况发布列控地面设备故障的调度命令，在进（出）站信号机前从CTCS-2级转CTCS-0级，待列车运行进入下一设备正常的车站后，再按调度命令转回CTCS-2级运行。

5. 动车组调度命令无线传送系统故障

列车运行途中发现调度命令无线传送系统机车装置故障时，司机应及时向列车调度员报告，列车调度员应向各有关列车调度台和车站通报情况。

6. 影响动车组运行的信号、联锁、闭塞设备

（1）闭塞设备发生故障。

① 在 CTCS-2 级区段，遇基本闭塞法停用按电话闭塞法行车时，列车调度员应布置动车组停车，并向司机发布调度命令将列控车载设备方式控车转入隔离模式，按LKJ方式行车。

② 在按电话闭塞法行车的终止站，列车调度员应布置动车组停车，并向司机发布调度命令将隔离模式退出，转换为列控车载设备方式控车。

③ 若按电话闭塞法行车的终止站且前方交路皆为 CTCS-0 级区段时，动车组不需停车，列车调度员不再发布调度命令。待动车组按图定停车后，司机应及时将列控车载设备主机隔离开关置于"正常"位。

（2）区间通过信号机故障。动车组在区间运行，列控车载设备显示停车信号时，列车必须立即停车，司机应使用列车无线调度通信设备通知随车机械师。列车停车等候 2 min，列控车载设备仍未收到允许运行的信号时，司机将列控车载设备转入目视行车模式，列车以遇到

阻碍能随时停车的速度继续运行，最高速度不超过 20 km/h，直到列控车载设备收到允许运行信号，按列控车载设备显示运行。在停车等候的同时，必须与列车调度员、车站值班员联系，如确认前方闭塞分区内有列车时，不得进入。

（3）出站（发车进路）信号机故障。在 CTCS-2 级区段，出站（发车进路）信号机故障时，动车组的行车凭证为绿色许可证，人工选择列控车载设备目视行车模式运行；当收到允许运行的信号时，按列控车载设备显示运行。

（4）进站（接车进路）信号机故障（机械引导）。列控车载设备接收到的轨道电路信息为 HB 码时，越过进站信号机后，自动转入引导模式运行。

（5）车站电码化故障。遇车站电码化故障或其他原因，造成动车组在进站、出站、进路信号机前收不到允许行车的信息时，应立即停车。动车组停车后，司机向车站值班员和列车调度员报告，按调度命令转入目视行车模式运行；当列控车载设备收到允许运行的信号时，按列控车载设备显示运行。

7. 牵引供电设备

（1）车载自动过分相装置故障，动车组司机应及时采用手动过分相，动车组运行至过分相绝缘区前，司机应提前确认升起受电弓的车号，运行至电分相绝缘区时，要集中精力，加强瞭望，及时切除牵引力并"断电"，确认网压上升并稳定后再"合电"。

（2）车站值班员得到自动过分相"感应器装置"故障通知后，应及时通知临近的动车组（电力机车牵引的列车）并向列车调度员报告。列车调度员应立即使用列车无线调度通信设备向动车组（电力机车牵引的列车）司机、车站按规定发布自动过分相系统停用的调度命令，并向有关设备管理单位和公安机关通报。自动过分相"感应器装置"修复后，列车调度员应及时发布自动过分相系统恢复使用的调度命令。

（3）遇接触网临时停电或有异常情况时，动车组司机应迅速断开主断路器，降下受电弓，根据动车组运行速度、风表压力情况选择适当地点停车，并立即报告车站值班员或列车调度员停车原因及停车位置，及时通知随车机械师、列车长。

（4）列车调度员接到动车组弓网挂有异物等非正常情况的报告时，要安排前方站停车检查。

8. 动车组由区间返回、反方向行车时

动车组在区间被迫停车后须返回后方站时，列车调度员必须确认动车组至后方站间已空闲，方可发布调度命令。司机将列控车载设备转入隔离模式，按调度命令控制动车组返回。

任务六　动车组随车机械师作业规程

动车组随车机械师作业规程

随车机械师是动车所安全生产运用工作的重要岗位，动车组在运行途中出现故障和突发情况，需要随车机械师能够迅速做出反应，进行判断、处置、汇报，所以随车机械师不但要有较高的业务技术水平和敬业负责的工作态度，还要有沉着冷静的心理素质和对铁路运输相关规章制度能够熟练地掌握和运用。

一、岗位职责

1. 监控运行技术状态

（1）运行中在乘务室通过车载信息系统监控显示器，监控动车组运行及设备工作状态。

（2）在运行中巡视检查车辆设备，发现问题时正确判断、果断处理。

（3）在始发和折返站进行技术检查作业。

2. 管理和操作动车组设备

（1）按规定操作动车组设备设施。

（2）控制车内空调换气装置，设置调节空调及换气装置运行模式。

（3）控制车内客室照明，设置调节照明工况。

（4）控制车内旅客信息系统显示。

（5）指导客运服务人员正确使用车内设备。

3. 应急处理途中突发故障

（1）运行中发生突发故障时，积极进行应急处理。

（2）车载信息系统提示报警的动车组突发故障分为 3 类：属司机独立处置的，需加强与司机联系，了解故障处理情况；属与司机协作处置的，在司机指挥下，共同处理；属随车机械师独立处理的，处理完成后及时将情况通报司机。

（3）记录突发故障处置情况，及时向运用所调度室汇报。

4. 承担部分行车组织职能

（1）运行途中因动车组故障或其他原因在区间被迫停车时，加强与司机联系，掌握情况，及时报告运用所调度室，并在司机指挥下，做好有关行车及安全防护。

（2）动车组故障需要救援时，负责安装过渡车钩，连接风管，配合司机做好救援准备工作。

二、一次往返作业标准

1. 接车作业

（1）出乘时随车机械师按规定着装，佩戴标志，提前到调度室报到，领取 IC 卡、动车组钥匙，听取命令、要求及注意事项。

（2）按规定设置安全号志，进行动车组下部车体两侧检查：检查重点是转向架、车体、头罩及排障器、车端连接装置等。

（3）作业完毕，撤除安全号志。

（4）在非驾驶端司机室与司机交接主控钥匙，申请供电。

（5）进行动车组上部设施检查。作业重点是乘务室信息系统显示，设定空调、照明、车次、车站、编组、旅客显示信息；与司机配合进行乘务室与前后端司机室联络电话试验；检查车内主要服务设施和安全设施技术状态，检查随车工具、材料及行车备品。

（6）向调度室报告作业情况，等待随车出库。

2. 始发作业

（1）动车组出库时，随车机械师应从动车组尾部巡视至头部，检查动车组运转情况，发现异常及时处置，并向调度室报告。

（2）到达车站后，从前端司机室下车，在站台侧巡视确认外侧车号及目的地显示器状态。

（3）到达乘务室，监视车载信息系统，等待发车。

3. 途中作业

（1）发车后，在车内进行一次巡视检查。重点是列车运行动态和车内主要服务设施技术状态。

（2）运行中，在乘务室，通过车载信息系统监视列车运行及设备工作情况。发现故障及报警时，按规定程序处理。

（3）在区间内临时停车时，随车机械师配合司机，做好有关行车、安全防护工作，并及时向运用所调度室汇报。需要救援时，负责与司机共同安装过渡车钩和连接风管。

（4）客运服务人员报告设备故障时，及时赶赴现场处理，并做好故障写实记录。

4. 折返站作业

（1）到达车站后，与退乘司机、接车司机会合，了解运行情况、做好记录并办理主控钥匙交接、签认（司机换乘时进行）。

（2）旅客下车后，从动车组尾部巡视至头部，检查车内设备技术状态，发现故障进行处理并做好记录。

（3）从前端司机室下车，在站台侧巡视确认外侧车号及目的地显示器状态。

（4）到达乘务室，监视车载信息系统，等待发车。

5. 终到作业

（1）确认车上人员下车后，锁闭车门。

（2）填写乘务报告，重点故障提前预报运用所。

（3）随车返回运用所。

（4）进入司机室，在检修模式下用 IC 卡转储运行信息。

（5）向司机了解运行情况，做成记录，办理签认。

（6）到调度室报告运行情况，签认交接《动车组运用日志》，交接重点故障，交还动车组钥匙及 IC 卡。听取命令、指示和要求。

（7）退乘。

三、随车工具与备品

1. 工具

（1）GSM-R 移动电话 1 部。

（2）钳型电流表 1 只。

（3）红外线测温仪 1 只。

（4）第四种检查器 1 个。

（5）38 件套工具 1 套。

（6）9 件套梅花扳手 1 套，活扣扳手 1 把。

（7）便携工具箱 1 套。

（8）充电电钻 1 台。

（9）应急照明灯 1 台。

（10）管子钳 12、18 寸各 1 把。

（11）圆锉、半圆锉各 1 把。

（12）组套螺丝刀 1 套。

（13）手锤、撬棍、扁铲各 1 把。

2．材料

（1）过渡车钩 1 个。

（2）救援风管 1 个。

（3）铁丝 20 m。

3．行车备品

（1）响墩 6 个。

（2）火炬 2 支。

（3）短路铜线 1 副。

（4）红绿色手信号灯 1 盏。

（5）红绿信号旗 1 副。

（6）防护信号灯 1 盏。

任务七　动车组随车机械师应急故障处理

一、动车组发生故障基本处理原则

动车组随车机械师
应急故障处理

（1）为保证列车运行安全和正确及时地处理动车组故障，司机和随车机械师应按作业标准，随时注意动车组状态。发现故障时应立即通知对方，遇动车组供电、空调故障影响旅客时应通知列车长；动车组故障造成列车停车、限速运行或需要在车站停车处理时，司机应向车站、列车调度员报告。

（2）在运行中，司机不得离开座位；在停车状态下，除特殊情况外，司机不得离开司机室。

（3）动车组途中发生应急突发故障，司机和随车机械师要严格按照运装客车〔2007〕38 号文件的分工和方法进行处理：车载信息系统提示报警的动车组突发故障分为 3 类，属司机独立处置的，需加强与司机联系，了解故障处理情况；属与司机协作处置的，在司机指挥下，共同处理；属随车机械师独立处理的，处理完成后及时将情况通报司机。

（4）司机操作部分（CRH2型）：司机室ATP、LKJ、DMI、CIR的处理；受电弓的切换、VCB开关的操作、RS的复位、断电上电复位、EGS操作；停车状态下司机室其他开关的操作。（需要由随车机械师配合处理时，司机应通知随车机械师）

（5）随车机械师操作部分（CRH2型）：面向旅客界面的设备设施；车辆运行配电盘、服务配电盘、车门、受电弓、车下设备。（处理中需要司机配合时，随车机械师应通知司机）

二、动车组随车机械师应急故障处理

以CRH2型动车组为例，说明动车组运行途中应急故障处理。

1. 故障显示

发生故障时，监视器显示屏在当前页面下方会显示故障发生信息页面，并伴有报警声响。此时可按压"故障详情"键，监视器显示屏就会切换至故障信息页面。

2. 设备远程切除操作

（1）选择相应动力单元（1U/2U/3U）。
（2）选择要切除、复位的设备。
（3）按下"设定"键，即："单元"+"机器"+"设定"。
（4）显示屏页面转换到切除状态画面，确认设备切除状态。

3. 电源切换操作

选择要进行MTR切除的单元，按"电源切换（ACK2合）"键，再按"设定"键。监视器显示屏页面转换到供电分类页面。确认ACK1断开，ACK2合上。

4. 设备远程复位操作

在设备远程切除操作画面，选择相应动力单元，并选定要复位的设备后，按"设定"键。即："单元"+"机器"+"设定"。

5. BKK、BKK2投入、复位操作

在供电分类页面，按压BKK、BKK2投入或BKK、BKK2复位键，在按压设定键。

6. 关门车操作

在该车辆运行配电盘内操作。
（1）关闭紧急阀（红色）、供给阀（白色）。
（2）拉出紧急短路开关。
（3）断开制动控制装置NFB。

注：
①单独关闭紧急阀（红色）后，常用制动正常，只是不起紧急制动作用。
②关门车也可以在车下走行部实施，但每台转向架有一个折角塞门，只对本台转向架起

作用。

③ 断开制动控制装置 NFB 仅在制动控制装置故障（故障代码 059）时进行操作。其他关门车不进行 NFB 断开操作。

④ 当 1、8 号车（两列重联时为 1、8、9、16 号车）制动控制装置故障（故障代码 059）需做关门车操作时，将该车的运行配电盘中制动控制装置 NFB 断开，为了不影响集控开门操作，集控开门操作时需临时将该关门车相对应的司机室断路器盘"关车门安全"NFB 断开：如将 1、8 号车（两列重联时为 1、8、9、16 号车）司机室"关车门安全"NFB 断开，在运行速度超过 5 km/h 以上仍可集控开门，请注意安全。

7. 远程切除抱死操作

（1）在司机画面点击抱死切除，进入抱死切除画面。

（2）选择相应车厢。

（3）选择抱死 1 或抱死 2。

（4）按切除键。

（5）按设定键。

8. 远程切除轴温报警操作

（1）在司机画面点击轴温切除，进入轴温切除画面。

（2）选择相应车厢。

（3）选择轴温 1 或轴温 2。

（4）按切除键。

（5）按设定键。

9. 切除空调操作

将相应车厢服务配电盘内的空调控制 1 或 2 断路器断开。

10. RS 复位操作

这里所指 RS 复位操作，为司机操纵台前方的复位开关。

注意：本复位按钮只对保护电器的轻故障起复位作用。

三、典型故障的应急处理办法

1. 途中受电弓自动降弓

现象：受电弓紧急降弓，全列车无动力。

处理过程如下：

（1）接到司机动车组失去动力通知后，迅速查看 MON 屏，确认受电弓确实发生了故障。

（2）通知司机进行降弓操作或隔离故障车受电弓，断开 VCB，换升另外一个受电弓，维持运行。

（3）详细记录发生故障时间、地点、区段、故障详情、处理结果及目前状态，向值班室及时反馈信息。

（4）到达折返站后，从站台侧观察受电弓滑板及管路状态，向值班室及时反馈信息。

2. 途中动车组停在分相区间

现象：全列车失去动力。

处理过程如下：

（1）首先向司机了解停车原因，记录停车时间、地点并迅速和值班室联系。

（2）如动车组是升后弓运行，则通知司机进行以下各项操作：

① 单编组动车组运行情况：

a. 换弓操作。

b. 查看1或0车司机室网压表网是否正常。

c. 如无网压，通知司机立即降弓，就地制动，请求救援；并听从司机的指挥，按规定做好防溜、防护工作。

d. 如网压正常，启动动车组运行。

② 重联车组运行情况：

a. 换弓操作。

b. 查看接触网网压是否正常。

c. 如无网压，通知司机立即降弓，就地制动，则请求救援；并听从司机的指挥，按规定做好防溜、防护工作。

d. 如网压正常，在MON上切断后编组的2个VCB（注意：不一定是3U、4U），起动动车组运行，脱离无电区后，闭合后编组的2个VCB。

（3）详细记录发生故障时间、地点、区段、故障详情、处理结果及目前状态，向值班室及时反馈信息。

3. 途中全列车误紧急制动

现象：紧急制动停车。

处理过程如下：

（1）列车紧急制动停车或接到司机通知后，迅速查看MON显示屏，确认紧急制动故障发生，用车载电话与司机联系，了解列车停车原因。

（2）迅速检查7号车两个乘务员室和1号车和8号车司机室紧急制动开关USB状态，如误动作则进行恢复。

（3）通知司机进行紧急复位，具备开车条件后，尽早开车，恢复列车运行。

（4）查明原因，做好紧急停车的情况记录和调查取证资料的整理保管，及时向值班室反馈信息。

（5）开车后在车厢内进行一次列车运行动态检查，重点是转向架、轮对有无异常振动和异常声响。

四、动车组事故救援程序

（1）动车组被迫停车时，随车机械师在司机指挥下，做好列车防护和救援工作。

（2）按《列车技术管理规程》第294条规定，设置响墩防护。

① 从救援列车开来方向（不明时，从列车前后两方向），距离列车不小于 300 m 处防护。

② 电话中断后发出的动车组（持有红色许可证的除外）应于停车后，立即从动车组后方按线路最大速度等级规定的列车紧急制动距离位置处防护。

（3）对于制动机故障且没有停放制动的动车组，随车机械师负责在动车组两端安放铁鞋止轮；有停放制动的动车组，随车机械师不需要安放铁鞋止轮。

（4）当动车组可以升弓供电时，随车机械师通过司机确认救援机车是否为电力机车及来车方向。当救援机车是电力机车时，应通过司机进一步确认运行前行区段接触网分相区是否满足"动车组升后弓、机车升前弓"的技术条件。

（5）当动车组救援途中不允许升弓供电时，随车机械师打开紧急通风，关闭无旅客车厢所有旅客服务设施负载，客室采用应急照明，冬季长时间置于 0 ℃ 以下运行须进行排水。

（6）打开救援机车来车方面的动车组头车车钩罩盖。

（7）随车机师在车下目视，确认动车组两受电弓均处于降下状态。

（8）待救援机车到达后，先将过渡车钩安装在机车上，然后利用救援机车与动车组自动车钩相连接，注意对钩位。

（9）安装制动软管，确认准备工作完毕，在调车人员的调车作业通知单上签名（无调车作业通知时除外）。通知调车指挥人（司机）、动车组司机进行连挂作业。

（10）随车机师确认机车连挂妥当后，机车制动软管吹风排水，确认无凝结水排出，连接制动软管，然后与过渡车钩相连接，打开折角塞门，确认无异常，通知动车组司机和连挂指挥人员进行制动试验。

（11）协助动车组司机与连挂指挥人员进行制动机试验。

（12）随车机械师向动车组司机确认试验良好，撤除防溜措施（未采取防溜措施时除外）。

（13）当动车组救援途中允许升弓供电时，随车机械师通知动车组司机升弓、供电。

（14）随车机械师在调车作业通知单上签字（无调车作业通知单时除外）。

（15）动车组救援途中实施紧急制动停车后，随车机械师应在司机的指挥下检查过渡车钩状态，确认良好后方可继续运行。

（16）救援途中，随车机师应对故障部位进行重点监控，并注意动车组限速 120 km/h 以下。

任务八　动车组的运用维修

当代高速列车的制造采用了很多高新技术成果，集机械、电子、控制、通讯、空气动力、环境保护等一系列学科之精华于一身，综合利用了电子计算机、信息技术、新材料、电力电子元件等多种新部件。高速动车的维修已经不再是为了维持列车运行而被动进行的一种辅助

动车组的运用维修

性生产活动，而是高速列车运行的前提和安全的保障，是提高高速列车效能的重要途径，这就要求高速列车维修也要大量采用高新技术，综合利用系统工程、可靠性工程、现代维修理论、管理科学、后勤保障学等学科的理论，建立起高速列车的综合保障系统。因此，高速列车维修是高速铁路系统综合保障系程中的重要组成部分，也是当今高新技术的集中体现。

一、动车组的维修特点

1. 采用大量高新技术设备

以德国汉堡动车段为例,该动车段能在60 h内完成412 m长整列ICE动车组的维修保养和整备工作,就是因为具有先进的维修技术和设备。

(1) 车载微机诊断系统,通过远程无线通信技术将运用中检测到的故障信号传输给动车段,提前做好维修准备。

(2) 建立三层维修工作面,在下部、内部和顶部同时作业。

(3) 具有轨道桥的架空轨道,便于走行部的检查与更换。

(4) 具有气垫走行装置的轮对和转向架更换设备。

(5) 真空排污处理系统和自动化清洗装置。

(6) 自动检测轮对踏面裂纹、磨损和不圆度的诊断设备。

(7) 控制和管理整个维修过程的微机信息系统等。

2. 用系统工程观点进行维修

首先,对高速列车寿命周期成本(LCC)进行研究;其次,把技术、财务、管理等各方面的因素综合起来进行全面管理;另外,利用系统工程理论对高速列车可靠性、维修性和可用性进行研究,对高速列车的各环节(草拟、设计、制造、安装、运用、维修和更新等)进行综合分析,此外还要进行信息反馈以便制造部门改进设计。

3. 广泛实施换件修和集中修

在动车组维修过程中广泛实施换件修,即把发现故障或缺陷的部件、模块或零件换以功能完好的相应件(新的或经修复的),而不做现场维修,这样可大大节省在修时间,提高列车利用率。同时这种换修方法也应用于厂修中相应机组的检修,称为大部件换修。对于可修复的主要零部件实行专业化集中修,即将它们送往专业化工厂、车间或工段,实行集中统一修理,则可提高维修质量,节约维修成本。

4. 维修制度更趋合理

高速列车维修制度主要框架仍采用计划预防修制,但是在具体维修中却有着灵活多变的维修体系,状态修占有越来越大的比重。而实施状态修的基础和可靠保证是完备的计算机维修管理信息系统、先进的通信手段和精密可靠的检修诊断设备。

5. 维修停时大为缩短,利用率大大提高

当前世界各国高速列车在大修时均采用整列入库的全新维修模式,例如德国ICE列车每年平均运行里程高达50万km,其维修停留时间可不足3天,在故障维修时也有良好的设备;再如法国TGV列车,更换一个非动力转向架,不超过1.5 h。

二、动车组的维修制度

(一) 维修制度

维修实践需要一种思想观念作为指导,称之为"维修思想"。在一定维修思想指导下,制

订出的一套规定与制度，称之为维修制度。目前世界上的维修思想和制度大致分为两大体系：一是在"预防为主"维修思想指导下，以磨损理论为基准的计划预防维修制度；二是"以可靠性为中心"的维修思想指导下，以故障统计理论为基准的预防维修制度。

1. 计划预防维修制度

预防维修制度以机械设备故障率曲线（浴盆曲线）中耗损故障期始点来确定修理时间。因此，定时维修、拆卸分解就成了这种维修制度的主要方法。计划预防维修制度的具体实施可概括为"定期检查、按时保养、计划修理"，其中关键是确定装备及其主要零部件的修理周期、合理划分修理等级及制定维修规程与规范。

2. 可靠性维修制度

可靠性维修制度是在计划预防性维修制度的基础上发展演变而来的。在长期的维修实践过程中，人们不断摸索总结，发现机械设备的可靠性是由设计制造所确定的，有效的维修只能保持其固有的可靠性，并不是维修越勤、修理范围越大，就能减少故障，相反会因频繁拆卸，破坏其固有的可靠性而出现更多的故障。对于复杂设备而言，一般只有早期故障和偶然故障期，而没有耗损故障期，即复杂设备的故障没有上升的趋势，因此定期维修对于许多故障是无效的。"以可靠性为中心"的维修制度提出按照设备各机件的功能、功能故障、故障原因和故障后果来确定需要做的维修工作，对重要维修项目要逐项分析其可靠性特点及发生功能性故障的原因来确定所采取的维修方式。

（二）基本维修方式

维修方式是指对设备维修时机的控制。也就是对维修时机的掌握是通过采用不同的维修方式来实现的。目前的维修方式有3种：定期维修（又称计划修）、视情维修（又称状态修）和事后维修（又称故障修）。

1. 定期维修

定期检修又称为计划修，它是以使用时间或运行里程作为维修期限。因此只要设备使用到预先规定的时间或运行的里程，不管其技术状态如何，都要进行规定的检修工作，这是一种带强制性的预先检修方式。

定期检修的依据是机件的磨损规律，长期以来的实践使我们认识到机件只要工作就必须磨损，磨损严重就会形成故障，进而会影响使用和安全这一规律。定期维修的关键问题是如何确定维修周期或维修的时机。

定期维修的实施是由计划修理周期、修理级别和检修范围以及有关的检修工作条例来保证的。动车组的修程和检修周期应根据其构造特点、运用条件、实际技术状态和一定时期的生产水平来确定，以保证动车组安全可靠地运用。

（1）修程。

修程是指动车组修理的级别。目前国内动车组分为一级检修、二级检修、三级检修、四级检修、五级检修。其中一、二级检修属于运用检修（维护性性质），三、四、五级检修属于定期检修。

一级检修（例行检查）：日常性检查，维护保养。通过对动车组主要部分进行外观、动作、状态及性能的检查，及时发现并消除故障，防止运营故障，保证行车安全。在运行整备状态下，完成耗损部件的更换、调整和补充等，同时对各部分的状态和性能进行检查，发现偶然发生的故障，在车辆使用的间隙进行维修作业。

二级检修（重点检查）：以不落轮的状态进行设备的检查、调整、停止车辆的使用，进行维修作业。基本任务是保证运营车辆具有良好的技术状态，尽量能做到及时发现并消除潜在故障，防止运营事故，保证行车安全。进行动车组全面检查，保养维护，做故障诊断，按状态修理。检修范围主要针对车辆运营安全至关重要的部位，如走行部分的转向架构架、轮对、齿轮箱悬挂装置、联轴器、制动系统的空气压缩机组、车门控制系统等。

三级检修（重要部件分解检修）：对重要的大部件进行细致的分解检修，如转向架；对检查后发现故障的部件进行修理；对易损零件进行更换，因此需要把列车进行分解，然后架车检查和修理。

四级检修（系统全面分解检修）：是恢复性的检修，对各系统进行解体检修，并且进行车体的涂漆。

五级检修（整体全面分解检修）：对全车进行解体检查，较大范围地更新零部件，并且进行车体的涂漆，是恢复性的检修。全面进行检查，大范围（各部件、管系等）解体检修，最终全面恢复动车组基本性能，使其检修后的技术状态接近于新造车的水平。

除了上述五级检修外，还有动车组在运行过程中的检查，其任务是保证在运行中的动车组具有良好的技术状态，防止事故发生，以保证行车安全。

检查主要由乘务员及机械师进行，如乘务员接车时进行的性能试验，随车机械师对设备的巡检。

（2）检修周期。

检修周期是指相同修程之间的间隔时间或使用期限，修程级别越高，检修周期越长。各级修程的周期，应由该修程不足以恢复其基本技术状态的动车组零部件，在两次修程间保证安全运行的最短期限确定。

2. 视情维修

视情维修又称为状态修，是按实际技术情况来确定维修时机，不对机件规定维修期限，不固定拆卸分解范围，而是在检查测试其技术状态的基础上确定各机件的最佳维修时机，依靠不断定量分析和监测机件的某些参数和状态数据来决定维修时间和项目，因此可以充分发挥机件的工作能力，提高维修有效性，减少维修工作量和人为差错。状态修适用于大型贵重关键设备和危及安全的机件。

3. 事后维修

事后维修方式也称故障维修，它不控制维修时机，在机件发生故障之后才进行修理。实践证明，有些机件即便是发生故障也不会危及安全造成严重后果，采用事后维修则更经济，对于一些采用了冗余技术的机件，如牵引传动系统就适用于事后维修。

（三）我国高速铁路动车组维修制度

我国高速铁路动车组所采用的维修制度既要借鉴国外先进的维修思想，也要考虑到目前我国维修状况。针对我国目前比较落后的维修状况和较低的检修人员素质，目前我国铁路主要技术政策中规定的机车车辆维修制度总体目标仍适用高速动车组，即"在计划预防修前提下，逐步实施状态修、换件修和主要部件的集中修，改革配件的生产和供应体制，建立运用和维修的现代化管理体系"。

（1）修制基本框架。

车辆维修分为预防性检修和事后检修或更正性检修。

（2）我国各型号动车组检修周期。

（3）检修范围。

动车组各级修程必须确定合理的检修范围，即检修涉及的零部件都有哪些。检修范围编制的依据有检修周期；各机组、部件的技术要求；质量变化规律、可靠性及使用运行区段的自然条件和地质情况。一般情况下，修程越大，范围越广。制定检修范围时还应做到：动车组在一个修程内不发生因范围不当而造成的机破、临修和超范围修；在完成规定的检修周期和保证动车组运用安全可靠的基础上，尽量减少"过剩"修理。

三、动车组主要检修方式

动车组检修采用了高效率的检修方式。其目的是大幅度提高动车组的安全性和可靠性，大幅度提高动车组的使用效率，大幅度压缩修车时间，大幅度提高检修单位的作业效率，实现修车方式制造化。动车组检修方式是建立在部件寿命管理系统的基础上，同时以先进的检修设备和设施及零部件制造工厂的配套检修服务为条件和支撑。其主要形式是换件修、集中修、状态修和均衡修，其主要特点是高度的专业化，高度的集约化，高度的社会化，高度的程序化。

1. 换件修

在各级修程中发现部件故障，或在中、高级修程中需要检修或更换部件的，都采用换件修的方式，拆下的部件分 3 种情况安排送修。一是对于技术结构比较简单的部件由检修基地检修；二是对于技术结构比较复杂，修程范围较大的部件，在经过经济性分析后，由检修基地提供相应的检修场地和配套设施，委托制造工厂在检修基地内设置的检修单位中检修；三是对于大部件，如牵引变流器、牵引变压器等，在高级修程时返回制造工厂检修。

2. 集中修

动车组部件的检修主要集中在检修基地，运用所仅承担日常的例行检查和部分临修作业，部件检修集中在相应的制造工厂或其设立的派出机构。

3. 状态修

服务性设施一般采取状态修，即随检随修，始终保持技术状态良好；同时部分设备或部件按照使用寿命的界定，在不能适应使用要求，即将发生故障前进行更换，采用监视型的状态修。

4. 均衡修

为减少大修车时间，通过换件的方式将部分部件安排在运用过程中或其他较低级修程中安排检修，减少大修时的工作量，尽可能压缩动车组在修时间。

任务九　动车组维修机构

一、动车组维修机构

动车组维修机构

遵循"集中检修，分散存放""优势设备相对集中"的基本原则，动车组设置了检修基地和运用所两种不同功能的维修机构，以避免交叉作业和重复投资。检修基地设置在主要的交通枢纽，根据运输组织需要以检修基地为中心设立若干运用所，形成了维修能力的梯次结构；并区分维修任务，科学组织，检修基地承担一级修到五级修（D1～D5）的所有修程，动车组的检修原则上集中在检修基地进行，运用所仅承担一级到二级（D1～D2）修程。

（一）维修机构设置原则

维修机构的设置地点要充分考虑高速铁路客流特点、高铁站的分布情况、铁路周围环境条件以及与其相关的既有铁路的情况而确定。考虑因素主要有以下几点：

（1）从始发到终点旅客的输送量。
（2）列车空车回送比较少，动车组利用率高的地方。
（3）离车站比较近的地方。
（4）维修基地所需人员容易得到保证的地方。

所考虑的这些因素主要是为了提高动车组的运用效率，再者也要充分考虑建设用地因素。

（二）维修机构的组成及功能

（1）检修基地。

检修基地配属一定数量动车组，主要功能是动车组的定期维修、故障处理、车辆停留及整备清洗。检修基地承担所有维修级别的修程，负责本基地和外基地动车组的夜间停留和备用车组的长期停放，以及旅客餐饮、车内清洁等整备作业。检修基地既要考虑整列编组的检修，也要考虑列车的到发及夜间作业。检修基地需要具备大修的设备条件。

（2）运用所。

运用所与检修基地相配套，在主要客运站设置若干。设置运用所的原因有以下几点：

① 有利于实现集中检修，分散存放。
② 可以大幅度减少因动车组日常检修需要造成的车体空送，提高动车组的运营能力和使用效率。
③ 可以提高主要客运站的始发能力，有利于安排开行方案。
④ 充分借鉴了国外动车组检修布局设置模式。

运用所配属少量动车组，主要负责高速动车组的 D1～D2 级修程及整备、临修作业，设置存车场以满足动车组夜间停留车需要。

（三）维修机构的布局

（1）我国动车组检修基地、运用所的布局。

为合理的配置检修资源，在北京、上海、武汉、广州建立了现代化的动车组检修基地，由中国铁路总公司统一管理，面向全路，服务全路。

依据路网布局与发展规划，结合动车组的配属和使用方案，确定四大检修基地的辐射范围：

① 北京基地重点辐射东北、华北及京津环渤海地区，如天津、沈阳、长春、哈尔滨、大连、石家庄、太原、济南、青岛，覆盖京广、京津、京哈（大）、石太、京沪、胶济客运专线。

② 武汉基地重点辐射华中（中原）、西南地区及华北部分地区，如长沙、郑州、西安、宜昌、成都、贵阳、重庆、襄阳，覆盖京广、沪汉蓉、浙赣、郑西客运专线。

③ 上海基地重点辐射华东及长三角地区，如杭州、南京、合肥、扬州、南昌，覆盖京沪、沪汉蓉、浙赣客运专线和杭州—宁波—深圳间的沿海客运专线。

④ 广州基地重点辐射华南及珠江三角地区，如广州、深圳、珠海、汕头、湛江，覆盖京广、广深、广珠客运专线和杭州—宁波—深圳间的沿海客运专线。

在各主要干线上，运用所设置安排如下：

① 京哈线以北京检修基地为中心，以此为依托在沈阳、大连和哈尔滨设置运用所。

② 京广线以武昌检修基地为中心，北京、广州基地为补充；同时依托北京基地设置石家庄运用所，依托武汉基地设置郑州运用所，依托广州基地设置长沙运用所。

③ 京沪线以北京、上海检修基地为中心；同时依托北京基地设置天津、济南（青岛）运用所，依托上海基地设置南京、杭州运用所。

④ 杭州—宁波—深圳沿海通道以上海、广州检修基地为中心，同时依托上海基地设置温州运用所，依托广州或上海基地设置福州运用所。

⑤ 浙赣线以上海、广州检修基地为中心，同时依托上海基地设置南昌运用所。

⑥ 在西南地区依托武昌基地设置成都、重庆运用所。

⑦ 在陇海线上依托武昌基地设置西安、兰州运用所。

（2）检修基地的管理。

动车组检修基地由中国铁路总公司统一管理，动车组检修基地对外引进和合作工作，统一由中国铁路总公司负责实施。

二、动车组检修基地

（一）检修基地的功能

（1）动车组管理功能。

动车组检修基地具有管理基地、连接周边、辐射全路的整体管理功能，对动车组的使用、技术整备、检修试验及运行安全进行全面管理。通过信息中心的连接作用对动车组调度、整备、运用、维修、配件及设备进行有效管理。

（2）检查整备功能。

动车组检查整备功能包括整备作业及一、二级检修作业和临修作业。

整备作业：主要为运用技术整备及客运整备。其作业内容包含上水排水、润滑油脂补充、车厢内部清洁、密闭式厕所系统地面接收及处理设施、车体外皮清洗、车内垃圾收集及转运等。

临修作业：主要是处理动车组临时故障，对动车组主要零部件进行扣车修理及动车组不落轮镟轮和各级修程以外的主要设备、零部件的更换，包括转向架、轮对、受电弓、空调设施、主变流器、主变压器等。

（3）检修功能。

基地动车组的检修以预防为主、检查为主、换件修为主和组装调试为主；以寿命管理方式对动车组进行管理；尽量减少在修时间，提高效率、可靠性和动车组利用率。动车组换下来的零部件由专业厂商按专业化集中检修方式进行检修。

（4）零配件储备及配送功能。

基地应设立大型动车组零、配件及备品储存设施，包括材料库、材料棚、备品库等。零配件及材料备品储备采用立体存储方式，其信息管理纳入动车组信息化系统，并能根据维修信息自动进行配送管理。

（5）信息化管理功能。

信息化管理包括生产调度指挥、动车组运行管理、现场作业监控、车辆配件寿命管理、车辆配件配送支持、入段检测和车载信息地面接收处理。

（6）排污处理功能。

检修基地设密闭式厕所系统地面接受及处理设施。

真空密闭式厕所系统的地面接收处理设施采用固定式；集便接收作业线应与日检作业线合并设置于库内。排污的主要设施置于检查库工作平台下，通过管道及快速接头可与车上排污口连接，并设移动式排污车。

（二）检修基地的布局

检修基地结合站型、地形地貌、运输发展、城镇规划等因素，合理布置段内线群、建筑物、通道、各种管线、环保等设施，高速动车检修基地内的设施主要由 3 部分组成：动车组夜间停留存车场（库或棚）；主检修库及修配间（统称为综合检修库）；动车组外皮清洗、轮对踏面诊断、不落轮镟、列车排污等设备。

基地内设施的布置力求紧凑、整齐、作业流畅、技术经济指标先进，以体现高速动车组全密封不摘钩整列进段日检、维护保养和定期检修的特点。基地内设施之间不同的形式构成了总体布局的不同方式。

（1）直列式。

基地内存车场与检修库成纵向排列布置。在地形狭长、两端均有进出作业的情况下多采用此方案。

特点如下：

① 布置紧凑，动车组入段作业流畅，段内折角走行次数少，可减少移动转载的次数，走行距离短，提高检修效率。

② 有利于提高检修能力、扩大检修场地。

③ 基地规模及占用面积较大。

（2）并列式。

基地内存车场与检修库成横向并列布置。此方案适应地形条件能力强，占地面积小。

特点如下：

① 动车组入段作业需多次折角方可进行，动车组段内走行距离长，段内需设专用牵出线，作业效率较低，一般在受场地限制不得已的情况下采用。

② 基地受用地面积制约，列车到发停留线与检修线平行设置，适合于10列以下小规模的车辆检修基地。

（3）错列式。

存车场与检修库部分成横列式布置，部分成纵列式布置或其他受场地控制而形成的总平面布置方案。

以上3种布局中，由于直列式布置方案中动车组入段作业流畅，段内折角走行次数少，走行距离短，条件许可的情况下推荐采用该布置方式。

总平面布置基本类型方案确定后，其他线路和设备的位置根据作业要求和场地条件的不同来确定。一般情况下，到发停留线群和主检修线群以及动车组排污、外皮洗刷、不落轮镟轮、轮对踏面诊断等专用线建成纵列式布置，检修库两端最好分别设两个停车场。

（三）检修库

检修库沿长度方向，每100 m设联系库外道路的通道。检修库内可全部或部分股道架设接触网，接触线高度可与库外一致。车顶作业处，接触网必须装设分段绝缘器及带接地的隔离开关，以及与隔离开关联锁的标志灯和作业平台安全锁，以保障作业人员的安全。库内设低压电源和独立风源、水源。

1. 库线

检修基地内根据不同的维修任务（整备、日常检修、更换转向架等），设置不同接入级别的维修库，不同的检修工作在不同的库线进行。

2. 设计要求

（1）库线设计要求。

两条检修线的线间距宜为10 m。库内外侧股道距离检查库侧墙轴线不宜小于5 m。库内应设置动车组上水、排水及排污设备。检查库净高应考虑作业人员车顶作业的高度要求。底层作业面至库内地坪的纵向运输，应设置坡度不大于10‰的缓坡。修车库净高应根据修车工艺、动车组车辆限界、车顶作业需要、起重机结构尺寸等因素确定。库内起重机走行轨顶高应不小于+8.8 m。

库内应设有更换转向架、轮对、车顶、车下主要部件的设备。转向架和轮对更换，优选采用活动轨道桥及气垫技术进行。

（2）大修库设计要求。

库内股道上方接触网可设置活动式刚性接触网侧移及控制设备。应设安全保护措施以确保作业人员的安全。大修库设三层作业面立体大修线，库线间距为12 m，库内外侧股道距离修车库侧墙轴线应不小于6.5 m。大修作业采用整列架车方式，实行部件换件修。设贯通式天车起重设备。

（四）作业面

为了进行并行作业，提高检修的效率，检修基地一般设置三层或四层作业面进行高速列车的维修。

（1）三层作业面。

第一层设在轨面以下 0.95 m 标高处，为基本作业平台，用于走行部及下部设施检查、维修和材料运输。第二层设在轨面以上 1.25 m 标高处，为车内及侧墙作业平台。第三层设在轨面以上 3.8 m 标高处，为车顶作业平台。无车顶作业平台一侧应设置防止车顶作业人员跌落的防护设施。

（2）四层作业面。

一层作业面（-0.95 m）负责列车底部的检查修理。

二层作业面（+1.2 m）用于车内作业。

三层作业面（+3.8 m）采用移动式空中平台。

四层作业面（+4.6 m）除运输外，安装所有的管线。

（五）主要零、配件辅助检修设施

基地中设置适当场所供主要零部件开展必要的检修工作，主要有转向架间、牵引电机间、变压器间、变流器间、电气及控制设备间、受电弓间、制动设备间、空调设备间、车内设备间。设施能力满足生产需要，布局符合工艺流畅要求。

基地内部检修设施，完成其他配件的检修工作。配件的修配车间应以检修库为主体进行设置。辅助车间主要有：蓄电池间、计量仪表间、材料库等。

（六）组织机构

每个检修基地都设置了若干行政机构，机构间共同协调工作，完成检修任务。

三、动车组主要检修设备

动车组的高新技术要求催生了动车组检修设备的更新换代，从移动式架车机到地坑式架车机，动车组检修设备有了高速的发展。动车组的整备、维修是保证动车组有效使用和运用质量的前提条件，是高速铁路系统综合保障工程中的重要组成部分。在高速动车组状态监测与故障诊断中，先进技术与智能化、集成化诊断设备的广泛运用，是提升检修质量、提高作业效率的基本要素。

动车组的检修工艺流程，大抵包括入段、外部清洗、踏面诊断、内部修整（库内作业，维修周期作业，修理作业，内部清洗，消毒，物料供给等项目），最后等待、出段。这些流程要求我们检修更加严格精细。

1. 动车运用所的基本配置要求

（1）车体自动清洗设备。

（2）地面吸污设施，必要时还要配置移动设备。

（3）不落轮镟装置。

（4）轮对踏面检测设备。

（5）列车监控系统地面接收及信息处理设备。

（6）足够的存放线路。

（7）检修库与临修库。

（8）必要的系统检测设备和机械动力设备。

（9）生产及安全信息管理系统。

2. 动车组检修基地基本配置要求

（1）车体自动清洗设备。

（2）地面吸污设备。

（3）不落轮镟装置。

（4）轮对踏面检测设备。

（5）列车监控系统地面接收及信息处理设备。

（6）足够的存放线路。

（7）车体检修库、油漆库。

（8）转向架检修库（间）及试验设施。

（9）轮对、轴承检修库（间）及检测试验设备。

（10）制动系统检修库（间）及检测试验设备。

（11）牵引系统检修库（间）及检测试验设备。

（12）辅助供电系统检修库（间）及检测试验设备。

（13）车钩及缓冲装置检修库（间）和检修检测设备。

（14）车体气密性试验设备。

（15）其他部件检修场所及检修、检测、试验设备。

（16）单车试验设施。

（17）ATC试验设施。

（18）必要时在场内设试运行线路。

（19）生产及安全信息管理系统。

3. 主要工具设备

（1）综合检修库内专用设备：

① 带轨道桥的架空轨道系统（或同步架机车）。

② 动力转向架和中间车轮对快速更换设备。

③ 轮对转动设备。

④ 库内列车集便箱真空排污设备。

⑤ 作业升降车。

⑥ 蓄电池充电设备。

⑦ 动力车自动上砂设备。

（2）主要检修试验专用设备：

① ATC传感器。

② 传感器性能测试台。
③ 真空断路器试验台。
④ 电气回路综合试验台。
⑤ 电气仪表测试台。
⑥ 受电弓磨耗板自动检测装置。
⑦ 转向架、构架、轮对、轴承、牵引机电等主要零部件清洗设备。
⑧ 动力转向架解体及组装设备。
⑨ 盘形制动装置性能试验台。
⑩ 液压减振器性能试验台。

（3）轮对及转向架更换装置。

当高速列车的动车及拖车轮对和转向架出了故障时应进行更换。转向架更换设备是检修基地、运用所必不可少的重要设备，是提高检修效率、提高动车组周转效率的有力保证。从更换方式上来说，可分为两种：活动轨道桥转向架下降方式及同步架车方式。

活动轨道桥转向架下降方式设备规模小，操作人员效率较高。

为同步架车更换转向架的方式在使用时，每个单元一般应用 4 个架车机，断开转向架与车体的联结，架车机同时提升，架起车体，推出转向架。由于整列车通过密接式车钩连接，车钩配合间隙很小，所以，对架车机的同步性提出了较高的要求。这种方式设备规模大，一般以 4~8 辆为单位一同起重升起，需要多个操作人员同时工作，容易产生作业损耗。

（4）不落轮镟装置。

当踏面诊断装置诊断出轮对有缺陷（擦伤等）或轮对踏面、轮缘磨耗到限时，应及时进行磨削和检修，以恢复动车组运行的舒适度并确保行车安全。该装置的特点是转向架无需从动车组车体落下分离，动车组直接驶入设备移动轨道上（设备安装于地坑内），通过该设备直接镟修，减少了设备镟修时间及检修人员的工作强度。

（5）轮对踏面检测设备。

轮对踏面形状直接影响列车的舒适度和行车安全，高速列车尤为如此。轮对踏面诊断装置是检修基地、运用所最重要的检修诊断设备，具有检测踏面裂纹和擦伤、测量踏面形状和几何尺寸、测量踏面擦伤和同心度等功能。该装置同时具备数据的采集和处理功能，并与段内通信计算机联网，完成数据存储、显示、打印、传递等功能。该检测装置的准确度直接影响着整列车的检修效率。

（6）车体自动清洗设备。

动车组外皮清洗设备是必不可少的整备设备，用于列车回库、进段时的外皮自动清洗，需要专门的清洗剂。为了满足环保、节能的要求，必须同时建立水循环处理设施。

（7）动车集便箱真空排污设备。

解决高速动车组污物收集及处理，在段内设置一套排污系统。排污作业应尽量与检修整备作业在同一地点进行，以缩短动车组的在段停留时间。排污地面设施主要采用真空抽吸式排污系统。

任务十　动车组运用级检修作业流程

1. 检修周期
（1）一级检修。
每次运行结束后或 48 h 以内进行一次（累计运行不超过 4 000 km）。
（2）二级检修。
每运行 3 万千米或每月进行一次。
2. 检修流程
（1）CRH2 型动车组一级检修流程。
（2）CRH2 型动车组二级检修流程。
① 车站值班员校核、签收。
② 车站值班员取消车站列控中心的限速，并监视取消限速的命令是否有效。
（3）发送时机由车站值班员按照限速调度命令规定及动车组列车运行情况，按如下时机要求将列控限速调度命令发送至车站列控中心，严禁迟设、错设。
① 区间限速的列控限速调度命令，应在限速区间上一站办理对应动车组列车向该区间的通过或发车进路前发送。
② 本站站内限速的列控限速调度命令，应在本站办理对应动车组列车的通过或接车进路前发送；限速在本站站内正线接车进路范围内，须同时在上一站办理该动车组列车向本站的通过或发车进路前发送。
（4）限速取消时机由车站值班员按照取消限速调度命令规定及动车组列车运行情况，在确认限速动车组出清对应进路并确认进路解锁后、后续动车组列车相关进路办理前发送。严禁提前发送取消限速的列控限速调度命令。

任务十一　动车组停放防冻管理办法

为防止动车组给排水及集便系统设备因存水冻结造成损坏，确保动车组完好，根据动车组的技术特点，动车组维修管理部门应该组织相关人员认真学习，严格落实各项停放防冻管理措施，执行相关防冻排水作业办法，确保动车组防冻工作顺利进行。（以下以 CRH2 型动车组为例）

动车组停放防冻管理办法

一、动车组停放防冻管理办法

动车组在气温低于 0 ℃ 停放时，为了防止部分设备因存水冻结造成损坏，确保动车组完好，特制订本办法。
（1）气温低于 0 ℃ 时，动车组应停放于具备防冻保温功能的处所，停放处所应具备下列条件之一：

①接触网供电。

②外接单相 AC 400 V 地面电源供电。

③暖库。

（2）供电工况下的防冻：

①确认动车组具备升弓或地面供电条件后，值班人员进行供电操作。

②值班人员通过 MON 将动车组空调设置在供暖工况，并确认空调、司机室电加热、设备电伴热装置工作正常。

③允许间隔供电，当室内温度达到 18～20 ℃ 且保持一段时间方可断电。供电时间间隔，视各地区具体情况由铁路局自行确定。

（3）非供电工况下的防冻执行各型动车组防冻排水作业办法。

（4）动车组防冻工作由车辆部门负责，应成立防冻值班队伍。

（5）停放前应按照排水操作程序对动车组进行排水、吸污作业，并做好记录。在保持供电工况或暖库停放时动车组可不排水。

（6）供电停放时，值班人员随时掌握供电状态，不得擅自离岗；交接班时办理好动车组钥匙、设备备品交接，认真填写交接记录。

（7）供电期间，值班人员每小时对动车组车内的供电设备运行情况及车内温度进行巡视检查，做好记录。发现问题，及时处理并上报。

（8）停放的动车组，禁止使用卫生间、小便间设施。

（9）车辆部门应加强对防冻工作的领导，指定专人负责，定期开展防冻作业的演练，积极探索动车组防冻工作的规律。

二、动车组防冻排水作业办法

中国铁路总公司已颁布了 CRH1、CRH2、CRH5 型动车组防冻排水作业办法，详细规定各型动车组防水作业的操作规程和操作步骤。以下为 CRH2 动车组防冻排水作业办法：

1. 操作流程

加压留置功能管路排水（有电时作业）—车上排水（温水箱、电茶炉、存水管路、刮器）—水泵排水—车上各用水设备的动作排水—水箱排水—污物箱抽空—水封排水。

2. 操作步骤

（1）在动车组供电状态下，在污物配电盘中打开加压留置功能，通过水泵室内的排水电磁阀对管路进行排水。

①确认污物配电盘中的水泵加压存放——NFB 处于"ON"。

②确认水泵室内的排水电磁阀的阀把处于"开"的位置。

③将自动洗手器的电磁阀下的旋钮按逆时针方向旋转，使得水路处于可以直接流出的状态。

④将司机室背面的"停放"SW 设为"ON"或将污物配电盘中的"水位仪"NFB 设为"OFF"。

⑤确认水泵室下侧排水。

注意事项：

一旦要进行排水操作，应将温水箱的 NFB 设为"OFF"，待重新供水时，确认温水箱内有水后再将 NFB 设为"ON"，防止干烧造成损坏。

（2）车上排水。

加压留置功能排水至水泵室下侧排水口无水排出，将污物配电盘的"水位仪""水泵"NFB 设为"OFF"。

① 温水箱排水：

a. 将检验阀向外扳，待没有水排出后复位。

b. 将热水供水口处的下部螺堵卸下，排空后安装复位。

c. 将供水管下部的螺堵卸下，排空后安装复位。

d. 将温水箱的排水阀打开排水，排空后复位。

② 电茶炉排水：将电茶炉的 3 个排水管路的阀门打开，排空后恢复。

③ 存水管路的排水：

a. 厕所洗手器下的管路的排水。

b. 将自动水阀下的螺堵卸下排水。

c. 小便间管路排水。将罩板卸下；将管接头处打开，排水后恢复。

④ 洗面间温控器、电磁阀的排水：

a. 将供水塞门关闭。

b. 在止水栓、电磁阀下准备接水器具，打开止水栓及进水软管。

c. 排水完毕后恢复。

⑤ 刮雨器水箱的排水（使用防冻刮雨器液时，可以不排）：采用水泵从刮雨器水箱的注水口处将水抽空。

（3）水泵排水。

打开水箱水泵室旁的裙板，打开泵室检查门，将水泵正对检查门的辅助供水出口的盖板打开，排净存水后，恢复。

（4）车上各用水设备的动作排水。

注意事项：确认水泵已经停止工作后方可操作。

① 卫生间便器的排水。当排空管路中的水后，连续进行冲洗动作，将便器附件内的水排空（此时车上需要有足够的风）。

② 刮雨器管路的排水（使用防冻刮雨器液时，可以不排）。扭转"刮雨器"旋钮，通过刮雨器的动作将管路中的存水排空。

③ 自动洗面器皂液的排空（采用防冻的洗手液，可以不排）。通过多次使用使其排空。

（5）水箱排水、污物箱抽空：

① 通过排水阀将水箱排空。

② 将一侧的污物箱下部的通气阀门打开，在同侧连接吸污设备将污物箱抽空。

（6）水封的排水：

① 拆下水封旁的裙板。

② 拆下水封下的底板。

③ 打开水封底部的螺栓，将螺栓 2（一排共 3 个）卸下，将螺栓 1 适度松开。用螺丝刀

划破螺栓 2 侧的部分胶条，并插入水封底部上缘处适量撬开缝隙，使水流出。

④ 确认水已经排空后，将水封表面擦干，恢复水封，采用 SIKA 221 密封胶作密封处理；将底部、裙板相应恢复。

注意事项：排水完毕，紧固件涂打防松标记，确认各部密封良好。

任务十二　非正常情况下行车作业

动车组发生非正常情况行车时，如何正确判断，并按照标准程序进行快速处理，尽量缩短影响时间，尽快恢复正常运行秩序，是确保动车组正常运营的根本手段。

非正常情况下
行车作业

一、非正常情况行车时对动车组司机的基本要求

（1）发生非正常情况行车时，动车组司机必须沉着冷静，仔细观察。发生非正常情况后，紧张、图快是大忌。任何的非正常情况，肯定有它最终的正确处理程序和方法，一旦过度地紧张而且盲目求快时，首先对现象的观察就可能有漏项或者错误，对后面的判断处理就会造成毁灭性的作用。如果说，非正常情况行车处理分三步走的话，这第一步的"观察"是至关紧要的，它直接影响第二步的"判断"和最后的"处理"，只要观察出错，判断和处理肯定跟着出错。

（2）根据现象和条件，要进行周密的分析判断。作为动车组司机，遇到非正常情况行车时，既要考虑设备条件，又要综合行车组织办法，而且还要进行车、机、供、电、辆等各专业的协调，这时候就必须结合观察到的非正常现象和所有行车条件，进行逐一的分析判断，进行正确的取舍，确保不错不漏。

（3）按规定程序标准进行处理。"观察"至关重要，是先决条件，跟着"判断"准确了，也还只是条件之一，更加重要的是结果——"处理"。处理方面，尽管有随车机械师从旁配合，但仅限于车组的设备质量方面，实际上还是动车组司机一个人，在没有互控的情况下，同样要求动车组司机必须按照程序标准进行，每一个程序都不能颠倒、不能出错、不能疏漏。从作业层面上，要求动车组司机必须达到 3 个基本要求，但最主要还是要从管理层面入手，不断规范动车组非正常情况行车办法，同时强化动车组司机日常培训。只有双管齐下，才有可能达到非正常情况行车时的万无一失。

二、非正常行车组织

（1）司机不能使用列车综合无线通信设备进行通话时，应立即使用 GSM-R 手持终端报告列车调度员。如 GSM-R 手持终端也不能进行通话，司机应在前方站停车及时报告车站值班员或列车调度员。

（2）列车综合无线通信设备不能正常接收接车进路预告信息时，司机应立即报告列车调度员。

（3）在 CTCS-2 级区段与 CTCS-0/1 级区段级间自动转换失败时，司机应立即报告列车调度员或车站值班员，并按下述规定办理：

① 由 CTCS-2 级向 CTCS-0/1 级运行，停车手动转换。

② 由 CTCS-0/1 级向 CTCS-2 级运行，可维持按 LKJ 方式继续运行。

（4）集控站遇道岔故障等需现场准备进路时，根据列车调度员指示，车务紧急值守人员组织电务、工务人员现场操纵道岔、确认进路正确并按规定加镜。

（5）在非正常情况下，集控站转为车站控制时，列车调度员根据情况通知有关站段指派胜任人员赶赴现场，协助做好非正常行车工作和安全把关。

（6）动车组列车运行中出现故障时，司机应按车载信息监控装置的提示，按规定及时处理；需要由随车机械师处理时，司机应通知随车机械师。经处置确认无法正常运行时，司机应按车载信息监控装置的提示和随车机械师的要求，选择维持运行或停车等方式，并报告列车调度员或车站值班员。

（7）动车组列车在区间被迫停车时，随车机械师、客运乘务组均应听从动车组列车司机指挥，处理有关行车、列车防护和事故救援等事宜。需下车处理或组织旅客疏散时，必须在列车调度员或车站值班员办理邻线列车停运后进行。

（8）列车调度员接到大风报警信息后，须立即确认报警地点，并根据限速提示向相关列车发布限速运行的调度命令。对来不及发布调度命令的列车，立即通知司机限速运行。对禁止运行的报警信息，列车调度员应及时关闭相关信号并通知相关司机停车。司机接到调度命令或通知后，应立即采取措施。

（9）遇有暴风雨雪天气，工务、电务、供电等设备管理单位应加强对重点区段和设备的检查。检查时，检查人员在天窗时间外不得进入路肩和桥面范围内，必要时应在封锁或限速条件下进行，并设好防护。发现影响行车安全时，须及时通知列车调度员限速运行或封锁线路。行车人员发现危及行车安全时，应立即通知司机停车；通知不到时，立即报告列车调度员，列车调度员立即通知司机停车，并报告值班主任，由值班主任立即通知相关专业调度台。遇暴风雨雪封锁线路后，列车调度员须得到相关专业调度台检查无异常的报告后，方可开通线路。需限速运行时，应及时发布限速运行的调度命令，设置临时限速。

（10）列车调度员、车站值班员或车务应急值守人员接到落物报警信息后，应立即呼叫有关列车停车。车站值班员或车务应急值守人员接到报告后还应及时报告列车调度员，列车调度员要报告值班主任，值班主任应立即通知相关部门人员赶赴现场检查处理。具备开通条件后，相关部门人员应及时到调度所登记。列车调度员按登记要求办理。

（11）当确认轴承温度超过报警温度时，立即停车请求处理。

项目六　车辆检修规章

任务一　列车编组及运行

编成的车列并挂有机车及规定的列车标志称为列车。为了提高运输效率和保证行车安全，对于列车中车辆的编挂条件及连挂办法，有着严格的限制。《铁路技术管理规程》（以下简称《技规》）中有关车辆的规定见下述内容。

列车编组及运行

一、列车编组基础知识

（一）列车分类

（1）按运输性质列车可分为旅客列车（特快、快速、普通旅客列车）、行邮行包列车（特快、快速行邮列车、行包列车）、军用列车、货物列车（五定班列、快运、重载、直达、直通、冷藏、自备车、区段、摘挂、超限及小运转列车）、路用列车。

（2）列车运行等级可分为特快旅客列车、特快行邮列车、快速旅客列车、普通旅客列车、快速行邮列车、行包列车、军用列车、货物列车、路用列车。

开往事故现场救援、抢修、抢救的列车，应优先办理。

特殊指定的列车的等级，应在指定时确定。

（二）列车运行方向及车次

（1）列车运行，原则上以开往北京方向为上行。

（2）全国各线的列车运行方向，以铁路总公司的规定为准，但枢纽地区的列车运行方向，由铁路局规定。

（3）列车需按有关规定编定车次，上行列车编为双数，下行列车编为单数。在个别地区，使用直通车次时，可与规定方向不符。

（三）客车车辆设备

（1）客车技术整备所须有车辆停留线、整备库、临修库、材料配件库，并有相应的检修地沟、落轮坑、起重、动力、风管路、油管路、上水、排水、排烟除尘、暖气预热、车电检修、配件检修、照明、污水处理等设施。根据需要还要有带动力电源的空调检修库、轮对旋修设备和设施。

（2）车辆技术检查作业场所须设有值班室、待检室、待班室、材料配件库及站场对讲、广播系统。

（3）在干线及繁忙干线，需设配智能跟踪装置的红外线轴温探测网，轴温探测站的间距一般按 30 km 设置，铁路局设车辆运行安全中心监测站和行调复示终端，车辆段设车辆安全运行信息复示终端。

（四）车辆检修

（1）车辆实行定期检修，并逐步扩大实施状态修、换件修和主要零部件的专业化集中修。车辆修程，客车和特种用途车按走行公里进行检修，最高运行速度不超过 120 km/h 的客车分为厂修、段修、辅修，最高运行速度超过 120 km/h 的客车，修程为 A1、A2、A3、A4。车辆检修周期及标准，按铁路总公司车辆检修规程执行。

（2）车辆的检查及修理，应根据修程范围，在车辆修理工厂、车辆段和车辆乘务人员值乘中进行。

（3）车辆须装有自动制动机、人力制动机。车辆的制动梁、横向控制杆及抗侧滚扭杆必须有保安装置。

（4）客车应装有轴温报警装置，最高运行速度 120 km/h 及以上的客车应装有电空制动机、盘形制动装置和防滑器，空气制动系统用风应与空气弹簧等其他装置用风分离；最高运行速度 160 km/h 及以上的客车应采用密接式车钩，安装客车行车安全监测系统。

（5）客车内应有紧急制动阀及压力表，并均应保持作用良好，按规定时间进行检查、校对并施封。

（6）车辆轮对在装配前，应对车轴各部位进行探伤检查。检修时，按规定对轴颈、防尘板座、轮座、制动盘座及轴身进行探伤检查。最高运行速度超过 120 km/h 客车的轮对装车前，应进行动平衡试验。

（7）车辆轮对的内侧距离为 1 353 mm，其允许差度不得超过±3 mm；轮辋宽度小于 135 mm 的，按铁路总公司车辆检修规程执行。

（8）对旅客列车应实行包乘制，检修应实行包修制和专修制。

（9）车辆乘务人员，应按技术作业过程的规定检查车辆，并参加制动试验。在列车运行途中，应保证车辆运行安全，及时消除车辆故障，并将本身不能完成的不摘车检修工作，预报前方站列检所。前方站列检所应积极组织人力修复车辆故障，保持原编组运用。是否摘车检修，由当地列检所决定处理。

二、列车编组及运行

列车应按《技规》、列车编组计划和列车运行图规定的编挂条件、车组、重量或长度编组。

（一）列车中车辆的编挂

（1）旅客列车按旅客列车编组表编组，机车后第一位编挂一辆未搭乘旅客的车辆作为隔离车，列车最后一辆的后端应有压力表、紧急制动阀和运转车长乘务室。行李车、邮政车、发电车等非乘坐旅客的车辆应分别挂于机车后第一位和列车尾部，起隔离作用；在装设集中联锁的区段，并设有列车运行监控记录装置或列车超速防护系统时，旅客列车可不挂隔离车。如隔离车在途中发生故障摘下时，可无隔离车继续运行。局管内旅客列车经铁路局长批准，可不隔离。

（2）特快旅客列车不准编挂货车，编入的客车车辆最高运行速度等级必须符合该列车规定的速度要求。其他旅客列车原则上不准编挂货车，在特殊情况下，局管内旅客列车经铁路局准许，跨局的旅客列车经铁路总公司准许，方可在列车后部加挂，但不得超过 2 辆。加挂货车的技术状态和最高运行速度，须符合该列车规定速度要求。

（3）旅客列车中乘坐旅客的车辆，与机车、货车相连接的客车端门及编挂在列车尾部的客车后端门须加锁。

（4）下列车辆禁止编入旅客列车：
①超过定期检修期限的车辆（经车辆部门鉴定送厂、段施修的客车除外）。
②装载危险、恶臭货物的车辆。

（5）临时换挂、加挂客车必须由配属单位保证达到《运用客车出库质量标准》和编组条件。加挂外局所担当的旅客列车时，配属段须派车辆乘务员。

（6）全列空调列车上加挂外属客车时，只允许编挂在尾部，原则上不供电。如有特殊需要时，始发站加挂的客车可以由双方签订协议，安排供电；中途加挂的客车一律不许供电。

（7）加挂客车的供风型式与列车编组不一致时，只允许编挂在列车尾部。双管供风车辆加挂在单管供风列车中，须改为单管供风状态。

（8）加挂非空调客车必须是母车。

（二）列车中车辆的连挂

（1）列车中相互连挂的车钩中心水平线的高度差不得超过 75 mm。

（2）列车机车与第一辆车的连挂，由机车乘务组负责。单班单司机值乘的由列检人员负责；无列检作业的列车，由车辆乘务员负责。软管、车端电气连接线的连接由客列检人员负责；无客列检作业时，由车辆乘务员负责。

（3）列车机车与第一辆车的车钩、软管、车端电气连接线的摘解，由客列检人员负责；无客列检作业时，车钩、软管的摘解由机车乘务组负责，车端电气连接线的摘解由车辆乘务员负责。

（4）旅客列车在途中摘挂车辆时，车辆的摘挂和软管摘接，由调车作业人员负责，其他由列检作业人员负责，无列检作业人员时，由车辆乘务员负责，必要时打开车门，以便于调车作业。

（5）旅客列车运行途中甩挂车辆时，车辆的摘挂、软管摘接，由调车人员负责。密封风挡及车端电气连接线的摘接由车辆乘务员负责；其他由客列检人员负责，无客列检作业时，由车辆乘务员负责。

（6）由机车向客车供电的列车换挂机车时，由客列检人员、机车乘务员、车辆乘务员办理相关交接手续，并进行签认；无客列检作业时，由车辆乘务员与机车乘务员办理相关交接手续，并进行签认。

(三）自动制动机闸瓦压力计算及编入列车的要求

（1）为了使列车在规定的距离内停车，列车须具有必要的制动力，列车制动力的大小，以每 100 t 质量所具有的闸瓦压力来计算。

由于各种类型车辆的闸瓦或闸片压力不同，而且闸瓦或闸片与车轮之间的摩擦系数又随闸瓦压力的大小及制动时列车速度不同而有所变化。因此，一般采用换算闸瓦压力和换算摩擦因数来计算制动力，以简化计算程序。

（2）列车闸瓦压力检算公式：

$$每百吨列车质量的闸瓦压力 = \frac{编成列车的实际闸瓦压力总值}{列车质量} \times 100\%$$

（3）关闭制动机截断塞门车辆（简称关门车）的限制：

旅客列车不准编挂关门车。在运行途中如遇自动制动机临时故障，在停车时间内不能修复时，准许关闭一辆，但列车最后一辆不得为关门车。

（四）列车运行的一般要求

（1）旅客列车的尾部标志应使用电灯。尾部标志灯的摘挂、保管由车辆部门负责。对中途转向的旅客列车应有备用标志灯，以备转向时使用。

（2）列车应设有列车乘务组。列车乘务组按下列规定组成：

① 机车乘务组。

② 客运列车、行邮列车和机械冷藏车组，均应有车辆乘务员。

③ 旅客列车应有旅客乘务组。

④ 直达特快列车及动车组不设运转车长，其他旅客列车运转车长的设置按有关规定执行。

（3）旅客列车在运行途中遇车辆空气弹簧故障时，运行速度不得超过 120 km/h。采用密接式车钩的旅客列车，在运行途中因故障更换 15 号车钩钩舌，运行速度不得超过 140 km/h。

（4）密接式车钩的客车回送时，原则上应附挂旅客列车回送。附挂货物列车回送时，应挂于尾部，但不得超过 2 辆。

（5）列车（客车）自动制动机应按下列规定进行试验。

① 全部试验。

a. 旅客列车检修作业；

b. 在车站折返的旅客列车。

② 对装有空气弹簧等装置的旅客列车应同时检查辅助用风系统的泄漏。

a. 客列检作业后，旅客列车始发前；

b. 更换机车或更换乘务组时；

c. 无列检作业的始发列车发车前；

d. 列车软管有分离情况时；

e. 列车停留超过 20 min 时；

f. 机车改变司机室操纵时。

简略试验：有列检作业的由列检人员负责，无列检作业的由运转车长负责，无运转车长的由车辆乘务员负责，无车辆乘务员的由车站人员负责。

（6）未设有运转车长的旅客列车，其车辆乘务员应配备列车无线调度通信设备及响墩、火炬、短路铜线、信号旗（灯）等防护用品，在值乘中还应做到：

① 车站发车前和列车出站后，及时检查列车尾部风压，并向司机通报。

② 列车发生紧急制动停车后，查明原因，检查车辆技术状态安全无误后，通知司机开车。

③ 负责向司机通报使用紧急制动阀的情况，并协助司机处理有关行车事宜。

三、运行图（高级）

（1）列车运行图是铁路行车组织工作的基础，所有与列车运行有关的铁路各部门，必须按列车运行图的要求，组织本部门的工作，以保证列车按运行图运行。

（2）列车运行图是列车在各区间运行时刻和各车站停车及通过时刻的图解。在这个图解中，以水平线表示车站的中心线，以垂直线表示时间，以斜直线表示列车的运行。

（3）列车运行图规定了各列车占用区间的次序，列车由每一车站出发、通过和到达的时刻，列车在区间的运行速度，列车的重量与长度标准等。

（4）行车工作必须坚持集中领导、统一指挥、逐级负责的原则。局与局间以及与铁路总公司，局管内各区段间由铁路局统一指挥，一个调度区段内由本区段列车调度员统一指挥。

（5）全国铁路的行车时刻，均以北京时间为标准，从零时起算，实行 24 h 制。

任务二　旅客列车检修

一、客车定期检修周期和运用限度

旅客列车检修

（1）铁路总公司对车辆定期检修周期的规定如表 6-2-1 所示。

表 6-2-1　客车检修周期表

序号	车型	车种	厂修或 A4 修周期	段修或 A3 修周期	A2 修周期	A1 修周期	备注
1	22（23）型	22 型（23）型：硬卧车、硬座车、软卧车、软坐车、餐车、行李车、邮政车、上述车种的合造车等	（240±60）万千米或距新造或上次厂修 8 年	（60±20）万千米或距上次段修及以上各修程 2 年		（20±2）万千米或距上次辅修及以上各修程 8 个月	
2		22B 型：硬卧车、硬座车、软卧车、软坐车、餐车、行李车、邮政车、上述车种的合造车等	（240±60）万千米或距新造或上次厂修 8 年	（60±20）万千米或距上次段修及以上各修程 2 年		（20±2）万千米或距上次辅修及以上各修程 8 个月	

134

续表

序号	车型	车种	厂修或A4修周期	段修或A3修周期	A2修周期	A1修周期	备注
3	22（23）型	部属客车、公务车、试验车、文教车、维修车、特种车等不常用车	（240±60）万千米或距新造或上次厂修10年	（60±20）万千米或距上次段修及以上各修程2.5年		（20±2）万千米或距上次辅修及以上各修程8个月	
4	双客	硬卧车、硬座车、软卧车、软坐车、餐车、行李车、邮政车、上述车种的合造车等	（240±60）万千米或距新造或上次厂修10年	（60±20）万千米或距上次段修及以上各修程2.5年		（20±2）万千米或距上次辅修及以上各修程8个月	
5	25B、25、25A、25G型	硬卧车、硬座车、软卧车、软坐车、餐车、行李车、邮政车、上述车种的合造车、发电车	（240±60）万千米或距新造或上次厂修10年	（60±20）万千米或距上次段修及以上各修程2.5年		（20±2）万千米或距上次辅修及以上各修程8个月	
6		部属客车、公务车、试验车、特种车等不常用车	（240±60）万千米或距新造或上次厂修10年	（60±20）万千米或距上次段修及以上各修程2.5年		（20±2）万千米或距上次辅修及以上各修程8个月	
7	25K、25Z、25C、19K、25T、19T型	硬卧车、硬座车、软卧车、软坐车、餐车、行李车、邮政车、上述车种的合造车、发电车	（240±60）万千米或距新造或上次A4修程超过10年	（80±10）万千米或距上次A3修程超过2年	（40±10）万千米或距上次A2修程超过2年	（20±2）万千米或距上次A1修程超过1年	

（2）铁路总公司对车辆运用限度的规定如表6-2-2所示。

表6-2-2 客车运用限度表

部位	序号	名称		限度		备注
				原形	A1修、辅修	运用	
车钩缓冲装置	1	钩舌与钩腕内侧距离	闭锁位置时不大于			135	
			全开位置时不大于			250	
	2	钩舌销钩耳孔或钩舌销孔间隙		1		7	超过时换套、镶套或更换钩舌销
	3	钩提杆与提杆座凹槽间隙		2	3	3	超过时焊修磨平
	4	钩体磨耗			6	6	
	5	钩尾框磨耗	框身厚度		6	6	
			其他		6	6	

续表

部位	序号	名称		限度			备注
				原形	A1修、辅修	运用	
车钩缓冲装置	6	车钩中心高度（空气弹簧充气状态）	最高			890	下心盘使用铁垫板者：厂修为 870~890 mm 段修为 860~890 mm
			最低			830	
	7	两连接车钩中心高度之差				75	
车体	8	车体倾斜			50	50	
转向架	9	摇枕与构架横梁前后间隙之和			0~10		
	10	轴箱顶部与构架间隙不小于			30	30	25K型 38
	11	同一转向架左右旁承游间之和（非全旁承支重客车）			2~6		
轮对	12	轴身打痕、碰伤、磨伤及弹伤深度				≤2	限度内将锐角消除继续使用，到限度时更换车轴
	13	轮辋厚度		65		≥25	
	14	轮缘厚度		32		≥23	轮缘产生辗堆时须消除
	15	轮缘缺损	长			30	轻微掉皮可用砂轮打磨，但不得影响顶部线型。打磨平坦，凹痕深度不超过 1 mm
			宽			10	
	16	轮缘垂直磨耗高度				≤15	轮缘不得形成锋芒
	17	踏面圆周磨耗深度			≤7	≤8	
	18	踏面擦伤及局部凹入深度	本属出库			≤0.5	
			外属出库			≤1	
			运输途中			≤1.5	
	19	踏面剥离长度	1处		≤30	≤30	（1）沿圆周方向测量。列检测量时，两端厚度不足 10 mm 的剥离尖端部分不计算在内；（2）长条状剥离，其宽度处不足 20 mm 者，不计；（3）两剥离外缘相距小于 75 mm 时，每处长不得超过 20 mm，连续剥离长度不得超过 350 mm；（4）剥离前期未脱落部分，客列检可不计算在内
			2处		≤20	≤20	
	20	踏面缺损	相对车轮轮缘外侧至缺损部距离		≥1 505	≥1 505	指缺损后的轮辋宽加轮对内侧距离，再加相对车轮轮缘厚度之总和；沿圆周方向测量
			缺损部之长度		≤150	≤150	
	21	轮对外侧辗宽			≤5	≤5	超过时旋修或换轮
	22	车轮直径之差	同一转向架			≤10	标记速度 160 km/h 客车
						≤20	
			同一车辆			≤40	

续表

部位	序号	名称		原形	限度 A1修、辅修	运用	备注
制动装置	23	轴箱定位橡胶堆转角				45°	
	24	轴箱轮对提吊间隙				≥30	
	25	闸片厚度			15	5	测量最薄部分厚度
	26	闸片裂纹	摩擦面距边缘≥30 mm		30	30	
			其余部位		不得有	不得有	
	27	闸片掉块				<10×15	
	28	闸片与制动盘两侧间隙之和				3~5	
	29	制动盘磨耗	整体厚度	110	96	96	
	30	制动盘摩擦盘面热裂纹	距内和外边缘≥10 mm			<95	
			距内和外边缘<10 mm			<65	
	31	闸瓦厚度		45	10	10	测量最薄部分厚度(不含钢背厚度)
	32	同一制动梁两端闸瓦厚度之差			20	20	
	33	压力表指针压力差（kPa）			±10	20	与标准压力差校对
	34	制动缸活塞形成	自动间隙调整器	190		190±15	
			ST1-600型闸调器	190		190±10	
	35	闸瓦托各部磨耗			4	4	非铸钢品过限时更换
	36	制动夹钳装置各圆销磨耗			2	2	
	37	制动夹钳装置各衬套磨耗			1.3	1.3	
	38	制动夹钳装置各圆销与销衬配合间隙		0.5~1	3	3	
	39	各圆销与孔组装间隙不超过			3	3	标记速度160 km/h 客车
	40	各圆销及制动梁端轴与孔的组装间隙		1	4	4	
	41	各圆销、衬套磨耗			2	2	标记速度160 km/h 客车
					3	3	
	42	制动梁磨耗	端轴		3	3	
			其他		3	3	
	43	圆开尾销磨耗			1/4	1/4	磨耗超过原直径1/4时更换
	44	扁开尾销磨耗			1.5	1.5	剩余厚度少于1.5 mm
	45	各垂下品与轨面距离不小于			50	50	电器装置100 mm,闸瓦插销25 mm

注：1. 限度表内所规定的数字均为允许限度。

2. 限度表内的限度，系按名义尺寸计算，不包括公差。

3. 未注尺寸单位为 mm。

4. 限度栏内无数据者可不掌握，但低级修程有数据而高级修程无数据者，高级修程不得发生。

5. 备注栏内未加说明者，可修理至限度要求以内，但配件磨耗超过限度加修时，应焊修至原形尺寸。

6. 限度表内所列运用栏，即为辅、临、库、列检统一执行的限度。

二、修程管理

（1）跨局直通旅客列车每运行一个往返必须安排入库检修；单程运行距离在 2 000 km 及以上的旅客列车，在折返站原则上应安排入库检修。铁路局管内运行的旅客列车可按走行公里确定入库检修周期，原则上运行 4 000 km 须入库检修一次。旅客列车入库进行技术检查作业的时间每次不得少于 6 h。

（2）凡入库检修的车辆，出库前必须达到《运用客车出库质量标准》；未完成检修或未达到标准的，一律不得上线运行。

（3）标记速度为 160 km/h 的客车运行（20±2）万千米（或距上次各级修程不超过 1 年）实施 A1 级检修，其他各型客车运行（20±2）万千米（或距上次各级修程不超过 8 个月）实施辅修。

三、质量标准

（一）运用列车（包括普通客车，空调客车，25T、19T 客车）出库质量标准

入库车辆检修应严格执行《运用客车出库质量标准》。

1. 普通客车出库质量标准

（1）转向架。
① 轮轴各部不得有裂纹，轮毂无松动现象，并符合规定限度。
② 转向架构架、上下心盘、轴箱无裂纹。
③ 摇枕挡、旁承配件齐全，安装牢固，旁承间隙符合规定。
④ 摇枕及吊、吊轴、弹簧及托板、托梁、安全吊无裂纹。
⑤ 油压减振器配件齐全，不漏油，作用良好。
⑥ 心盘、旁承、轴箱、缓解簧及安全吊的螺栓无松动，心盘垫板无破损窜出。
⑦ 纵向牵引拉杆安装牢固，拉杆座无裂纹。
（2）制动装置。
① 各拉杆、杠杆及托、缓解簧无裂纹，杠杆与托不抗劲。活塞行程符合规定。
② 制动梁及吊、闸瓦及托、调整簧无裂损或磨耗不到限，缓解时闸瓦不紧靠车轮，闸瓦不偏磨。各圆销、开口销无丢失、折损或磨耗到限，各圆销与套配合间隙不过限；销套不窜出、裂损；各垂下品距轨面符合规定。闸瓦托加防翻装置。闸瓦托吊销加防脱挡。
③ 制动管系泄漏不超过规定。制动软管及连接器状态良好，管卡齐全，无松动。制动机、手制动机、自动间隙调整器、ST1-600 型闸调器作用良好；压力表不过期；紧急制动阀铅封符合规定。
④ 空气制动装置各阀、塞门、风缸配件齐全，安装牢固，无裂纹，无漏泄，作用良好。
⑤ 踏面清扫器闸瓦、闸瓦钎、闸瓦托、托吊及座无裂损，螺栓紧固，缓解时闸瓦不紧靠车轮。
⑥ 踏面清扫器制动缸无漏泄，波纹管无破损、无脱出，定位销不窜出。
⑦ 制动盘盘座无松动，螺栓紧固，配件齐全良好；制动盘裂纹不过限；闸片与钢背剩余

厚度符合规定。

⑧盘形制动缸及管系无漏泄，夹钳杠杆定位销轴定位良好。

⑨各磨耗部（含转向架、车钩缓冲装置等各部）磨耗板齐全，给油良好。

（3）车钩缓冲装置。

①车钩三态作用良好，车钩高度符合规定，钩托板螺栓无松动，钩提杆正位，不冲击下锁销连杆。

②车钩、尾框、托板、摆块吊、从板及座无裂纹。缓冲器、风挡弹簧、钩舌销及钩尾销无裂损。各部磨耗及间隙符合规定限度。

（4）车体及车内设备。

①车底架各梁无裂纹，内外墙板及车内地板无破损。

②车体倾斜不到限。车顶不漏雨，渡板无翘起，风挡无破损、弯曲、裂损或开焊。

③脚蹬安装牢固，无腐蚀破损，手把杆无破损、丢失、松动；列车首尾安全链齐全，不开焊。

④各门、翻板及簧、锁、门止及碰头齐全良好。

⑤车窗升降（百叶窗）作用良好，窗锁、通风器开关齐全，作用良好。门窗玻璃无破损。

⑥按规定配备灭火器，灭火器检修不过期。

⑦车内设备齐全良好，座席、卧铺及吊带、扶手、行李架、梳妆台、茶桌、衣帽钩安装无松动。座席及卧铺面布无破损。

⑧给水装置配件齐全，作用良好，不漏水。脸盆、洗手盆、便器不因破损影响使用。

⑨采暖装置配件齐全，作用良好；温度表、水位表作用准确，检定不过期。管系各阀、塞门、接箍、弯头无漏水或结冻。

⑩温水锅炉、茶炉及餐车炉灶作用良好，烟筒及防火隔热装置完整。

（5）车电装置。

①灯具齐全完整，清洁无松动，灯罩无裂损、变形，车内顶灯光色一致，灯带、卡子齐全，型式统一。

②配电盘、接线柱各端子无松动、脱焊、烧损，各电气开关及直流漏电绝缘检测装置齐全有效，作用良好，无烧损，熔断器容量符合规定。逆变器、电子镇流器、电铃、排气扇、电动水泵齐全，作用良好。

③电力及播音连接器、挂盒配件齐全，作用良好，各线头端子无烧损、松动，防雨布包扎良好。

④配线绝缘符合规定，车内配线不得外露。

⑤轴端发电机大小皮带轮安装无松动、裂纹，螺栓无折损，悬吊装置配件齐全，无裂纹，吊销与销孔间隙符合规定，并需给油，确认润滑状态良好。

⑥轴端发电机各部配件齐全，作用良好。配线、电阻及电气元件无烧损、断线、混线。定检标记清晰。

⑦蓄电池箱无破损，悬吊装置良好，螺栓无松动，配件齐全，排水、排气通畅，作用良好。

⑧蓄电池无松动、漏液，电解液面符合规定。接续线牢固，无硫化，导电良好，电解液密度及电压符合规定，熔断器容量符合规定，定检标记清晰。

⑨集中式轴温报警器须全列车联网使用。控制显示器、轴温数据记录仪整洁，配件齐全，

安装牢固，参数设置正确，显示、调阅、记录、IC卡数据下载功能良好。传感器安装无松动，引线不露铜、不老化，接线盒接插件配件齐全，无破损，端子接线正确，轴报系统接地连接可靠；同车同侧轴温显示温差不超过 5 ℃。

⑩ 列车编组的集中式轴温报警器系统的联网报警功能必须良好。

⑪ 冰箱配件齐全、无泄漏，箱体及门无破损、密封良好，换热器清洁，换向器电刷符合规定，调节器件作用良好，电气元件无烧损，机组运转正常，悬吊装置无裂纹，螺栓无松动，下部箱体无破损。

2. 空调客车出库质量标准

（1）转向架。

① 轮轴各部不得有裂纹，轮毂无松动现象，并符合规定限度。

② 转向架构架、上下心盘、轴箱、定位转臂、扭杆座（车体）、抗蛇行减振器座（车体）、轴箱弹簧、牵引拉杆、牵引销（牵引支座）无裂纹。中心销无异状。

③ 摇枕挡、旁承配件齐全，安装牢固，旁承间隙符合规定。

④ 橡胶堆定位器不开胶，无裂纹，缺口方向符合规定，螺栓紧固，作用良好。

⑤ 摇枕及吊、吊轴、弹簧及托板、托梁、安全吊无裂纹。

⑥ 油压减振器配件齐全，不漏油，作用良好。减振器座无裂纹，螺栓紧固。

⑦ 轴箱定位节点、牵引拉杆橡胶节点、横向挡橡胶无裂纹、破损和脱胶现象。

⑧ 心盘、旁承、轴箱及安全吊的螺栓无松动。

⑨ 纵向牵引拉杆安装牢固，拉杆座无裂纹。

⑩ 抗侧滚扭杆各部无裂损、变形，螺栓无松动，圆销、开口销符合规定。

（2）空气弹簧及附属装置。

① 空气弹簧无老化、无泄漏，在空车状态下高度符合标准。

② 高度调整阀及调整杆无裂损变形，风管无腐蚀损坏；调整杆锁定，螺栓紧固，护套完好，关节部位转动灵活，调整杆上翘不超过 45°。差压阀无裂损、漏泄，作用良好。

③ 空气弹簧管路系统无泄漏。

④ AM96 型转向架空气弹簧排风装置作用良好，钢索、操纵杠杆、弹簧、开口销等齐全无折损。

⑤ 空气弹簧橡胶堆、上盖不得有深度超过 1 mm 或长度超过 30 mm 的裂纹，胶囊帘线不得外漏。

（3）制动装置。

① 各拉杆、杠杆及托无裂纹，杠杆与托不抗劲。

② 各网销、开口销无丢失、折损或磨耗到限，各圆销与套配合间隙不过限；销套不窜出、裂损；各垂下品距轨面符合规定。

③ 制动管、总风管泄漏不超过规定。软管及连接器状态良好，管卡齐全、无松动。制动机、手制动机作用良好，压力表不过期；紧急制动阀铅封符合规定。制动缓解指示器清洁，显示正确。

④ 各软管连接状态良好，无松动、泄漏，管卡齐全，软管间不得互相磨碰。

⑤ 空气制动装置各阀、塞门、风缸配件齐全，安装牢固，无裂纹，无漏泄，作用良好。

⑥各磨耗部（含转向架、钩缓等各部）磨耗板齐全，给油良好。

⑦踏面清扫器闸瓦、闸瓦钎、闸瓦托、托吊及座无裂损，螺栓紧固，缓解时闸瓦不紧靠车轮。

⑧闸片厚度不小于5 mm，超限时成对更换。

⑨单元制动缸作用良好，状态正常，定位销轴定位良好。

⑩踏面清扫器制动缸无漏泄，波纹管无破损、无脱出，定位销不窜出。

⑪制动盘盘座无松动，螺栓紧固，配件齐全良好；制动盘裂纹不过限；闸片与钢背剩余厚度符合规定。

⑫盘形制动缸及管系无漏泄，夹钳杠杆定位销轴定位良好。

⑬空重车阀及排风嘴作用良好。

⑭电空制动装置各部配件齐全，配线连接良好；电磁阀安装紧固，密封良好，作用位置准确。

（4）车钩及缓冲装置。

①车钩三态作用良好，车钩高度符合规定，钩托板螺栓无松动，钩提杆正位，不冲击下锁销连杆。

②车钩、尾框、托板、摆块吊、从板及从板座无裂纹。缓冲器、钩舌销及钩尾销无裂损。各部磨耗及间隙符合规定限度。相邻两钩差不得超过75 mm。

③钩尾销螺栓紧固，无松动；钩尾框托板固定螺栓无松动。

④密接式车钩缓冲装置：

a. 密接式钩缓装置连接状态良好，钩体、安装支架、缓冲装置无异状；各部螺栓无松动，各部间隙符合规定。

b. 密接式车钩缓冲装置的安装座、车钩拉杆、拉杆配合体、缓冲器壳体、钩体无裂纹或变形，安装螺栓无松动。

c. 解钩手柄位置正常，解钩气缸的固定螺栓无松动。

d. 缓冲器的内半筒相对外壳后端面的伸出量不得超过5 mm。

车钩拉杆与拉杆配合体的防松螺钉无松动。

（5）车体及车内设备。

①车底架各梁无裂纹，内外墙板及车内地板无破损。

②车体倾斜不到限。车顶不漏雨，渡板无翘起。

③风挡及阻尼装置配件齐全，作用良好，无老化、松动、裂损、破损；风挡杆螺栓紧固，弹簧无裂损。磨耗板齐全、破损，铆钉无松动、缺损。

④脚蹬安装牢固，无腐蚀破损，手把杆无破损、丢失、松动。安全链齐全良好，不开焊。

⑤各门、翻板及簧、锁、门止及碰头配件齐全，作用良好。

⑥活动车窗窗锁齐全、升降作用良好，门窗玻璃无破损。

⑦按规定配备灭火器，灭火器检修不过期，压力符合规定，铅封完好。

⑧车内设备齐全良好。座席、卧铺及吊带、扶手、行李架、梳妆台、茶桌、衣帽钩安装无松动。座席及卧铺面布无破损。

⑨给水装置配件齐全，作用良好，不漏水。脸盆、洗手盆、便器无裂损，安装牢固。

⑩集便装置：

a. 污物箱。

（a）污物箱悬吊装置防松螺母无松动。

（b）污物箱无泄漏、变形，外包装无破损。

（c）污物箱内污物需排尽。

（d）真空度为 35～19 kPa。

（e）真空发生器和系统控制器检查门关闭良好。

（f）冲水、排气、排污阀位置应置关闭位。

b. 真空便器。

（a）便斗表面平整，涂层无脱落。

（b）水增压器及排泄阀无泄漏或损坏。

（c）气、水、真空管路和接头无泄漏或损坏。

（d）过滤调压阀风压为 450～550 kPa。

（e）冲水装置作用良好。便斗冲水均匀，冲水时间为 2～3 s；排泄阀开启正常，排泄时间为 3～4 s。

（f）采暖装置配件齐全，作用良好；温度表、水位表作用准确，检定不过期。管系各阀、塞门、接箍、弯头无漏水或冻结。温水锅炉、茶炉、燃油炉、餐车炉灶作用良好，烟筒及防火隔热装置完整。

（g）电茶炉安装牢固，炉体无变形、破损，各阀作用良好，管系无漏泄，过滤器清洁，控制装置配件齐全，配线整齐、无热损，接触可靠，液位显示清晰，加热保护功能和接地保护装置作用良好。

（6）车电装置。

①灯具齐全完整，清洁无松动，灯罩无裂损、变形，车内顶灯光色一致，灯带、卡子齐全，型式统一。

②配电盘、接线柱各端子无松动、脱焊、烧损，各电气开关及绝缘检测装置齐全，作用良好，无烧损，熔断器容量符合规定。逆变器、充电机、隔离变压器、影视电话系统、列车信息显示系统、行车安全监控系统、电器监控系统、温水箱、厨房电器、电子镇流器、电铃、排气扇、电动水泵作用良好。

③车端各连接器配件齐全，作用良好，绝缘、配线长度符合规定；线头端子压接牢固，表面清洁，无烧损、松动、变形；护套无破损，相序正确，分线盒完整，盒盖关闭严密；挂盒配件齐全，作用良好；插头、插座安装牢固，开闭灵活；插针、插孔无烧损、拉毛，接触良好；密封圈、密封套防水性能良好；防雨布包扎良好。

④车体配线绝缘符合规定，车内配线不得外露。

⑤轴端发电机大小皮带轮安装无松动、裂纹，螺栓无折损，悬吊装置配件齐全，无裂纹，吊销与销孔间隙符合规定，并需给油且润滑状态良好。

⑥轴端发电机各部配件齐全，作用良好。各接触部件无烧损变形，整流端子无开焊、甩锡。配线、电阻及电气元件无烧损、断线、混线。

⑦25 型客车车轴齿轮箱、发电机、万向轴、联轴器、弹性减振器安装无松动、裂纹，螺栓无折损。悬吊装置配件齐全，作用良好，无裂纹。齿轮箱油位符合规定。

⑧25 型客车发电机配电装置各部配件齐全，功能良好，配线、元件无烧损、无混线。齿

轮箱油位符合规定。

⑨ 应急电源配件齐全、充放电及保护功能作用良好，参数符合规定。

⑩ 蓄电池箱无破损，悬吊装置良好，螺栓无松动，配件齐全，排水、排气通畅，作用良好。

⑪ 蓄电池无松动、漏液，电解液面符合规定。接续线牢固，无硫化，导电良好；电解液密度及电压符合规定，熔断器容量符合规定，定检标记清晰。单节电压符合规定。

⑫ 充电器/单相逆变器箱、逆变器箱悬挂无裂纹、开焊，螺栓齐全，无锈蚀、松动；门、锁、搭扣、合页齐全，作用良好；各引线套管连接良好，外观无破损；箱体表面清洁，接地保护线作用良好；定检标记清晰。开关、熔断器及附件安装牢固，作用良好，接线紧固，无烧损松动，并在工作位。

⑬ 集中式轴温报警器须全列车联网使用。控制显示器、轴温数据记录仪整洁，配件齐全，安装牢固，参数设置正确，显示、调阅、记录、IC 卡数据下载功能良好。轴温报警仪作用良好。传感器安装无松动，引线无破损、老化，长度符合规定，接线盒接插件配件齐全，无破损，端子接线正确。轴温报警仪整洁，配件齐全，安装牢固，轴位、温度、报警参数显示正确。轴报系统连接可靠；同车同侧轴温显示温差不超过 5 ℃。列车编组的集中式轴温报警器系统的联网报警功能必须良好。

⑭ 冰箱配件齐全、无泄漏，箱体及门无破损、密封良好，换热器清洁，逆变电源良好，换向器电刷符合规定，调节器件作用良好，电气元件无烧损，机组运转正常，悬吊装置无裂纹，螺栓无松动，下部箱体无破损。

⑮ 电子防滑器各部配件齐全，安装牢固；各线头无松脱，试验检查作用良好，状态显示正常，并在出库前清除历史故障。

⑯ 电子防滑器与电气综合控制柜的 PLC、行车安全监测装置的车厢级主机通信正确、可靠；电气综合控制柜触摸屏上防滑器的信息显示应为正常信息代码"88"；与塞拉门连锁信号（<5 km/h）作用良好。

（7）空调装置。

① 各部配件齐全、作用良好、安装牢固；压缩机、通风机、冷凝风机运转正常无异声；系统及管件、阀件、储液筒、轴封等无泄漏；机体无漏水、漏风；换热器翅片无变形、脏堵；过滤网、散热流器无积尘；高低压控制器、温度保护器等参数设置统一，符合规定。

② 机组空气电加热器安装牢固，无烧损；客室电加热器配件齐全，无缺损、松动；外罩无变形，引线无外露，接地良好。

（8）电气控制装置。

① 控制柜及电源柜屏面整洁，各仪表显示正确，定检标志符合规定，各开关、按钮操作灵活、定位正确、接触良好，指示灯及标志牌齐全、显示正确。

② 柜内元器件齐全，安装牢固，排列整齐、清洁，作用良好，各熔断器、热继电器、接触器、空气断路器等容量符合规定；延时器、温度控制器、欠压继电器、过流继电器、超速继电器等设定符合规定，作用可靠。接线排、走线槽及盖、防护罩无缺损，门锁作用良好、关闭严密。

③ 配线无破损、老化、断路、短路、混线，压接紧固可靠，安装可靠、无松动、无热损、排列整齐，包扎良好，标志清晰。接地线齐全可靠，配线绝缘符合规定。

④ 电气综合控制柜各熔断器、热继电器、过流继电器、接触器、断路器、二极管、压敏

电阻、隔离开关、电源模块等器件的规格、型号符合规定，且接触良好、触头无烧损；热继电器设定值符合规定、作用可靠。各传感器、PLC、触摸屏、在线绝缘检测装置的设定值符合规定、作用可靠。通电检查电气综合控制柜动作及指示准确、有效，各项功能符合要求。各功能单元工作电流正常，作用良好，漏电电流不超过设定值。充电器输出电压为 DC（120±1）V。逆变器输出电压、频率为 AC 380×（1±5%）V、（50±1）Hz。充电器、逆变器与电气综合控制柜通信正常，触摸屏上显示应为正常信息代码"00"；电气综合控制柜的车下电源箱指示灯显示为绿色。

（9）单车柴油发电机组及附属装置。

① 机组各部配件齐全，状态良好，安装牢固，机体清洁。燃油、润滑油、冷却水符合规定。管系、阀门畅通，无漏油、漏水、漏气。柴油滤清器、机油滤清器、空气滤清器、水滤清器应清洁，作用良好。

② 高压油泵、调速器、增压器、停车电磁阀作用良好，机组运转正常，无异声，油温、油压、水温、缸温符合规定。

③ 共用底架无裂损、变位；减振器无老化；联轴器传动平稳无异声。

④ 发电机绝缘符合规定，机温正常，励磁器元器件齐全，性能良好，输出导线压接牢固无烧损，绝缘护套无破损，包扎良好，接插件接触可靠。

⑤ 启动电机、调速电机、充电电机、燃油泵及电机、机油泵及电机安装牢固、转动平稳、接线无松动、作用可靠。

⑥ 冷却机座无裂纹、变形；冷却风机运转正常，无异常；换热器及管阀件安装牢固，无渗漏；换热器、过滤网无脏堵；冷却液符合规定。

⑦ 各油压、油温、缸温、水温、转速、机温、水位、油位等传感器安装可靠，传递正确。

⑧ 油箱、水箱无腐蚀、漏泄；注入口，通气孔，检查孔，油、水管路及阀配件齐全，无渗漏；液位显示正确、清晰；液位控制器作用良好；油箱、水箱及悬吊装置无裂纹，螺栓无松动。

⑨ 启动蓄电池配件齐全，作用良好。壳体及封口无裂纹，电解液密度、液面高度符合规定，电池容量及电压符合规定。

⑩ 充电装置配件齐全，作用良好。

（10）交流绝缘漏电检测装置、直流漏电检测装置、烟火报警装置，必须状态良好。

（11）轴箱回流装置作用良好，车体与转向架构架、轴箱的接地线齐全，电气连接可靠。

（12）空调电力线及连接器。

① 电力线和集控线无热损，绝缘符合规定；端子压接牢固、护套无破损，相序标记正确，分线盒完整，盒盖关闭严密。

② 连接器插头座配件齐全、安装牢固、开闭灵活；插针、插孔无烧损，接触良好；密封圈、密封胶套防水性能良好。

（13）车厢级电气设备监控网络。

① 网关、代理节点及连接件配件齐全、外观良好无破损，端子及接线正确、牢固。

② 通电检查，网关、代理节点电源指示灯有效，"LSV"指示灯不亮，安全记录仪指示灯闪亮。电气综合控制柜触摸屏显示本车电气设备信息正常，车厢顺位号与实际编组一致。

（14）列车级电气设备监控网络。

① 网关、无线数据传输装置、触摸屏、CF卡、电源模块、开关连接件配件齐全、外观良好、无破损，端子及接线正确、牢固。车内、外天线作用良好，无屏蔽。电源开关处于工作位。

② 网关、代理节点电源指示灯有效，"LSV"指示灯不亮。主控站或电气综合控制柜触摸屏显示各车电气设备信息正常，数据下载功能正常。

（15）行车安全监测装置。

① 车厢级主机、列车级主机外观整洁，配件齐全。接线正确牢固，导线无破损老化。

② 接通电源，列车级主机显示屏应自动进入主页面，显示的列车编组数，车厢顺位号应与实际编组一致，防滑器、制动、转向架的"报警/故障"报告内容不得出现黄色标志。

③ 行车安全监测装置列车级主机与电气设备监控系统主机通信正确、可靠。

（16）烟火报警器。

① 控制装置配件齐全、安装牢固、配线整齐、无热损，接触可靠，声光报警功能良好。

② 电源开关处于工作位，面板显示正常。

③ 与电气综合控制柜中的PLC通信正常，在电气综合控制柜触摸屏上无"故障"信息显示。

（17）影视系统。

① 系统主机外观整洁、配件齐全、安装可靠、接线紧固。

② 视频服务器内影视节目数量符合要求；电视画面清晰、频道正常、安装可靠；影视控制器、耳机功能正常，表面清洁。

③ 段选控制器功能正常。

④ 监视器能监视所播节目。

⑤ 列阵级射频干线放大器放大方向满足本车与播音车的位置关系。

（18）电气化厨房设备

① 电蒸饭箱。

a. 排水阀和排气阀开闭正常（自动排气阀开启压力不大于0.05 MPa），管件连接处无渗漏。

b. 通电检查，控制面板按键控制作用良好，设备工作正常。

② 电炸锅、排油烟机、微波炉。

通电检查，控制面板按键控制作用良好，设备工作正常。

③ 电磁灶。

控制旋钮挡位控制灵活，电磁炉工作正常。进、出风口通畅，通风管道清洁，空气通过冷却盘无阻碍，风扇、冷却盘安装牢固。

④ 电冰箱、保鲜加热柜。

箱门开关灵活，门铰无松动。通电工作正常。

⑤ 厨房电器控制柜。

a. 柜门开启、关闭灵活，锁定装置可靠；柜内无锈、污垢；防尘密封垫、进线口防护胶圈无龟裂、变形、老化、剥离。

b. 接线端子及紧固件无松动；配线无过热变形或损伤；配线标记、器件标识清晰、准确，无脱落。

c. 器件安装牢固，作用良好。

（19）柴油发电机组及附属装置。

① 机组各部配件齐全，状态良好，安装牢固，机体清洁。燃油、润滑油、冷却水符合规

定。管系、阀门畅通，无漏油、漏水、漏气。柴油滤清器、机油滤清器、空气滤清器、水滤清器应清洁，作用良好。

②高压油泵、调速器、增压器、停车电磁阀作用良好，机组运转正常，无异声，油温、油压、水温、缸温符合规定。

③共用底架无裂损、变位；减振器无老化；联轴器传动平稳无异声。

④发电机绝缘符合规定，机温正常，励磁器元器件齐全，性能良好，输出导线压接牢固无烧损，绝缘护套无破损，包扎良好，接插件接触可靠。

⑤启动电机、调速电机、充电电机、燃油泵及电机、机油泵及电机安装牢固、转动平稳、接线无松动、作用可靠。

⑥冷却机座无裂纹、变形；冷却风机运转正常，无异状；换热器及管阀件安装牢固，无渗漏；换热器、过滤网无脏堵；冷却液符合规定。

⑦各油压、油温、缸温、水温、转速、机温、水位、油位等传感器安装可靠，传递正确。

⑧油箱、水箱无腐蚀、漏泄；注入口，通气孔，检查孔，油、水管路及阀配件齐全，无渗漏；液位显示正确、清晰；液位控制器作用良好；油箱、水箱及悬吊装置无裂纹，螺栓无松动。

⑨启动蓄电池配件齐全，作用良好。壳体及封口无裂纹，电解液密度、液面高度符合规定，电池容量及电压符合规定。

⑩充电装置配件齐全，作用良好。

3.25T型（19T型）客车出库质量要求

（1）转向架。

①轮轴各部无裂纹，轮毂、制动盘座无松动，踏面擦伤及局部凹下深度；踏面剥离须符合以下限度要求：

a. 本属车出库不得有踏面擦伤及局部凹下。

b. 外属车出库不得超过 1 mm。

c. 运行途中不得超过 1.5 mm。

d. 车轮踏面剥离：1 处不得超过 30 mm；2 处时，每处不得超过 20 mm。

②各制动盘、螺栓、销套无松动，制动盘磨耗及摩擦面状态须符合以下要求：

a. 单侧磨耗不得大于 7 mm，总厚度不小于 96 mm。

b. 热裂纹距内、外边缘大于或等于 10 mm 时，裂纹长度不得超过 95 mm。

c. 热裂纹长度距内、外边缘小于 10 mm 时，长度不得超过 65 mm 且不得贯通。

③转向架构架组成、轴箱体、定位转臂、扭杆座（车体）、蛇行减振器座（车体）、轴箱弹簧、牵引拉杆、牵引销（牵引支座）无裂纹。

④空气弹簧减振系统。

a. 空气弹簧在充气状态下高度符合以下要求：

CW-200K 型转向架用的为[（150+t）±3] mm（t 为调整垫厚度）。

SW-220K 型转向架用的为[（320+t）±3] mm（t 为调整垫厚度）。

AM96 型转向架用的为（352±1）mm（测空气弹簧盖板顶面距构架侧梁顶面尺寸）。

b. 空气簧管路系统无泄漏。

c. 高度控制阀调节杆应处于正常状态，螺母无松动，有明显弯曲时调修或更换，关节部位转动灵活。

d. 差压阀无裂纹、泄漏，作用良好。

e. AM96型转向架空气弹簧排风装置应作用良好，钢索、操纵杠杆、弹簧、开口销等齐全无折损。

f. 空气弹簧。

橡胶囊表面不得有深度超过1 mm或长度超过30 mm的磨损和胶囊帘线外露。

空气弹簧橡胶堆、上盖不得有下列缺陷：

① 龟裂深度超过1 mm。

② 橡胶与金属板的黏结面脱离。

③ 由于疲劳、外伤产生的裂纹深度超过1 mm或长度超过30 mm。

④ 横向挡间隙为（40±3）mm。

⑤ 各油压减振器配件齐全、安装牢固、无漏油。

⑥ 轴箱定位节点、牵引拉杆橡胶节点、横向挡橡胶无裂纹、破损和脱胶现象。

⑦ CW-200K和AM96型抗侧滚扭杆作用良好，关节轴承及橡胶保护套完好无损。

⑧ 各螺纹连接部位无松动。安装防松螺母的部位目测或用检查锤顺时针方向轻击，必要时用扭力扳手检查。

⑨ 轮对提吊间隙：SW-220K型转向架不小于15 mm；CW-200K型转向架不小于30 mm。

（2）制动装置。

① 盘形制动单元的杠杆和悬吊装置无裂纹。各杠杆转动灵活，各圆销、开口销无丢失、折损，各圆销与套配合间隙不过限；销套不窜出、裂损；各磨耗部给油良好。垂下品距轨面符合规定。

② 闸片厚度不小于5 mm，超限时成对更换。

③ 制动系统（制动保压状态下）及总风系统泄漏不超过规定。软管及连接器状态良好，管卡齐全，无松动。制动机、手制动机作用良好，风表不过期；紧急制动阀铅封符合规定。制动缓解指示器清洁，显示正确。

④ 各软管连接状态良好，无松动、泄漏，管卡齐全，软管间不得互相磨碰。

⑤ 空气制动装置各阀、塞门、风缸配件齐全，安装紧固，无裂纹，无漏泄，作用良好。

⑥ 单元制动缸作用良好，状态正常，定位销轴定位良好。

⑦ 空重车阀及排风嘴作用良好。

⑧ 电空制动装置各部配件齐全，配线连接良好；电磁阀安装牢固，密封良好，作用位置准确。

⑨ 气路控制箱箱体无锈蚀，箱门关闭良好；悬挂装置安装牢固，各部无裂纹；各阀位置正确，无泄漏。

（3）车钩缓冲装置。

① 15号小间隙车钩缓冲装置。

a. 车钩三态作用良好，车钩高度符合规定，钩托板螺栓无松动，钩提杆正位、不冲击下锁销连杆。

b. 车钩、尾框、托板、摆块吊、从板及座无裂纹。缓冲器、钩舌销及钩尾销无裂损。各部磨耗及间隙符合规定限度。

c. 钩尾销螺栓紧固，无松动。

d. 缓冲器、前从板位置正常，缓冲器与后从板座、前从板与前从板座无间隙。

e. 钩尾框托板固定螺栓无松动。

② 密接式车钩缓冲装置。

a. 密接式车钩缓冲装置的安装座、车钩拉杆、拉杆配合体、缓冲器壳体、钩体无裂纹和永久变形，安装螺栓无松动。

b. 解钩手柄位置正常，解钩气缸的固定螺栓无松动。

c. 缓冲器的内半筒相对外壳后端面的伸出量不得超过 5 mm。

d. 车钩拉杆与拉杆配合体的防松螺钉无松动。

（4）自动内端门。

① 表面无损伤、油漆无剥落。

② 门板四周密封胶条、毛刷完好，无松脱，密封良好。

③ 连接紧固、无松动。

④ 手动开、关门灵活。

⑤ 电控位时自动开、关门灵活。

⑥ 防挤压功能良好。

⑦ 门锁锁闭功能良好。

⑧ 手动/自动转换功能良好。

（5）集便装置。

① 污物箱。

a. 污物箱悬吊装置防松螺母无松动。

b. 污物箱无泄漏、变形，外包装无破损。

c. 伴热装置作用良好，冬季须供电使用。

d. 污物箱内污物须排尽。

e. 真空度为 19～35 kPa。

f. 真空发生器和系统控制器检查门关闭良好。

g. 冲水、排气、排污阀应置关闭位。

② 真空便器。

a. 便斗表面平整，涂层无脱落。

b. 水增压器及排泄阀无泄漏或损坏。

c. 气、水、真空管路和接头无泄漏或损坏。

d. 冲水控制单元接线无松动。

e. 供电后集便装置指示灯显示正常。

f. 过滤调压阀风压应为 450～550 kPa。

g. 冲水装置作用良好。便斗冲水均匀，冲水时间为 2～3 s；排泄阀开启正常，排泄时间为 3～4 s。

（6）上述质量要求有未涉及的部分按 25K 型客车出库质量要求执行。

（二）客车 A1 级检修质量标准

标记速度为 160 km/h 的客车 A1 级检修应严格执行《客车 A1 级检修质量标准》。

1. A1 级修程

A1 级修程即安全检修，按照客车运用安全要求，通过对安全关键部件实施换件修，其他部位实施状态修，对故障部位进行处理，恢复其基本性能和要求，保障客车运行安全。A1 级修程在列车整备线上实施，在状态修中换下的配件检修时执行换件修标准，适用于 25C 型、25Z 型、25 型、19K 型、25T 型、19T 型客车。A1 级修程检修内容见表 6-2-3。

表 6-2-3　客车 A1 级检修质量标准

序号	检修范围		检修内容
1	车辆上部	状态修	钢结构、风挡、脚蹬（塞拉门脚踏板）、翻板装置、通风器；木结构及内装饰；车门及车锁、车窗及玻璃、座椅、卧铺、地板、地板布、行李架、墙板、衣帽钩、给水装置、便器系统、洗面盆等设施
2	基础部分	换件修	分配阀、压力表、制动软管和总风管
		状态修	（1）制动装置及供风系统：风管路、各风缸及吊架、单元制动缸、各软管组成、各塞门、空重车阀、高度调整阀、差压阀、手制动机； （2）轮对轴箱装置； （3）转向架：油压减振器、空气弹簧、构架、摇枕、弹簧托梁、摇枕吊、吊轴、牵引拉杆、抗侧滚扭杆、横向拉杆、横向控制杆、钢弹簧等
		试验	电子防滑器静态试验、电空单车性能试验
3	空调电器部分	状态修	电子防滑器、旅客信息系统、轴温报警器、照明、插座、开关、应急电源、控制柜、电茶炉、空调系统、排气扇、废排风机、新风机、餐车冰箱、液位显示装置、呼唤器、电伴热装置、电热器、各连接器及座、分线盒(室)、播音天线、温水箱、电池箱、DC 600 V/AC 380 V 车电装置、车体配线
		试验	各部检修后，按要求进行相关试验，进行电力主干线及直流配线的绝缘测试

2. 检修要求

（1）制动装置。

① 空气制动装置。

a. 压力表：压力表等级须为 1.5 级，量程为 0~1 000 kPa，表盘须印有路徽标记。压力表检修须符合国家质量技术监督局规定的检修规程。经校对合格的压力表须贴检定标签并加铅封。

b. 分配阀。

104 型分配阀主阀和紧急阀分解检修，须符合《车辆空气制动装置检修规则》有关规定。

F8 型分配阀须分解检修。将主阀和辅助阀从中间体上拆下，对其表面污物进行清理，再进行分解；所有橡胶 O 形密封圈、膜板和阀座密封垫须更换；阀体、各阀盖有裂纹或安装平面有碰伤时加修或更换；各阀口、各导向杆、导向套的导向面有伤痕时加修或更换。各弹簧须按规定进行测量，有折损、锈蚀、衰弱、变形时更换。

F8 型分配阀使用的各弹簧规格见表 6-2-4。

表 6-2-4　F8 型分配阀的各弹簧参数表

名称	中径/mm	钢丝直径/mm	总圈数	有效圈数	自由高度/mm	数量
平衡阀弹簧	$\phi 10$	$\phi 1.3$	11.5	9.5	35	1
制动弹簧	$\phi 38$	$\phi 2$	5	3.5	44	1
保压弹簧	$\phi 7$	$\phi 1$	11	9	27	1
止回阀弹簧	$\phi 12$	$\phi 0.8$	8	6	33	2
限压阀弹簧	$\phi 3$	$\phi 2.3$	15.5	13.5	59.5	1
充气阀弹簧	$\phi 42$	$\phi 3$	6	4	40	1
放风阀弹簧	$\phi 6.8$	$\phi 1.2$	10.5	9	29	1

各缩堵有堵塞时，须用小于各孔尺寸的钢针疏通并清洗；各橡胶夹芯阀开胶、变质时更换，阀面不平及有压痕者，须磨平或更换；各导向杆、密封圈、活动摩擦部，须涂适量硅脂；活塞组装后，装入阀体内拉动时，动作须灵活，阻力须适当；各橡胶件不得沾浸汽油、煤油等腐蚀性液体；组装时，各活塞膜板边缘须完全入槽，平均拧紧各部螺栓；各密封处运行使用密封剂，不允许使用铅油、麻、聚四氟乙烯生料带；修竣的分配阀，须经 F8 阀试验台试验，符合《F8 型分配阀试验方法》要求，合格后方准装车使用。

　　c. 制动软管、总风管按段修标准检修。

　②电空制动装置。

　　a. 空气管路系统须无泄漏，各塞门、单向阀、制动缓解指示器等作用不良者分解。

　　b. 在单车试验时，对制动软管、总风管软管及金属橡胶软管进行充气状态下的外观检查，状态不良者更换。

　　c. 分解、清扫集尘器及其滤网，状态须良好。

　　d. 分配阀中间体进行外观检查，裂纹者更换。中间体内的滤尘器须分解检查、清扫；对 F8 型分配阀装有制动缸限堵的中间体，须将该堵卸下，用标准钻头或钢钎疏通后，重新装入中间体。

　　e. 电空制动装置进行外观检查，各部配件须齐全，配线连接良好，电磁阀安装紧固、密封良好。

（2）轮对轴箱装置。

　①检查、测量轮对各部，包括：轮径、轮缘高度、轮缘厚度、踏面状态等，各部限度符合《铁路客车盘形制动轮对组装及检修技术条件（试行）》要求。

　②轴箱须无裂纹、甩油，螺栓无松动，轴箱有甩油时开盖检查，发现油变质或含金属粉末时换轮，无异常情况可不开盖。209HS 型转向架轴箱油压减振器安装座及紧固螺栓，有裂纹时更换。弹性节点状态须良好，锥形销无裂损，螺母紧固。

　③制动盘盘毂无松动、裂纹，制动盘整体厚度不小于 96 mm，半盘连接部位和盘毂不得有裂纹，散热片不得有贯通裂纹，制动盘与盘毂连接螺栓紧固，螺栓、开口销无折损、丢失，

盘面热裂纹长度符合表 6-2-5 的规定。

表 6-2-5　制动盘裂纹限度表

裂纹位置	裂纹长度
距内、外边缘≥10 mm	<95 mm
距内、外边缘<10 mm	65 mm

（3）转向架。

① 油压减振器配件齐全，无漏油，安装牢固，作用良好，漏油时更换。

② 空气弹簧。

a. 清除空气弹簧外部污垢，胶囊无裂损、漏风，充气后高度符合表 6-2-6 的规定。

表 6-2-6　空气弹簧充气高度表

转向架型号	空气弹簧高度/mm
209HS	185～200
CW-2	150±3
206KP	200±6
SW-160	200±6

b. 高度调整阀、空重车阀、差压阀须作用良好，不漏风，高度调整阀调整杆须动作可靠，空气弹簧高度合格后用革布或胶管包扎高度调整阀调整杆。

③ 转向架构架、摇枕、弹簧托梁、摇枕吊及螺母、吊轴、牵引拉杆、抗侧滚扭杆、横向拉杆、横向控制杆、安全吊（绳）、钢弹簧等外观检查，须无缺陷、裂纹，状态良好；转向架各橡胶件须无裂损、脱胶现象。

④ 基础制动装置。

a. 基础制动装置各部需配件齐全，状态良好，各杠杆、吊杆、夹钳良好、无裂纹。

b. 各制动销套配合间隙不超过 3 mm，衬套无松动。

c. 闸片进行现车检查，其厚度最薄处不得少于 5 mm，超限时成对更换。

（4）车体及上部服务设施。

① 车底架各梁无裂纹，车底板钢结构无破损、裂焊，状态良好。

② 车门、三锁、车窗及玻璃、座席、地板、地板布、行李架、给水装置、便器等上部车辆服务设施进行状态检查，符合《运用客车出库质量标准》（附件 2）要求。

③ 塞拉门的检修须符合以下要求：

a. 配件齐全，各部无烧损。

b. 电控箱内部电器件接线正确，作用良好；电源箱输出电压正常、稳定，无故障显示。

c. 各微动开关或行程开关调试良好，动作准确，安装牢固。

d. 气路系统过滤减压阀值调整到 459～612 kPa。各管路连接正确，排列整齐，固定良好，无漏泄；气缸无裂损，作用良好。

e. 系统各部螺栓齐全、紧固，作用良好。门宙清洁无损伤，上下滑道、防护罩内、门框周边胶条清洁无杂物，作用良好。门关闭后须密封。

f. 各运动件进行润滑，须动作灵活，磨耗不过限。

g. 内外开关锁、中央锁、隔离锁、紧急锁、翻转脚蹬作用良好。
h. 防挤压及行程的 98%关门作用良好。
i. 5 km/h 自动闭锁功能和集控功能良好。

（5）空调、电器。

① 电子防滑器。

a. 各部配件齐全，安装牢固，各处接线紧固。
b. 主机内部及接线排处清洁，接插件插接牢固。
c. 速度传感器与齿轮顶径向间隙须符合表 6-2-7 的规定。

表 6-2-7　速度传感器与齿轮顶径向间隙表

厂家	型号	间隙/mm
铁科院	TFX1	1.0±0.2
KNORR	MGS2	0.9±0.5
SAB WABCO	SWKP AS 20C	1.5±0.5

d. 进行压力开关、排风阀漏泄和单车静止试验，各部须无漏泄，单车静止试验须无故障显示。
e. 压力开关动作值须符合表 6-2-8 的规定。

表 6-2-8　压力开关动作值表

厂家	型号	压力开关动作值	
铁科院		>200 kPa	通
		<200 kPa	断
KNORR		>187 kPa	通
		<187 kPa	断
SAB WABCO		>180 kPa	通
		<130 kPa	断

f. 车下线管、接线盒须完整，断裂或严重腐蚀时需更换新品。

② 旅客信息系统。

a. PS 天线安装牢固，作用良好。
b. 液晶显示器显示正常，主机内外各部清洁，配件齐全，接线紧固，接插件插接良好，各部无烧损；自检良好，显示内容正确，开关电源输出电压正常，T4、T5 总线输出正常。
c. 显示屏安装牢固，自检良好，能准确显示自检信息、车厢号、厕显信息，无混乱、缺划。
d. 顺号调节器指示灯显示正常，车厢号调节功能正常，显示屏通信功能须正常。
e. 厕显开关配件齐全，安装牢固，作用良好。

③ 轴温报警器/报警仪、记录仪。

a. 内外部清洁，机壳无变形，配件齐全，安装牢固；开关、键盘锁、按键作用良好，盘面上各种标志清晰。

b. 各部无脱焊、虚焊、烧损，熔断器容量符合要求，接插件连接良好。
c. 轴温显示正常，同侧误差<5 ℃，功能良好。
d. 报警仪车厢顺位号、记录仪时钟、记录时间间隔设置正确。
e. 温度传感器安装牢固，无磨碰，外观良好，轴位准确。
f. 下部线管、接线盒、线排配件齐全，安装牢固，无破损。
g. 各部配线良好，接线牢固。

④ 照明。
a. 各灯具内外清洁，配件齐全，导电部位导电须良好。灯座安装牢固，裂损者更换。
b. 各接插件、接线柱作用正常，性能良好。
c. 灯罩无破损、变形。
d. 灯带卡安装牢固，作用良好；灯带装车后须有保护接地线，且状态良好。支线出线口处须有橡胶防护套。
e. 灯具须进行点灯试验。

⑤ 各插座、开关、插头、接线柱配件齐全，安装牢固，接线紧固，作用良好。

⑥ 应急电源。
a. 应急电源箱配件齐全，安装牢固。把手、折页、插销、门锁等作用良好、无松动，箱内外清洁；箱内变压器、控制板及各元件须安装牢固，无烧损、异常，导线无脱焊，各部连接状态良好，熔断器容量符合规定。
b. 充电电流、电压正常，各指示灯、开关作用良好。
c. 整流输出电压正常、稳定。
d. 应急转换功能良好，电池电压低于（45±1）V 时，欠压保护需起作用。
e. 蓄电池安装牢固，电池清洁无破裂，端子无氧化，接续线紧固无松动，工作电压为 45 ~ 60 V；电池箱各部无破损，吊具配件齐全，紧固件无松动。

⑦ 控制柜（箱）。
a. 控制柜（箱）内外清洁，配件齐全，安装牢固，作用良好。
b. 配线线号清晰、排列整齐；绝缘层良好，无老化、烧损，引线口有护套；接地线齐全可靠。线槽完整，各部接线牢固。
c. 指示标牌、图纸清晰、齐全、正确。
d. 各继电器、接触器、空气开关、漏电保护器接触良好，无缺相，触点无烧损、无粘连。继电器、接触器吸合动作无卡阻、无异音。
e. 各控制、保护继电器、空调温控器等整定值正确，各熔断器容量符合规定。
f. 各转换开关、按钮、指示灯不良者更换。
g. 控制柜（箱）保护接地线状态良好。
h. 各仪表校验不过期。
i. 控制柜（箱）在额定电压下进行通电试验，作用须正常，电器动作准确、可靠，仪表、指示灯显示准确；各元件及端子温升正常；各项功能符合要求。
j. 各电器件更新时，须符合标准。

⑧ 电茶炉。
a. 电茶炉的控制箱检修须符合要求。

b. 炉体安装牢固，各部无漏泄，过滤器清洁，液位显示清晰。
c. 电热元件须进行绝缘测试，其绝缘值不得小于 20 MΩ。
d. 装车后壳体须有可靠接地保护线。
e. 通电试验，工作电流正常，缺水、满水保护功能正常。

⑨ 空调系统。

a. 各部滤网清洁，破损者更新。软风道无破损、霉腐。
b. 出、回风口风栅配件齐全，无松动，无损坏；调节板调节灵活、位置恰当。
c. 客室电加热器配件齐全，安装牢固，状态良好。
d. 空调系统检修后须通电试验，根据外温检查相应功能，作用良好。
e. 排气扇、废排风机、新风机须配件齐全，安装牢固，工作电流正常，运转无异音、异振。

⑩ 餐车冰箱。

a. 内外部配件齐全，作用良好。
b. 彻底清扫电动机、冷凝器。
c. 各开关、仪表等作用良好；仪表校验不过期。
d. 通电试验，须运转正常，制冷良好。
e. 悬吊装置良好，配件齐全，无裂纹，无脱焊，螺栓无松动。

⑪ 液位显示装置、呼唤器配件齐全，安装牢固；通电试验作用良好。

⑫ 车体配线、各连接器及座

a. 各连接器及座配件齐全，各部无损坏，运动件动作灵活，外观检查端子和绝缘板无烧损；密封胶圈无老化，密封、防水作用良好。
b. 连接器座后部检查盖须加胶垫，安装须严密。
c. 在各连接器座处测试各主干线绝缘（使用 50 V 级兆欧表），须符合表 6-2-9 的规定。

表 6-2-9　各种配线绝缘测试值表

线　别		相对湿度			
		60%以下	61%～70%	71%～80%	81%～90%
电力配线（24 V、48 V）		0.2	0.12	1.08	0.024～0.048
播音配线		1	0.7	0.3	0.1
交流配线	100 V 以下	1	0.75	0.25	0.1
	100 V 以上	2	1.5	0.75	0.25
DC 600 V		2	≥0.38		

d. 各接地线连接状态良好，接地电阻不大于 4 MΩ。

⑬ 播音天线安装牢固，作用良好。

⑭ 电伴热装置须绝缘良好，在环境温度许可时检查须作用良好。

⑮ 温水箱各部配件齐全安装牢固，无漏泄，作用良好。通电试验须工作正常。

⑯ DC 600 V/AC 380 V 客车有关车电装置

a. DC 600 V/AC 380 V—DC110 V 电源装置内外部清洁，通风顺畅；通风机工作正常，无异音；各接插件接触可靠，各接线端子紧固，无松动、无氧化、烧损痕迹；直流变换器损坏时换件；各熔断器容量符合标准；通电检查。工作时输出电压为 DC 115 V，充电电流为（25±1）A；

控制面板上的各指示灯指示准确,内部接触器等开关元件的闭合、分断可靠;当电池电压低于 93.6 V 时,欠压电路控制作用良好。

b. 客车逆变电源主机箱吊架无裂纹,清除锈垢,箱体无腐蚀破损;散热器及逆变主机箱、车上控制箱各部清洁;箱内各功率开关件、电阻、接线端子外观良好,无变色烧损;开关件无开裂;各熔断器容量符合标准;车下主机箱门密封胶条平滑完整,密封性能良好。门安装螺栓齐全紧固。

c. 3TGN3 型和 TGN3A 型客车逆变电源装置按以下要求进行负载工况试验:

试验时接入 DC 600 V 电源,短接电源控制柜 41 号、198 号线,接通 DC 600 V 电源,开启逆变电源。

轻载试验:置空调控制柜工况于通风位,逆变电源能正常起机,通风机启动运行,逆变电源输出对称三相电压。

额定负载试验:置空调控制柜工况于全冷(暖)位,逆变电源能正常开机,空调机组启动运行,逆变电源输出对称三相电压,电流值正常。

逆变电源工作时,各状态指示灯指示正确。

d. 车上逆变电源控制箱控制板、车下逆变电源模块和控制板损坏时换件。

e. 换件时,直流变换器模块(包括监控装置)、逆变电源装置的控制板、车下逆变电源模块须送生产工厂维修,装车后符合要求。

3. 试验要求

(1)进行 104 型、F8 型电空制动机单车试验,须符合《客车制动机单车试验方法》要求。

(2)手制动机试验:手制动机制动时,与之相连的闸片须抱紧制动盘;手制动机缓解时,与之相连的闸片须离开制动盘且闸片无压力。

(3)电子防滑器进行静态测试。

(4)空调、电器:

① 各部检修后按要求进行相关试验,未说明的试验方法及要求参照产品说明书进行。

② 测试电力主干线绝缘、直流电源带负载测试正负线对地绝缘须符合规定。

修程完毕后,在车辆二、三位端定检标记处涂打 A1 修标记。25K 型客车实施各种修程后应在车辆两端的端墙板的右上方涂打标记。标记示意见表 6-2-10。

表 6-2-10 标记示意表

修程	时间	检修单位
A14		
A2		
A3		
A4		

注:A1~A4、年、月、日、单位是 40 号大宋字,字周边留 30 mm,行间距为 50 mm;外框线宽 3 mm,内框线 2 mm。

(三)客车辅修质量标准

标记速度低于 160 km/h 的客车辅修应严格执行《客车辅修质量标准》。

客车辅修每 8 个月施行 1 次,允许提前或延后 10 天进行检修。各部检修项目及质量标准规定下:

1. 管系

以 600 kPa 风压吹扫除尘,取出滤尘网去尘除垢,其状态须良好,管系须无漏泄,卡子、吊架无松动。

2. 制动软管和金属软管

更换为按段修标准检修过的制动软管和金属软管。

3. 分配阀和三通阀

更换为按段修标准检修过的分配阀和三通阀。

4. 制动缸

(1)非密封式制动缸须分解检查,清洗给油;活塞压板、皮碗无裂纹、破损、变形、变质,弹簧无折损。

(2)密封式制动缸和单元制动缸作用良好者可不分解,防尘套须作用良好,不良者更换。活塞杆按图 6-2-1 涂打标记。

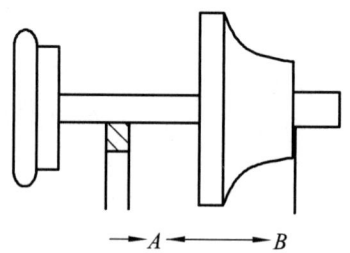

图 6-2-1　涂打标记示意图

5. 单元制动缸

(1)无漏泄,能够正常制动,闸片、闸瓦分别压紧制动盘、车轮。

(2)缓解作用良好,活塞杆复位无卡滞现象,闸片对制动盘、闸瓦对车轮无压力。

(3)间隙调整器作用良好。

6. 副风缸和工作风缸

排除积水,排水塞门须作用良好。

7. 高度调整阀、空重车阀、差压阀

安装牢固,无漏泄,配件无缺损。

8. 空气弹簧

清除外部污垢,胶囊无裂损、漏风,充气后高度符合规定。

9. 远心集尘器

分解检查、清扫除尘，阀体、胶垫、止尘伞须良好。

（1）自动间隙调整器应作用良好，并清扫给油，调整螺丝须留有 1/2 扣以上的调整量。

（2）STl-60-0 型闸调器应清除外露部分尘垢，并进行外观检查；螺杆、护管、闸调器体、控制杆等无弯曲、变形，连接部位配件齐全，紧固件无松动，圆销开口销磨耗不过限，螺杆工作长度不得少于 10 mm。

11. 折角塞门和截断塞门

（1）非球芯折角塞门及截断塞门应分解检查，清扫给油，各部状态及作用须良好。

（2）球芯折角塞门及截断塞门作用良好者可不分解，不良者更换。

12. 紧急制动阀

现车检查并试验，作用须良好，用棉线绳加铅封。

13. 缓解阀

现车检查并试验，状态及作用须良好。

14. 压力表

更换为按计量标准检修过的压力表。

15. 手制动机

清除尘垢，给油，配件齐全，作用良好。

16. 基础制动装置

各部配件齐全、无裂纹，磨耗不过限。销套无窜出、裂损，各部拉杆、杠杆、吊杆、托梁不抗劲。吊架、吊杆、夹钳良好、无裂纹。销套与销子间隙不超过规定，各部螺栓无松动。缓解状态时，闸瓦应离开车轮踏面（无制动梁缓解簧者除外）。

17. 制动盘

（1）制动盘配件齐全，裂纹不超限，安装牢固，制动盘厚度符合限度要求。

（2）各连接螺栓无松动，开口销无折损、丢失。

（3）散热筋、散热片不得有贯通裂纹。

（4）螺栓连接部位不得有裂纹。

（5）制动盘毂无松动、裂纹；制动盘整体厚度不小于 96 mm；半盘连接部位和盘毂不得有裂纹。

（6）盘面热裂纹：距内外边缘大于等于 10 mm 者，不得超过 95 mm；小于 10 mm 者，不得超过 65 mm。

18. 闸瓦和闸片

（1）闸瓦厚度不小于 20 mm，同一制动梁两侧闸瓦厚度差不得大于 20 mm。

（2）闸片厚度不小于 5 mm，超过时须成对更换。

19. 电子防滑器

（1）各部配件齐全，安装牢固，各处接线紧固。

（2）主机内部及接线排处清洁，接捅件插接牢固。

（3）速度传感器与齿轮顶径向间隙须符合表 6-2-11 的规定。

表 6-2-11 速度传感器与齿轮顶径向间隙表

厂家	型号	间隙/mm
铁科院	TFX1	1.0±0.2
KNORR	MGS2	0.9±0.5
SAB WABCO	SWKP AS 20C	1.5±0.5

（4）进行压力开关、排风阀漏泄和单车静止试验，各部须无漏泄，单车静止试验须无故障显示。

（5）压力开关动作值须符合表 6-2-12 的规定。

表 6-2-12 压力开关动作值

厂家	型号	压力开关动作值	
铁科院	TFX1	>200 kPa	通
		<200 kPa	断
KNORR	MGS2	>187 kPa	通
		<187 kPa	断
SAB WABCO	SWKP AS 20C	>180 kPa	通
		<130 kPa	断

（6）车下线管、接线盒须完整，断裂或严重腐蚀时更换新品。

20. 各磨耗部给油

及时给各磨耗部给油。

21. 轴箱

（1）清除外部尘垢，各部无裂纹，无甩油。

有甩油或状态异常者开盖检查，轴承各部件不得有裂损，无缺油、混沙、混水、油脂变质和金属粉末。橡胶密封圈无老化、变质破损，密封圈全部更换。组装后密封良好，螺栓无松动。

（2）紧定螺母、防松板、轴端压板及接地装置部件：无破损、松动和异状，接地装置部件状态完好，碳刷厚度不小于 5 mm。

（3）前轴承保持架、内圈及其他零件的可见部分无破损、松动和异状。

（4）油脂：无缺水、混沙、混水、变质和金属粉末。

22. 单车试验

见《客车制动机单车试验方法》。

23. 打标记

施行辅修后的客车按图 6-2-2，用漏模在制动缸外侧中部涂打辅修（制动检查）标记，存转向架第二、三位侧梁上涂打辅修（轴箱检查）标记。标记应清晰端正。

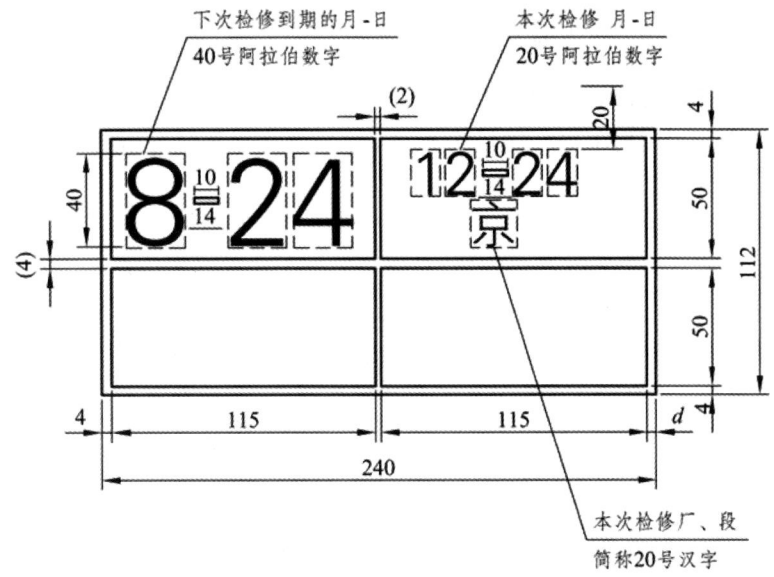

图6-2-2 涂打标记示意图

（四）运用客车整修及质量标准

运用客车每年应进行三次集中整修。春运前，实施春运整修；春运后至暑运前，实施春季整修；暑运后，实施秋季防寒整修。每年三次运用客车整修除执行《运用客车出库质量标准》外，还应结合各次整修的特点，进行有针对性的重点整治。具体要求如下：

（1）车辆段应成立整修领导小组，组织、安排、落实整修的各项工作。

（2）进行逐辆的分钩检查。

（3）进行逐辆电气绝缘测试。

（4）对轮对技术状态进行全面普查鉴定。

（5）对轴温报警装置、漏电报警器、漏电检测装置的安装情况和技术状态全面检查。

（6）全面检查灭火器、烟火报警装置和消防锤等消防设施的技术状态。

（7）全数紧固Ⅰ、Ⅱ路电源，主断路器，主接触器，空调各电机，电茶炉，电热器，应急电源等关键电气部件的接线端子；通电带负载30 min以上时，检测上述端子温升情况。

（8）检查电力、通信连接线、连接座和分线盒中主干线接线端子状态。

（9）春季整修时，空调客车须检测空调机组压缩机、通风机、冷凝风机的运行电流；彻底清扫空调回风和蒸发器滤尘网；彻底清扫空调蒸发器和冷凝器。

（10）秋季整修时，应开罩检查并彻底清扫电暖器、车顶空气预热器。

（11）运行到华东、华中、华南、西南的客车，在5月1日前，其他客车在6月1日前完成客车电扇和独立供电空调客车的安装调试工作。具体启用日期由铁路局指定。

（12）春运和秋季整修时，应落实客车防冻的有关要求，同时须安排进行电采暖试验和独立燃煤锅炉焚火采暖试验。整修结束后，由铁路局组织有关部门进行质量验收和交接，发给防寒合格证，统一张贴在乘务室内。

三、质量监督

（一）铁路总公司对质量监督的相关规定

（1）车辆段应设质量检查机构，配置专职的质量检查人员，由车辆段直接管理。质量检查机构应每月对全部运用列车进行质量检查和鉴定，并做出质量分析与评价报告，根据故障规律有针对性地开展工作。

（2）每年春、秋两季，由铁路局组织对运用列车质量逐列进行鉴定，同时对备用客车进行质量抽查，鉴定结果应上报铁路总公司。

（3）临客列车编组整修后，由车辆段主管段长组织检查验收。

（4）每年秋季，由铁路总公司组织对全路进京、进沪、进穗的运用列车质量进行鉴定。

（5）车辆段每月、铁路局每半年应安排一次辅修或 A1 级检修的质量对规。对规的结果应逐级上报。

（6）运用列车质量鉴定应严格执行《运用客车质量鉴定条件》。

① 列车等级根据车辆质量和乘务管理状况综合评定，采用评分制办法，满分为 1 000 分，其中：管理部分 200 分，质量部分 800 分，按得分高低划分列车等级。

② 列车等级分四挡。A 级列车为 900～1 000 分，B 级列车为 800～899 分，C 级列车为 700～799 分，700 分以下为 D 级列车。

③ D 级列车，一年内取消安全优质列车和红旗列车的评比资格，取消其配属单位的安全评优资格。

④ 鉴定列车在一年内发生险性及以上责任行车事故的，取消鉴定评比资格。

⑤ 评分标准分为 A、B、C、D 四类。发现 A 类故障（问题），每处每件扣 5 分；发现 B 类故障（问题），每处每件扣 10 分；发现 C 类故障（问题），每处每件扣 20 分；管理部分发现 D 类问题，此项得 0 分；质量部分发现 D 类故障，扣 250 分。

⑥ 鉴定列车编组中加挂的外属车辆属鉴定范围，鉴定成绩纳入加挂车之配属路局、车辆段的"加挂车辆"项。

⑦ 客车上所有设备、部件等不论使用与否均属鉴定范围。

（7）在鉴定到达列车时，遇有下列情况，不影响车辆和列车等级：

① 列车运行途中临时发生的车辆故障，车辆乘务员发现后在《旅客列车技术状态交接簿》（车统-181）中注明者。

② 列车运行途中，车辆设备备品损坏、丢失，有书面证明者。

（8）辅修质量对规应执行《客车辅修质量对规办法》，95 分以上的为合格，95～85 分的为基本合格，85 分以下的为不合格。

（9）A1 级检修质量对规应严格执行《客车 A1 级检修质量对规办法》，950 分以上的为合格，950～850 分的为基本合格，850 分以下的为不合格。

（二）客车辅修对规办法

1. 管系（5 分）

主支管泄漏，每处扣 1 分；卡子松动或无垫，超过 2 件扣 1 分。

2. 软管（5分）

连接器裂纹、垫圈槽变形，每件扣1分；标记不明显、位置不正确，每处扣0.5分。软管漏泄，水压试验不合格，每处扣2分。

3. 三通阀或分配阀（6分）

胶垫腐蚀、滤尘网腐蚀未更换，扣2分；排气口不对位、吊架松动，每处扣2分；标记不符合规定，扣2分。

4. 制动缸（6分）

制动缸漏泄，扣2分；制动缸旧油清扫不彻底，有锈垢划伤，每件扣1分；弹簧折断、压板裂纹、皮碗老化、缺件，每件扣2分；行程标记不符合规定扣1分（密封式制动缸除外）。

5. 各风缸（3分）

各风缸积水未排，扣2分。塞门作用不良，每件扣1分。

6. 远心集尘器（5分）

远心集尘器未分解，扣3分。清扫不彻底，扣1分。

7. 自动间隙调整器、ST1-600型闸调器（6分）

自动间隙调整器作用不良或调整量不足，扣3分；ST1 600型闸调器未做性能试验，扣3分。

8. 塞门（4分）

折角塞门及截断塞门未分解检修或漏泄（球芯塞门除外），每件扣1分。

9. 紧急制动阀（5分）

紧急制动阀作用不良，扣3分；未加铅封及其他，扣1分。

10. 缓解阀（3分）

缓解作用不良扣2分，未做试验扣2分。

11. 压力表（3分）

压力表检定过期、无检定标记，铅封不符合规定，每件扣1分。

12. 人力制动机（3分）

人力制动机部件不全、作用不良、未清扫，每项扣2分。清扫不彻底，每处扣1分。

13. 基础制动装置（10分）

各拉杆、吊、销套及开口销裂损少件，每处扣2分；闸瓦、闸片不符合规定，每处扣1分。

14. 各磨耗部位（6分）

给油不彻底，每处扣2分；全部不给油，扣4分。

15. 单车试验（20分）

单车试验指标不符合要求，每项扣5分；制动缸活塞行程不符合规定，扣4分。

16. 滚动轴承、轴箱（10 分）

轴箱裂纹，每处扣 4 分；甩油，轴箱盖螺栓松动，外部未清扫，每处扣 1 分；轴端压板，各紧固螺栓不良、松动，每件扣 2 分；前轴承保持架内圈，不良扣 5 分。轴箱油脂混沙、混水、有金属粉末，每件扣 2 分。接地装置配件安装松动，碳刷厚度超限，每处扣 2 分。

（三）客车 A1 级检修质量对规办法

1. 制动装置（10 分）

（1）压力表.

压力表不符合规定，扣 5 分；过期、无标签及铅封，每处扣 2 分。

（2）分配阀。

分配阀试验不符合规定，扣 5 分；其他，每处扣 1 分；有裂纹与碰伤，每处扣 2 分；橡胶密圈未更新，每处扣 2 分。

（3）管路系统、各类塞门。

作用不良，每件扣 5 分；其他不良，每件扣 2 分。

（4）各软管。

裂纹、鼓泡，每件扣 10 分；其他不良，每件扣 1 分。

（5）集尘器、滤网。

未分解，每处扣 5 分；状态不良，每件扣 1 分。

（6）分配阀中间体、滤尘网。

裂纹，每件扣 10 分；未分解，每处扣 5 分；其他不良，每件扣 1 分。

（7）电空制动装置。

配件不齐、安装不良，每件扣 5 分；其他不良，每件扣 1 分。

（8）单元制动缸。

防尘套破损、老化，每处扣 5 分。

（9）储风缸。

未排积水扣 10 分。

2. 轮对（100 分）

（1）轮对各部尺寸。

限度未达标准，每项扣 10 分。

（2）轮对制动盘。

a. 制动盘盘毂松动、裂纹，扣 100 分。

b. 螺栓连接部位松弛，开口销丢失及折损，每处扣 5 分；连接部裂纹，每处扣 20 分。

c. 散热筋、散热片有贯通裂纹，每处扣 30 分。

d. 制动盘整体厚度小于 96 mm，每件扣 30 分。

e. 制动盘摩擦面裂纹：超过限度标准者，每处扣 20 分。

3. 轴箱装置（50 分）

（1）轴箱裂纹、甩油，每处扣 10 分；螺栓松动，每处扣 2 分。

（2）轴箱有甩油现象时需开盖检查，如发现油变质或含金属粉末，扣50分。

（3）轴箱弹性节点不良，锥形销裂损，螺母松动，每处扣5分。

4. 油压减振器（30分）

配件缺少，胶垫破损，安装松动，每件扣2分。漏油每件扣10分。

5. 空气弹簧（20分）

外部污垢，每处扣1分；高度不符合规定，每件扣5分；胶囊裂损、漏风扣20分。

6. 高度调整阀、空重车阀、差压阀（30分）

高度调整阀、空重车阀、差压阀作用不良，每件扣10分；漏风，每件扣5分。高度调整阀调整杆未包扎，每件扣1分。

7. 构架、摇枕、弹簧托梁、摇枕吊及螺母、牵引拉杆、横向拉杆、抗侧滚扭杆、横向控制杆、安全吊、钢弹簧（50分）

发现裂纹时该项得零分。

8. 橡胶件（20分）

裂纹、脱胶，每处扣2分。

9. 螺栓（30分）

松动，防松装置作用不良，每处扣2分。

10. 基础制动装置（50分）

（1）裂纹、作用不良，每处扣10分；其他不良，每处扣2分。

（2）各圆销及衬套磨耗超过限度，每处扣5分。

（3）闸片磨耗超过限度，每处扣5分。

11. 车底架各梁，底板钢结构（20分）

裂纹、破损、裂焊，每处扣10分。

12. 上部设施（100分）

（1）脚蹬、手把。

松动、破损，每件扣5分；丢失，每处扣10分。

（2）各门、翻板及簧、锁、门止及碰头。

配件缺少，每处扣5分；作用不良，每处扣2分。

（3）活动车窗。

配件缺少，每处扣5分；作用不良，每处扣2分。

（4）门、窗玻璃。

破损，每处扣2分。

（5）灭火器。

日期过期，规格、型号及安装不符合要求，作用不良，每处扣5分。

（6）座席、卧铺及安全栏杆。

松动，面布破损，每处扣 2 分。

（7）给水装置。

配件缺少，每处扣 5 分；作用不良，每处扣 2 分。

（8）脸盆、洗手盆及便器。

松动，每处扣 2 分；裂损，每处扣 5 分。

（9）集便器。

腐蚀损坏，每件扣 10 分；松动、泄漏作用不良，每件扣 2 分。

（10）木地板及地板布。

腐朽、破损、鼓泡，每处扣 5 分。

（11）塞拉门。

① 配件缺损，每处扣 10 分。

② 电控箱内部电器件接线错误，作用不良，每处扣 5 分。

③ 电源箱输出电压不正常或失稳，无故障显示，每处扣 5 分。

④ 各微动开关或行程开关动作不准确，每处扣 5 分；安装松动，每处扣 2 分。

⑤ 气路系统过滤减压阀压力不正确，扣 5 分。

⑥ 管路有漏泄，每处扣 5 分。

⑦ 气缸裂损或作用不良，每处扣 10 分。

⑧ 门系统各部螺栓有缺损或松动，每处扣 2 分。

⑨ 门扇损伤，上下滑道、防护罩内、门框周边胶条不清洁有杂物，每处扣 10 分。

⑩ 内外开关锁、中央锁、隔离锁、紧急锁、翻转脚蹬作用不良，每处扣 5 分。

⑪ 防挤压及行程的 98%关门作用不良，每处扣 5 分。

⑫ 5 km/h 自动闭锁功能和集控功能不良，每处扣 5 分。

13. 电子防滑器（30 分）

（1）内外部配件缺损或松动，每处扣 5 分。

（2）主机内部及接线排处有积尘积垢，扣 5 分；接插件松动，扣 2 分。

（3）速度传感器与齿轮径向间隙超过限度符合规定，每处扣 5 分。

（4）压力开关动作值不符合规定的，扣 20 分。

（5）单车静止试验出现故障显示，扣 30 分。

（6）车下线管、接线盒断裂或严重腐蚀，每处扣 5 分。

14. 旅客信息系统（20 分）

（1）显示器显示不良，主机内外各部功能不良，每处扣 3 分；自检不好，显示内容不正确，电源输出线、总线输出不正常，每处扣 5 分。

（2）显示屏不能准确显示信息，扣 5 分。

（3）顺号调节器显示功能不正常，显示屏通信功能不正常，各扣 5 分。

（4）厕显开关作用不良，扣 5 分。

15. 轴温报警器（30 分）

（1）报警仪、记录仪内外各部功能不良，各扣 3 分；盘面标志不清晰，扣 5 分；报警仪、记录仪各部脱焊、虚焊、烧损，扣 5 分；熔断器容量不符合要求，扣 10 分；接插件连接不良，扣 3 分。

（2）轴温显示不正常，扣 10 分。

（3）报警仪车厢顺位号，记录仪时钟、记录时间间隔设置不正确，每处扣 5 分。

（4）温度传感器磨碰，扣 5 分；轴位不准确，扣 5 分。线管、接线盒、线排，安装不牢固，破损不处理，扣 3 分。

（5）配线功能不好，接线不紧固，扣 3 分。

16. 照明（20 分）

（1）灯具、灯座功能不良，每处扣 3 分。

（2）接插件、接线柱性能不良，扣 3 分。

（3）灯罩破损、变形，扣 5 分。

（4）灯带卡安装不良，灯带装车后没有保护接地线，每处扣 3 分；支线出线口处没有橡胶防护套，扣 3 分。

（5）灯具点灯试验不良，每处扣 5 分。

（6）插座、开关、插头、接线柱作用不良，每处扣 3 分。

17. 应急电源（20 分）

（1）应急电源箱各处配件作用不良，箱内外不清洁，每处扣 3 分；箱内电器元件作用不良，每处扣 5 分；熔断器容量不符合规定，扣 10 分。

（2）充电电流、电压不正常，扣 10 分；指示灯、开关作用不良，扣 3 分。

（3）整流输出不正常，扣 10 分。

（4）应急转换功能不好，扣 10 分。

（5）蓄电池各部配件作用不良，每处扣 3 分；工作电压不符合规定，扣 10 分。

18. 控制柜（箱）（50 分）

（1）控制柜（箱）内外不清洁，各部配件作用不良，每处扣 3 分。

（2）配线不良，绝缘层不好，引线口无护套，每处扣 5 分；接地线作用不良，扣 5 分。

（3）指示标牌、图纸不清，每处扣 3 分。

（4）各电器元件作用不良，每处扣 5 分。

（5）整定值、熔断器容量不符合规定，扣 10 分。

（6）各转换开关、按钮、指示灯不良未更换，扣 5 分。

（7）接地线状态不良，扣 5 分。

（8）各仪表校验过期，扣 10 分。

（9）通电试验，作用不良，扣 10 分；各电器、仪表、指示灯不良，扣 5 分；各元件及端子温升不正常，扣 5 分；各项功能不符合要求，扣 5 分。

（10）各电器件更新不符合标准，扣 10 分。

19. 电茶炉（30 分）

（1）炉体、过滤器、液位显示作用不良，每处扣 5 分。

（2）绝缘测试不符合要求，扣10分。

（3）壳体无接地保护线，扣10分。

（4）通电试验，功能不正常，扣20分。

20. 空调系统（30分）

（1）各部滤网脏，每件扣2分；破损，每件扣5分。

（2）出风口、回风口风栅配件作用不良，扣5分。

（3）电加热器配件状态不良，扣10分。

（4）通电试验，功能不良，扣20分。

（5）排气扇、废排风机、新风机配件作用不良，每处扣10分。

21. 液位显示装置、呼唤器（10分）

作用不良，每处扣5分。

22. 车体配线、各连接器及座（20分）

（1）各连接器及座配件作用不良，每处扣3分。

（2）没加胶垫、安装不严密，扣5分。

（3）线绝缘不符合规定，扣10分。

（4）接地线连接状态不良，扣5分。

23. 温水箱（10分）

通电试验作用不正常，扣10分。

24. 104型、F8型电空制动机单车试验（80分）

性能试验不良，每项扣5分。

25. 人力制动机试验（40分）

制动时，未抱紧制动盘，扣2分；缓解时，未离开制动盘或闸片有压力，扣2分。

26. 标记（10分）

未打标记，扣2分；涂打不正确、不清楚，扣1分。

（四）运用客车质量鉴定条件

具体见相关标准。

四、库列检、客列检、车辆乘务组作业范围

（一）库列检作业范围

（1）库列检是运用客车维修与保养的主体，承担着客车入库检修、辅修、A1级检修和客车整修等工作。经检修的本属客车应达到《运用客车出库质量标准》，并保证列车下一个入库检修周期内不发生责任事故。

表 6-2-13 管理部分（200分）

项目	评比内容	A类	B类	C类	D类
技术资料台账	1. 乘务员职责、技术作业图表、车辆技术状态板、发电车操作规程、发电车防火制度（20分）	（1）字迹不清晰；（2）图表填写错误	未按规定上墙	设置不全	
	2. 车统-181（50分）	（1）填写不整齐；（2）字迹不清晰	填写错误或漏项不超过2处	（1）主管段长和车间主任未按规定签字不超过2次者；（2）超过B类标准者	（1）未按规定交接、处理、确认"车统-181"故障；（2）一次任未填写"车统-181"者；（3）超过C类标准者
	3. 必备资料、图纸（《铁路客车管理规程》《铁路客车运用维修规程》《空调客车事故处理规程》《铁路客车三级检修及运用管理规程》、发电车使用说明书、配电系统图）（10分）	（1）不整洁、不清晰；（2）破页、缺页		资料、图纸配备不齐	
	4. 运行、维修及交接记录（列车运用情况记录、轴温记录、电茶炉出库交接记录、车辆设备技术状态联检交接记录、发电车保养修检记录、运用记录、空调列车电气绝缘图）（50分）	（1）填写不整齐；（2）字迹不清晰	填写错误或漏项不超过3处	（1）交接记录率认；（2）超过B类标准者	无记录
技术作业	1. 持证上岗（10分）				无证上岗
	2. 衣帽整齐、佩戴臂章（10分）		衣冠不整者	未戴工作帽，未佩戴臂章	
	3. 乘务员作业（10分）			简化作业	不作业
	4. 到达对方站签到（10分）	（1）字迹不清晰；（2）签到人员不齐		未签到不超过2次者	超过C类标准者
	5. 劳动纪律及路风（20分）	（1）放置不整齐；（2）安全号志不清洁	（1）工具或材料账物不符不超过2件；（2）安全号志破损不影响使用或无固定装置	超过B类标准者	违反劳动纪律及路风
工具材料	工具、材料（20分）				（1）作用不良或定检过期；（2）安全号志失效

167

表 6-2-14 质量部分（800 分）

项目	部位	A 类故障	B 类故障	C 类故障	D 类故障
转向架	1. 轮轴各部	接地回流装置螺栓松动 1 条		超过 B 类范围者	轮轴各部裂纹、擦伤、剥离、缺损超过规定限度或轮毂移动
	2. 转向架构架、上下心盘、中心销及套、垫板、轴箱及定位装置	（1）心盘、轴箱松动合计 1 条；（2）橡胶堆定位器缺口方向不符合规定；（3）中心销安装螺栓松动，销套老化及松动	（1）心盘、轴箱松动合计 2 条；（2）心盘螺栓松动合计 2 条；心盘导柱定位套窜出、轴箱导柱定位套窜出、轴箱导柱定位套破损；（3）橡胶堆定位器开胶、裂纹	心盘、轴箱及定位装置螺栓合计超过 2 条或螺栓丢失	转向架构架、心盘、轴箱定位装置裂损、定位作用失效
	3. 摇枕挡、旁承	（1）旁承螺栓松动 1 条；（2）摇枕挡磨耗板开焊	（1）旁承螺栓松动 2 条；（2）摇枕挡磨耗板脱落	（1）摇枕挡、旁承间隙过限；（2）提速客车上旁承下磨下承座、螺栓松动超过 2 条	
	4. 摇枕、悬吊装置及弹簧	各部螺栓松动合计 1 条	（1）各部螺栓松动每处 1 条，合计 2 条；（2）摇枕、吊轴、圆销、开口销折损	（1）摇枕吊橡胶堆开胶、裂纹；（2）横向定位开口销折断；（3）超过 B 类范围者	（1）摇枕及吊、托梁、安全吊裂纹；（2）枕簧圆弹簧折损（圆弹簧折损后剩余支承圈长度不少于 5/8 者除外）
	5. 油压减振器及座	（1）漏油；（2）安装螺母松动 1 条	（1）安装螺母松动每处 1 条，合计 2 条；（2）安装螺母垫、防雨帽帽丢失	（1）25K、25Z、25DT、25T、19K、19T 型客车油压减振器漏油为 C 类	油压减振器座裂纹
	6. 纵向牵引拉杆装置		（1）螺母松动、熔胶、老化		拉杆或座
	7. 抗侧滚扭杆装置		抗侧滚扭杆装置螺母松动，开口销折损		抗侧扭杆裂损、变形、圆销丢失
	8. 横向控制杆	钢丝绳安装螺栓松动 1 条	钢丝绳松动，扁开口销折损，橡胶套老化	锥形销紧固螺栓松动，欠开口销、橡胶套失效	控制杆及锥形销裂纹

续表

项目	部位	A类故障	B类故障	C类故障	D类故障
空气弹簧及附属装置	1. 空气弹簧及附属装置	在空车状态下弹簧高度不符合标准			胶囊漏泄
	2. 差压阀、高度调整阀、空重车调整阀及调整反调整装置、风管	（1）高度调整阀上翘角度超过45°；（2）调整杆锁定螺母松动；（3）护套破损、丢失	超过A类范围者	（1）高度调整阀调整杆变形、锈死；（2）风管漏泄	高度调整阀、差压阀、空重车调整阀破损、失效
制动装置	1. 各杠杆、拉杆反托、缓解簧，制动缸活塞行程	紧固螺母松动	超过A类范围者	（1）制动缸活塞行程过限；（2）各杠杆、拉杆反托、缓解簧裂纹；（3）拉杆与转向架磨抗；（4）超过B类范围者	
	2. ST1-600型闸调整器及自动间隙调整	紧固螺母松动	（1）ST1-600型闸调整器控制杆弯曲；（2）各螺纹连接部位松动；（3）防松垫片缺损；（4）超过B类范围者	（1）ST1-600型闸调整器卡效；（2）自动间隙调整器卡死	
	3. 制动梁及吊、反托、调整簧、防翻装置，闸瓦托吊销防脱挡，闸瓦及销，开口销，闸瓦贴轮及偏磨，各圆套，各垂下品距及间距轨面距离	（1）闸瓦调整簧组装螺母松动，开口销折损；（2）闸瓦偏磨，闸瓦贴轮	（1）闸瓦裂损，磨耗或瓦过限；（2）调整簧折损、磨耗过限；（3）圆销、套管出或配合间隙过限；（4）防翻装置失效；（5）闸瓦吊销防脱挡损或装置失效	超过B类范围者	制动梁或制动梁吊裂纹
	4. 制动管系、压力表、紧急制动阀、手制动阀	（1）制动管系漏泄但不超过规定；（2）管卡松动1件；（3）空气制动箱、电磁阀箱、腐蚀及配件钢结构变形，保压管松动，安装不全、变形	（1）压力表、制动软管过期；（2）紧急制动阀松动2件；（3）管卡制动阀铅封不良；（4）手制动作用不良	超过B类范围者	（1）制动管系漏泄超过规定；（2）软管连接器裂纹

169

续表

项目	部位	A类故障	B类故障	C类故障	D类故障
制动装置	5.空气制动机、各阀、塞门、风缸及悬吊装置、离心集尘器	（1）螺栓松动1件；（2）各部漏泄不超过规定	各、塞门安装松动	超过B类范围者	（1）阀、风缸裂纹，漏泄过限；（2）制动机故障不能使用
	6.各磨耗部（含转向架、车钩缓冲装置等）	缺油	磨耗板开焊、磨透、窜出	（1）磨耗板丢失；（2）超过B类范围者	
	7.盘形制动单元及踏面清扫装置	（1）波纹管脱出；（2）制动盘螺栓松动1条	（1）开口销磨耗破损；（2）制动盘磨耗过裂纹过限；（3）闸片磨耗过限；（4）制动盘螺栓松动2条；（5）闸片与闸盘间隙超过20 mm	（1）闸片紧靠制动盘；（2）制动盘磨耗过裂纹1条；（3）制动盘螺栓超限；（4）闸片与闸盘间隙超过30 mm；（5）超过B类范围者	（1）盘形制动单元故障失效；（2）吊杆、悬吊部件裂纹；（3）制动盘摇摆动、裂纹；（4）闸片托反动、闸片脱落
	8.电子防滑器	（1）速度传感器、压力继电器、防滑排风阀安装松动；（2）配管卡松动、腐蚀	（1）主机显示故障；（2）速度传感器、压力继电器、防滑排风阀安装松动；（3）各端子接插件松动，接插件线损坏	超过B类范围者	（1）2轴及以上防滑功能失效；（2）压力开关失效造成防滑器不工作
车钩缓冲装置	车钩缓冲装置及三态作用	（1）钩提杆、解钩手柄不正位；（2）螺栓松动1件；（3）风挡弹簧压开焊	（1）螺栓松动2件；（2）钩提杆冲击下锁销连杆开口销折损过限，丢失；（4）扁销、（5）钩尾销舌销防松线损坏	（1）超过B类范围者；（2）钩舌销折损	（1）车钩三态作用不良或高度不符合规定；（2）各部裂纹或磨耗过限
车体及车内装置	1.车底架各梁、内外墙板、车内地板、裙板	地板布破损，裙板标示不清	（1）内外墙板塌陷；（2）地板布破损；（3）超过500 mm×500 mm，裙板变形	（1）裙板安装松动；（2）超过B类范围者	（1）车底架各梁裂纹；（2）用水冲洗地板

170

续表

项目	部位	A类故障	B类故障	C类故障	D类故障
车体及车内设备	2. 车体倾斜、车顶、渡板、风挡、风挡缓冲杆、风挡弹簧	（1）铁风挡裂损，开焊长处长不超过100 mm；（2）风挡弹簧开口销、风挡座铆钉松动，丢失1件；（3）折棚风挡裂损长度超过50 mm；（4）手柄盒变形	（1）渡板翘起；（2）渡板折损，裂损；（3）铁风挡弯曲，开焊每处超过100 mm；（4）防雨胶皮裂损每处超过200 mm；（5）风挡座开焊；（6）橡胶条老化，变形；（7）风挡杆螺栓松动丢失2件；（8）风挡漏簧折损1片；（9）折棚风挡裂损长度超过100 mm；（10）锁坏	（1）折棚风挡裂损长度超过300 mm；（2）其他	（1）车体倾斜过限过车顶漏雨；（2）折棚风挡裂损长累计超过50 mm
	3. 脚蹬、手把杆、栏杆、安全链	螺栓松动1条	（1）脚蹬，手把杆栏杆破损松动；（2）首尾安全链及座不良	超过B类范围者	脚蹬破损影响使用
	4. 各门、翻板及压条、锁、门止、碰头及各型压条	（1）防风胶条脱落超过50 mm；（2）门止及碰头失效	（1）厕所、侧门锁（含翻板锁）作用不良；（2）其他门锁（含翻板锁）作用不良超过2件	超过B类范围者	
	5. 活动车窗、窗锁、门窗玻璃	窗锁作用不良1件	（1）车窗升降、开关不良；（2）车窗漏气积水；（3）门窗玻璃，胶条裂损，作用不良不超过2件	（1）25型双层窗玻璃裂损；（2）车窗自落；（3）超过B类范围者	
	6. 灭火器、挂件及消防锤	配件不齐全、空调客车消防锤未按规定挂置	（1）未按规定配备；（2）定检过期或失效；（3）挂具不良	（1）灭火器丢失；（2）无消防锤	
	7. 车内设施	座席、行李架、梳妆台、茶桌、帽钩安装松动合计不超过2件	（1）镜座、照面镜缺损不超过2件；（2）衣帽钩缺损不超过3件；（3）座席及卧铺面布破损，卧铺标号不准确；（4）座席、卧铺、扶手，行李架松动合计不超过2件；（5）车内压条缺损不超过3处；（6）车内标志牌破损不超过3处	座席及卧铺面布破损超过200 mm×200 mm	缺少座席、卧铺、门、窗或行李架

续表

项目	部位	A类故障	B类故障	C类故障	D类故障
车体及车内设备	8. 给水、用水装置	（1）给水、用水装置配件不齐全，漏水；（2）检查盖板变形	（1）各水阀漏水成线；（2）检查盖所闭作用不良及不良1件	（1）管系、脸盆、洗手盆、便器因破损影响使用；（2）超过B类范围者	水箱、各管路漏水不能使用
	9. 集便器装置	（1）配件缺损不超过2件；（2）接线箱内外不清洁	（1）漏风、漏风；（2）状态指示灯指示不正确；（3）各阀位置不正确；（4）箱体变形；（5）悬吊螺栓松动1条，接线松动	（1）作用不良；（2）参数设定错误；（3）电伴热失效；（4）箱体破损；（5）超过B类范围者	（1）无法使用；（2）悬吊裂纹
	10. 温水锅炉、燃油炉、茶炉、餐车炉灶、烟筒及防火隔热装置	（1）水位表、气压表、温度表过期或失效；（2）独暖锅炉室门不使用未封闭；（3）油炉积垢	（1）各型炉体配件缺损；（2）超过A类范围者	（1）餐车炉烟筒结油垢；（2）"三炉一灶"漏气、漏水或冻结；（3）炉体破损严重	作用不良影响使用
	11. 电茶炉装置	（1）管系漏泄；（2）过滤器不洁；（3）配线不规范；（4）控制装置内外不清洁	（1）水阀漏水成线；（2）配线紧固螺栓松动；（3）控制装置元器件松动或破损但不影响使用；（4）接线松动	（1）控制装置故障；（2）配件损坏影响使用；（3）控制箱外壳和电茶炉外壳接地线漏装，或电气连接不可靠；（4）超过B类范围者	
	12. 塞拉门	（1）电气控制箱不清洁；（2）线号及动作标示不清；（3）动作机构盒不清欠螺栓	（1）指示灯不正确；（2）接线松动；（3）漏风；（4）外操作失效；（5）各门及盖板破损；（6）控制箱内胶皮	（1）电伴热失效，全列不能集中控制；（2）网关失效，漏电；（3）防挤压功能失效；（4）超过B类范围者	不能关闭，自动开启
	13. 电动内端门	配件不全不超过2件	（1）开关作用不良；（2）玻璃破损	（1）防挤压功能失效	

续表

项目	部位	A类故障	B类故障	C类故障	D类故障
车体及车内设备	14. 车内端门油漆	车内端门有油漆脱落	车门碰撞严重,凹入深度超过2 mm		
	15. 外体油漆	(1)外体油漆脱落1处,面积超过30 mm×30 mm;(2)脱漆处未按工艺补漆	外体油漆脱落面积累计超过100 mm×100 mm	外体油漆脱落面积累计超过300 mm×300 mm	外体油漆脱落面积累计超过500 mm×500 mm
车电	1. 灯具	(1)漏光、灯光、灯色不一致;(2)客室灯1支不亮	(1)灯具整套松动,不清洁,灯罩裂纹长度超过100 mm;(2)厕所、通道合灯1支不亮	灯具脱落或缺少	
	2. 照明配电箱及扩音配电箱	(1)线标不清或标示牌缺少、面板松脱、合叶变形;(2)门锁及锁定装置作用不良	(1)开关作用不良影响使用;(2)控制电路接线端子松动,容量不符合规定(超过2A),配线老化,熔断器按规定配线同级混线,各指示灯欠缺或显示不正常;(3)线路图不正确	超过B类范围者	配线反接,线端子烧损或脱落影响全车照明
	3. 用电器	电扇、电铃、互换器、示意器、排气扇、电动水泵、温水箱、列车电话扩音开关等不清洁	安装松动,作用不良,不全或不清,各开关作用不良	(1)各电器不能使用;(2)车内临时线	
	4. 插座及车内其他开关	插座不清洁,安装松动	局部损坏不影响使用	接触不良,损坏不能使用,短缺	
	5. 各连接器	连接器及线路不清洁	(1)插接作用不良;(2)护套破损;(3)配件缺损影响使用	配件丢失、缺损,作用不良	温升超过规定,影响使用

续表

项目	部位	A类故障	B类故障	C类故障	D类故障
车电	6. 配线	管卡松动，分线盒缺密封件，搭扣作用不良	线管、线盒腐蚀，绝缘层磨损不影响绝缘	接线端子松动，过热变色	配线断路、短路、烧损，绝缘达不到规定值
车电	7. 轴驱发电机	（1）皮带过松、过紧，电机及附属装置不清洁；（2）整流箱、控制箱不清洁，面板变形，合叶松脱，门锁及锁紧装置作用不良，仪表牌不清或丢失；（3）标牌及校验过期	（1）吊销及吊孔间隙过限；（2）各部配件松动（含销子车，防松件不全或开口销单边折损；（3）发电机及附属装置配件不全；（4）仪表装置显示不正确	（1）大小皮带轮安装松动，皮带磨槽底；（2）悬吊松动，配件不全；（3）接线松动，连铜板、绝缘板过热变色或烧损，熔断器容量不符合规定	（1）发电机吊架、吊销裂纹，开口销丢失或吊销折损，大皮带轮辐双片折损；（3）发电机故障不能使用
车电	8. 蓄电池箱、逆变器等电器下箱体	（1）箱门关不严，把手作用不良，定检牌框变形或损坏；（2）紧固丝杠作用不良	（1）箱体变形；（2）排气孔、滚动机构损坏不影响使用	（1）吊架螺栓松动；（2）超过B类范围者	悬吊裂纹，吊螺栓丢失
车电	9. 蓄电池	（1）外表不清洁；（2）绝缘磁条破损	（1）接续线、极耳松动，硫化、烧损，漏液；（2）电解液面高度、密度、电压不符合规定	（1）电池异形；（2）封口开裂；（3）熔断器容量不合规定	电池爆裂或硫化不导电，反板
车电	10. 轴温报警装置	（1）轴报仪外观不清洁，安装松动；（2）绝缘破损	（1）按键作用不良，缺笔画，线管锈蚀破损	（1）声光报警失常，巡视不良，传感器引出线磨损漏铜，混联网；（2）未联网，检修过期	轴报仪坏不能使用或未安装
车电	11. 信息显示屏	（1）信息显示屏外观不清洁；（2）显示笔画缺1处	安装松动。显示笔画缺1处以上	超过B类范围者	
车电	12. 充、逆变装置	表面不清洁、标记不清	接线松动1处	（1）引线套管破损漏电不合规定；（2）未联网；（3）超过B类范围者	充电、逆变装置无法使用

续表

项目	部位	A类故障	B类故障	C类故障	D类故障
车电	13. 应急电源	（1）面板变形，合页松脱，门锁及锁定装置作用不良，丢失；（2）不清洁，标示牌不清或丢失；（3）器件安装松动，电气仪表校验过期；（4）接线排布凌乱，接线端子护套丢失，标记不清，配线管卡丢失；（5）柜门胶条松脱	安装螺栓松动	（1）蓄电池电压低于40 V；（2）熔断器容量不符合规定	欠装或充电整流装置失效
	14. 餐车冰箱	（1）箱体磕碰变形，箱门不严，密封条松脱老化	（1）控制箱开关作用不良，接线松动，配件不全；（2）接触器不清洁，翘片有变形；（3）热器风扇皮带单根运转或打滑；（4）电子转子有拉伤或磨碳刷损，机组箱变形	（1）机组悬吊装置螺栓松动；（2）一台压缩机不制冷，甩动；（3）电子转子严重拉伤，甩锡；（4）控制箱内部元件烧损；（5）熔断器容量不符合规定	（1）机组悬吊装置紧固螺栓丢失，裂纹；（2）双台压缩机不制冷；（3）因冰箱电路造成漏电
	15. 电气化厨房设备	（1）控制柜门作用不良；（2）箱内污垢；（3）防尘密封胶垫，进线口防护胶圈龟裂，变形，老化，剥离；（4）接线端子机身固件松动，器件标识不清晰，不准确；（5）风扇、冷却盘安装螺栓松动或丢失1处	（1）设定参数错误1处；（2）电蒸饭箱管件连接处渗漏1处；（3）控制面板按键作用不良；（4）风扇、冷却盘安装松动1处；（5）保护装置失效	（1）设备无法正常工作；（2）配像过热变形或损伤；（3）超过B类范围者	漏电值超标
	16. 电气设备监控装置	（1）外观不清洁；（2）页面显示错误1处	（1）车厢监控离线1节；（2）页面显示"故障"	（1）主机无显示；（2）超过B类范围者	（1）全列无法监控；（2）漏电报警或漏电值超标

续表

项目	部位	A类故障	B类故障	C类故障	D类故障
车电	17.影视系统	(1)外观不清洁;(2)主机页面显示错误1处;(3)电视屏幕键缺损1处;(4)控制盒、电视机安装不符合要求1件;(5)频道数不符合要求1件	(1)控制盒作用不良1处;(2)画面不清晰1处或声音图像不同步1处;(3)放大器放大方向错误	(1)监视器无法显示;(2)控制盒作用不良2处;(3)电视节目无法正常播放;(4)超过B类范围者	
	18.烟火报警装置	(1)外观不清洁;(2)页面显示错误1处	(1)显示屏、探头安装松动1处;(2)误报警或传感器安装松动1处	(1)声光报警失效;(2)参数设定不符合要求,全列无法监控;(3)超过B类范围者	
	19.行车安全监察装置	全、(2)线正确牢固,导线无破损老化	接线或传感器安装松动1处	(1)屏幕"故障"显示;(2)显示故障未处理;(3)显示值与实际值不符	
空气调节装置	1.空调机组		安装螺栓或配件不全	(1)缺少过滤网;(2)单台压缩机运转异音;(2)单台压缩机或空调机组故障不能工作	制冷、采暖及风机失效
	2.控制柜	(1)面板变形,合页松脱,门锁及锁定装置作用不良;(2)不清、(3)各元器件安装松动,电气仪表校验过期;(4)接线排布紊乱,标记不清,接线端子护套丢失、丢失;(5)柜门胶条松卡缺失	(1)柜门胶条缺少;(2)各控制、保护装置整定值不符规定;(3)仪表显示不正确;(4)控制电路接线端子松动、老化、破损;(5)线路图欠缺、不正确	(1)配件缺少、破损,作用不良;(2)各工况位检动作不符合规定;(3)主回路空气开关容量不符,熔断器及空气开关容量不符、主电路过载、短路、欠压保护器,各传感器,PLC,接触器,在线绝缘检测装置超过设计值±10%;(6)25T型客车电气综合控制柜各熔断器、热继电器、接触器、热继电器、压敏电阻、隔离开关、电源模块等器件的规格、型号不符合规定或接触不良,漏电	(1)电源转换开关失效;(2)电源接线端子烧损、断路

续表

项目	部位	A类故障	B类故障	C类故障	D类故障
空气调节装置	3. 风道及其他装置	空气调节旋钮刻度不清晰	（1）回风过滤网脏堵；（2）空气调节旋钮松动	（1）风道漏水；（2）超过B类范围者	
	4. 客室电热装置	表面积尘，外罩欠螺栓	防护罩安装松动、变形	（1）接线外露；（2）电热管烧损或失效，表面温度超过70℃	（1）防护罩缺少，电热装置脱落
独立供电柴油发电机组	1. 电气控制装置	（1）面板变形，合页松脱，门锁及锁定装置作用不良；（2）标示牌不清或丢失；（3）各元器件校验过期；（4）电气仪表紊乱，接线端子配线套丢失，标记不清，配线卡脱；（5）柜门胶条松脱	（1）柜门胶条缺少，各控制、保护装置整定值不符合规定，仪表显示不正确；（2）控制电路接线端子松动，配线老化、破损；（3）各控制、保护装置作用失效；（4）车下电气柜体腐蚀	（1）配件缺少、破损，作用不良；（2）各工况定位作不符合规定；（3）主回路空气开关容量不符；（4）熔断器及空气开关容量不符；（5）主电路过载、短路，欠压保护器设定值超过设计值10%；（6）电动调速、停机，灭磁功能及充电装置失效	（1）电源转换开关失效，断路，电源接线端子烧损；（2）油压报警装置失效
	2. 悬吊装置		（1）减振垫老化、破损；（2）挡板固定不良	（1）紧固件松动；（2）挡板丢失	悬吊裂纹，紧固件修饰
	3. 柴油机及附属装置	（1）柴油机各部及附属件不清洁，有积油、水、垃圾及其他杂物，各部安装、连接紧固件松动；（2）调速不稳（不超过额定转速值±5%）；（3）烟色异常；（4）传感器安装松动，误差超过规定值；（5）燃油、机油、空气滤清器、油箱及输油管路不清，油位表不良	（1）柴油机异音；（2）传动轴断线、脱焊，失效，盖丢失；（3）油箱注油孔未盖、箱体反连通漏油，风冷系统脏堵严重漏泄；（4）空滤器缺油	（1）柴油机各部件调整不符合规定；（2）在标准工况时，输出功率低于额定的85%；（3）油温、水温不符合规定；（4）车下悬吊装置紧固件松动；（5）燃油、润滑、冷却、排进气系统堵塞或严重漏泄；（6）水质电解液面高度、密度不符合规定；（7）启动蓄电池电解液面高度、密度、电压不符合规定	（1）柴油机不能启动，或因故障不能使用；（2）油压不符合规定

177

续表

项目	部位	A类故障	B类故障	C类故障	D类故障
独立供电柴油发电机组	4.发电机	（1）各部安装螺栓及其紧固件松动；（2）发电机及附属装置不清洁；（3）在额定负载范围内，电机运转有异声；（4）电压不稳定、频率波动超过规定范围	（1）各部配件作用不良；（2）接线混乱，线号不清；（3）引线护套破损，固定不良	（1）配件丢失；（2）接线端子松动；（3）引线老化、破损	电机绝缘不良，影响使用
24型客车	1.空气调节装置	（1）面板变形，合页松脱，门锁及锁定装置作用不良；（2）不清洁，标示牌不清晰或丢失；（3）各元器件安装逾期或松动，电气仪表校验过期；（4）接线排布凌乱，标记不清，接线端子疲劳丢失；（5）柜门胶条松脱卡丢失；（6）空气过滤网、散热器积垢，散热不良；（7）冷凝器及排风系统脏；（8）视液镜不清	（1）柜门胶条缺少，各控制、保护装置整定值不符合规定，仪表显示不正确；（2）控制电路接线端子松动，配线老化，接线端子松动；（3）各控制、保护装置作用失效；（4）机组紧固件松动；（5）系统缺油、漏液；（6）配件缺损；（7）控制回路接线端子松动；（8）降压启动的任一时差不足2 s	（1）配件缺少、破损，作用不良；（2）各工况动作不符合规定；（3）主回路接线松动；（4）熔断器及空气开关容量不符，主电路过载保护定值超过设计值±10%；（7）1/3工况制冷剂视高于上视化；（7）1/3工况制冷剂视高于上视镜；（8）压缩机内润滑油静止状态时低于视镜1/2；（9）油位视镜干于视镜1/2；（10）冷凝、通风，压缩电机降压电阻烧损	机组不制冷
	2.发电机及传动装置	各部外观不清洁、积垢	齿轮箱缺油	（1）扭转支架、万向轴、弹性连接器安装螺栓松动，连接器安装螺栓松动，长度、熔断器容量不符合规定；（3）配件不全	
	3.悬吊装置		减振器老化、破损	紧固件松动，吊架变形	悬吊裂纹，紧固件丢失
定检标记		（1）标记不清；（2）侧门外无"严禁敲击"标记	标记涂打不符合规定	无定检标记	

（2）库列检应对外属列车的车钩及缓冲装置、制动装置、转向架和悬吊装置进行全面检查，及时消除故障；对车辆乘务员交修的故障，经处理后应保证返程时不发生责任事故；必须摘车处理时，应尽量保证原编组返回。

（3）装用盘形制动装置的客车，须进地沟线检修。

（4）库列检应配合外属列车做好加油、供电、排污等工作。

（5）集中供电空调列车，库内停留期间须使用外接地面电源进行检修。

（二）客列检作业范围

（1）客列检是确保旅客列车安全运行的重要部门，承担对终到、始发、通过旅客列车走行部进行重点技术检查，及时排除危及行车安全故障等工作。

（2）客列检对发现或预报的车辆故障，必须积极修复或妥善处理，保证行车安全。对故障车辆应否摘车由客列检确认并负责处置。

（3）对始发旅客列车，负责机车与机后第一辆客车的软管、车端电气连接线的连接，并进行制动机简略试验。

（4）对终到旅客列车，负责列车机车与机后第一辆客车的车钩摘解及软管、车端电气连接线的摘解。对不入库检修的站折返列车，按库列检技术检查作业范围检修，并进行制动机全部试验。

（5）通过旅客列车的技术检查作业范围：

① 列车车辆技术状态交接。

② 轴温：轴温达到 90 ℃ 或超过外温加 60 ℃ 时摘车处理；超过外温加 45 ℃ 时，通知车辆乘务员重点监控并预报前方客列检重点检查，站折返列车须开盖检查，发现轴承零件破损、油脂变质、混砂、混水、混有金属粉末等异状，不能保证行车安全时应做摘车修理。

③ 车轮缺损、踏面剥离、擦伤（擦伤深度在 1.5 mm 以内，允许一次运行到终点站换轮）。

④ 摇枕悬吊装置、基础制动装置。

⑤ 轴箱弹簧、摇枕弹簧、空气弹簧装置。

⑥ 配件丢失、脱落或损坏。

⑦ 车钩、制动软管、总风管的连接状态。

⑧ 按规定施行列车制动机试验。

（6）通过旅客列车的不摘车修范围：

① 更换轴箱弹簧、摇枕弹簧（圆弹簧外圈支承圈折损或内圈折损，可一次运行到终点站更换），标记速度 160 km/h 及以上的客车除外。

② 处理基础制动故障。

③ 处理空气制动机故障。

④ 更换钩舌、钩舌销，调整钩差。

⑤ 更换处理牵引拉杆故障。

⑥ 处理配件丢失、脱落或损坏故障。

（7）客列检对发现或预报的车辆故障必须积极修复和妥善处理，保证行车安全。故障车辆是否摘车由客列检确认并负责，车辆乘务员应服从客列检的决定。

（8）属客列检不摘车修范围的故障，未做处理或摘车处理为客列检责任；经客列检处理的故障，属于不摘车修范围的，应保证安全运行到终点站；属于检查范围的保证安全运行到下一个客列检；通过列车凡因不摘车修造成的晚点，一律为关系晚点。

（三）车辆乘务组作业范围

（1）车辆乘务组是监控旅客列车运行安全的重要岗位，承担着妥善处理列车运行途中发生的故障和为旅客提供良好服务设施的工作。

（2）车辆乘务组在出乘前应按技术作业过程对列车进行检查，核对并签认《旅客列车技术状态交接簿》（车统-181）故障的处理情况；按照分工范围检修并保养车辆；负责尾部标志灯的整修和摘挂；参加始发列车的制动机试验。

（3）车辆乘务组在值乘中应按技术作业过程巡视车厢，发现故障要正确判断、果断处理，并将不能消除的不摘车修故障预报前方客列检。

（4）中途发生临时停车时，应及时联系，查明原因。必要时下车检查处理，并将情况做成记录。

（5）运行途中空调装置出现故障，不能正常工作时，车辆乘务员应立即采取修复措施，确认不能及时修复时，通知列车长拍发电报。

（6）列车到达终点站，乘务员必须及时检测轴温，做技术检查，随车入库并向值班员汇报运行情况。属于库列检施修范围的故障须填写《旅客列车技术状态交接簿》（车统-181），重点故障须与库列检工长交接。

（7）跨局旅客列车在外局管内须接受当地铁路局的领导，发生事故或意外情况时应及时汇报，服从命令，听从指挥。

（8）值乘中遇有紧急情况需要汇报时，车辆乘务长凭臂章发铁路电报。非经主管部门准许，任何人不得撤换、中止车辆乘务员的工作。

（9）在无库列检、客列检作业的折返站，由车辆乘务员按客列检对通过旅客列车的技术检查范围进行作业。

（10）直达特快旅客列车的车辆乘务员，按规定履行部分运转车长职能。

五、铁路交通事故调查与处理

（一）铁路交通事故的定义及分类

1. 定义

铁路机车车辆在运行过程中发生冲突、脱轨、火灾、爆炸等影响铁路正常行车的事故，包括影响铁路正常行车的相关作业过程中发生的事故；或者铁路机车车辆在运行过程中与行人、机动车、非机动车、牲畜及其他障碍物相撞的事故，均为铁路交通事故（以下简称事故）。

2. 分类

依据《铁路交通事故应急救援和调查处理条例》规定，事故分为特别重大事故、重大事故、较大事故和一般事故四个等级。其中，一般事故分为：一般A类事故、一般B类事故、一般 C 类事故、一般 D 类事故。

（1）有下列情形之一的，为特别重大事故：

① 造成 30 人以上死亡。

② 造成 100 人以上重伤（包括急性工业中毒，下同）。

③ 造成 1 亿元以上直接经济损失。

④ 繁忙干线客运列车脱轨 18 辆以上并中断铁路行车 48 h 以上。

⑤ 繁忙干线货运列车脱轨 60 辆以上并中断铁路行车 48 h 以上。

（2）有下列情形之一的，为重大事故：

① 造成 10 人以上 30 人以下死亡。

② 造成 50 人以上 100 人以下重伤。

③ 造成 5 000 万元以上 1 亿元以下直接经济损失。

④ 客运列车脱轨 18 辆以上。

⑤ 货运列车脱轨 60 辆以上。

⑥ 客运列车脱轨 2 辆以上、18 辆以下，并中断繁忙干线铁路行车 24 h 以上或者中断其他线路铁路行车 48 h 以上。

⑦ 货运列车脱轨 6 辆以上、60 辆以下，并中断繁忙干线铁路行车 24 h 以上或者中断其他线路铁路行车 48 h 以上。

（3）有下列情形之一的，为较大事故：

① 造成 3 人以上 10 人以下死亡。

② 造成 10 人以上 50 人以下重伤。

③ 造成 1 000 万元以上 5 000 万元以下直接经济损失。

④ 客运列车脱轨 2 辆以上、18 辆以下。

⑤ 货运列车脱轨 6 辆以上、60 辆以下。

⑥ 中断繁忙干线铁路行车 6 h 以上。

⑦ 中断其他线路铁路行车 10 h 以上。

（4）一般事故分为：一般 A 类事故、一般 B 类事故、一般 C 类事故、一般 D 类事故。

有下列情形之一，未构成较大以上事故的，为一般 A 类事故：

① 造成 2 人死亡。

② 造成 5 人以上、10 人以下重伤。

③ 造成 500 万元以上、1 000 万元以下直接经济损失。

④ 列车及调车作业中发生冲突、脱轨、火灾、爆炸、相撞，造成下列后果之一的：

a. 繁忙干线双线之一线或单线行车中断 3 h 以上、6 h 以下，双线行车中断 2 h 以上、6 h 以下。

b. 其他线路双线之一线或单线行车中断 6 h 以上、10 h 以下，双线行车中断 3 h 以上、10 h 以下。

c. 客运列车耽误本列 4 h 以上。

d. 客运列车脱轨 1 辆。

e. 客运列车中途摘车 2 辆以上。

f. 客车报废 1 辆或大破 2 辆以上。

g. 机车大破 1 台以上。

h. 动车组中破 1 辆以上。

i. 货运列车脱轨 4 辆以上、6 辆以下。

有下列情形之一，未构成一般 A 类以上事故的，为一般 B 类事故：

① 造成 1 人死亡。

② 造成 5 人以下重伤。

③ 造成 100 万元以上、500 万元以下直接经济损失。

④ 列车及调车作业中发生冲突、脱轨、火灾、爆炸、相撞，造成下列后果之一的：

a. 繁忙干线行车中断 1 h 以上。

b. 其他线路行车中断 2 h 以上。

c. 客运列车耽误本列 1 h 以上。

d. 客运列车中途摘车 1 辆。

e. 客车大破 1 辆。

f. 机车中破 1 台。

g. 货运列车脱轨 2 辆以上、4 辆以下。

有下列情形之一，未构成一般 B 类以上事故的，为一般 C 类事故：

① 列车冲突。

② 货运列车脱轨。

③ 列车火灾。

④ 列车爆炸。

⑤ 列车相撞。

⑥ 向占用区间发出列车。

⑦ 向占用线接入列车。

⑧ 未准备好进路接、发列车。

⑨ 未办或错办闭塞发出列车。

⑩ 列车冒进信号或越过警冲标。

⑪ 机车车辆溜入区间或站内。

⑫ 列车中机车车辆断轴，车轮崩裂，制动梁、下拉杆、交叉杆等部件脱落。

⑬ 列车运行中碰撞轻型车辆、小车、施工机械、机具、防护栅栏等设备设施或路料、坍体、落石。

⑭ 接触网接触线断线、倒杆或塌网。

⑮ 关闭折角塞门发出列车或运行中关闭折角塞门。

⑯ 列车运行中刮坏行车设备设施。

⑰ 列车运行中设备设施、装载货物（包括行包、邮件）、装载加固材料（或装置）超限（含按超限货物办理超过电报批准尺寸的）或坠落。

⑱ 装载超限货物的车辆按装载普通货物的车辆编入列车。

⑲ 电力机车、动车组带电进入停电区。

⑳ 错误向停电区段的接触网供电。

㉑ 电化区段攀爬车顶耽误列车。
㉒ 客运列车分离。
㉓ 发生冲突、脱轨的机车车辆未按规定检查鉴定编入列车。
㉔ 无调度命令施工，超范围施工，超范围维修作业。
㉕ 漏发、错发、漏传、错传调度命令导致列车超速运行。
有下列情形之一，未构成一般C类以上事故的，为一般D类事故：
① 调车冲突。
② 调车脱轨。
③ 挤道岔。
④ 调车相撞。
⑤ 错办或未及时办理信号致使列车停车。
⑥ 错办行车凭证发车或耽误列车。
⑦ 调车作业碰轧脱轨器、防护信号，或未撤防护信号动车。
⑧ 货运列车分离。
⑨ 施工、检修、清扫设备耽误列车。
⑩ 作业人员违反劳动纪律、作业纪律耽误列车。
⑪ 滥用紧急制动阀耽误列车。
⑫ 擅自发车、开车、停车、错办通过或在区间乘降所错误通过。
⑬ 列车拉铁鞋开车。
⑭ 漏发、错发、漏传、错传调度命令耽误列车。
⑮ 错误操纵、使用行车设备耽误列车。
⑯ 使用轻型车辆、小车及施工机械耽误列车。
⑰ 应安装列尾装置而未安装发出列车。
⑱ 行包、邮件装卸作业耽误列车。
⑲ 电力机车、动车组错误进入无接触网线路。
⑳ 列车上工作人员往外抛掷物体造成人员伤害或设备损坏。
㉑ 行车设备故障耽误本列客运列车1h以上，或耽误本列货运列车2h以上；固定设备故障延时影响正常行车2h以上（仅指正线）。
铁路总公司可对影响行车安全的其他情形，列入一般事故。
（5）因事故死亡、重伤人数7日内发生变化，导致事故等级变化的，相应改变事故等级。

（二）事故报告

（1）事故发生后，事故现场的铁路运输企业工作人员或者其他人员应当立即向邻近铁路车站、列车调度员、公安机关或者相关单位负责人报告。有关单位和人员接到报告后，应立即将事故情况向企业负责人和事故发生地安全监管办安全监察值班人员报告，安全监管办安全监察值班人员按规定向安全监管办负责人报告。
（2）事故报告的主要内容：
① 事故发生的时间、地点、区间（线名、千米、米）、线路条件、事故相关单位和人员。

②发生事故的列车种类、车次、机车型号、部位、牵引辆数、吨数、计长及运行速度。
③旅客人数、伤亡人数、性别、年龄以及救助情况，是否涉及境外人员伤亡。
④货物品名、装载情况，易燃、易爆等危险货物情况。
⑤机车车辆脱轨辆数、线路设备损坏程度等情况。
⑥对铁路行车的影响情况。
⑦事故原因的初步判断，事故发生后采取的措施及事故控制情况。
⑧应当立即报告的其他情况。
（3）事故报告后，人员伤亡、脱轨辆数、设备损坏等情况发生变化时，应及时补报。

（三）事故调查

（1）特别重大事故按《条例》规定向国务院或国务院授权的部门组织事故调查组进行调查。
（2）重大事故向铁路总公司组织事故调查组进行调查。调查组组长由铁路总公司负责人或指定人员担任，安全监察司、运输局、公安局等部门和铁路总公司派出机构、相关安全监管办等部门（单位）派员参加。
（3）较大事故和一般事故由事故发生地安全监管办组织事故调查组进行调查。调查组组长由安全监管办负责人或指定人员担任，安全监管办安全监察部门、有关业务处室、公安机关等部门派员参加。
（4）铁路总公司认为必要时，可以参与或直接组织对较大事故和一般事故进行调查。
（5）根据事故的具体情况，事故调查组还可向工会、监察机关有关人员以及有关地方人民政府、公安机关、安全生产监督管理部门等单位派人组成，并应当邀请人民检察院派人参加。事故调查组认为必要时，可以聘请有关专家参与事故调查。
（6）事故调查组履行下列职责：
①查明事故发生的经过、原因、人员伤亡情况及直接经济损失。
②认定事故的性质和事故责任。
③提出对事故责任者的处理建议。
④总结事故教训，提出防范和整改措施建议。
⑤提交事故调查报告。
（7）《铁路交通事故调查报告》应包括下列内容：
①事故概况。
②事故造成的人员伤亡和直接经济损失。
③事故发生的原因和事故性质。
④事故责任的认定以及对事故责任者的处理建议。
⑤事故防范和整改措施建议。
⑥与事故有关的证明材料。

（四）事故责任判定（涉及客车方面）

《铁路交通事故应急救援和调查处理条例》对涉及客车方面的事故责任的判定：

（1）事故分为责任事故和非责任事故。

事故责任分为全部责任、主要责任、重要责任、次要责任和同等责任。

（2）铁路运输企业或相关单位发布的文电，违反法律法规、铁路总公司规章或铁路相关技术标准和作业标准等，直接导致事故发生的，定发文电单位责任。

（3）因设备管理不善造成的事故，定设备管理单位责任。

（4）机车车辆断轴造成事故，由于探测、监测工作人员违章违纪或设备不良、管理不善等原因造成漏报、误报或预报后未及时拦停列车的，定相关单位责任。由于货物超载、偏载造成车辆断轴事故，定装车站或作业站责任。

（5）因列车折角塞门关闭造成事故，无法判明责任的定发生地铁路运输企业责任事故。

（6）因断钩导致列车分离事故，断口为新痕时定机务单位责任（司机未违反操作规程的除外），断口旧痕时定机车车辆配属或定检单位责任；机车车辆车钩出现超标的砂眼、夹渣或气孔等铸造缺陷定制造单位责任。未断钩造成的列车分离事故根据具体情况进行分析定责。

（7）事故发生后，因发生单位未如实提供情况，导致不能查明事故原因和判定责任的，定发生单位责任。

（8）事故涉及两个以上单位管理的相关设备，设备质量均未超过临修或技术限度时，按事故因果关系进行推断，确定责任单位。

（9）铁路作业人员在从事与行车相关的作业过程中，不论作业人员是否在其本职岗位，由于违反操作规程、作业纪律，或铁路运输生产设备设施、劳动条件、作业环境不良，或安全管理不善等造成伤亡，定责任事故。具体情形按以下规定办理。

① 乘务人员及其他作业人员在企业内候班室、外地公寓、客车宿营车等处候班、间休期间，因违章违纪、设备设施不良等造成伤亡的，定有关单位责任。

② 作业人员在疏导道口、引导或帮助旅客上下车、维持站车秩序过程中被列车撞轧而伤亡的，定作业人员所在单位责任。

③ 事故发生过程中，作业人员在避险或进行事故抢险时因违章作业再次发生伤亡，应按同一件事故定责；事故过程已终止，在事故救援、抢修、复旧及处理中又发生事故导致伤亡的，按另一件事故定责。

④ 作业人员在工作或间歇时间擅自动用铁路运输设备设施、工具等导致伤亡的，定该作业人员所在单位责任事故，同时追究设备设施配属（或管理）单位的责任。

⑤ 作业人员因患有职业禁忌症而导致行为失控，造成伤亡的，定该作业人员单位责任。

（五）车辆破损界定

车辆破损分为报废、大破、中破和小破四种。

1. 报废

符合下列条件之一时，车辆破损情况定为报废：
（1）外墙、顶板需全部分解，并须更换铁立柱达 2/3。
（2）需要解体更换中梁。
（3）中、侧梁垂直弯曲超过 200 mm 或横向弯曲超过 100 mm。

（4）两根侧梁折损或一根侧梁及两根端梁折损。

（5）车底架扭曲，其倾斜度在车底架 1 m 以内超过 70 mm 或全部车底架超过 300 mm。

（6）底体架破损程度较大或火灾事故后严重变形，以及旧杂型客车腐蚀、破损严重，经鉴定无修复价值。

2．大破

破损程度达到下列条件之一时，车辆破损情况定为大破：

（1）中梁、侧梁、端梁、枕梁中任何一种弯曲或破损合计达到二根（中梁每侧按一根计算）。

（2）牵引梁折断二根，或折断一根加上述各梁弯曲或破损一根（贯通式中梁牵引部分按中梁算，非贯通式及无中梁的按牵引梁计算）。

（3）客车、机械冷藏车、发电车车体破损，需施修车棚椽子、侧梁、侧柱、通过台顶棚中梁、车棚内角柱、端柱之中任何一项。

（4）机械冷藏车、发电车、柴油机、发电机破损，其中任何一项需要大修时。

（5）客车、发电车火灾或爆炸内部烧损需要修换的面积达 20 m^2（包括顶、端、侧、地、门板以及间隔板）。

3．中破

破损程度达到下列条件之一时，车辆破损情况定为大中破：

（1）中梁、侧梁、端梁、枕梁中任何一根弯曲或破损。

（2）牵引梁折断一根（牵引梁定义与大破同）。

（3）转向架的侧架、摇枕、均衡梁或轮对破损需要更换任何一项。

（4）机械冷藏车、发电车的冷冻机、柴油机、发电机破损，其中任何一项需要段修时。

（5）客车、发电车火灾或爆炸内部烧损需要换修的面积达 10 m^2。（包括顶、端、侧、地、门板以及间隔板）。

客车车辆各梁大、中破程度按表 6-2-15 限度计算。

表 6-2-15　客车车辆各梁大、中破程度

梁别	弯曲（上、下、左、右）	破损
侧梁	40 mm	裂纹破损达到原断面积 1/2
端梁	30 mm	裂纹破损达到原断面积 1/2
中梁	50 mm	裂纹破损延伸至垂直面（不包括盖板）
枕梁	30 mm	裂纹破损延伸至垂直面（不包括盖板）

注：①客车端梁包括通过台端梁。
　　②非贯通式侧梁、端梁，不按侧梁、端梁计算。
　　③发电车各梁大、中破损程度按客车计算。
　　④淘汰及旧杂型车辆破损程度按降一级计算。
　　⑤计算破损程度时，原有裂纹破损旧痕的尺寸不计算在内。
　　⑥中、侧梁弯曲测量方法，以两个枕梁间平直线的延长线为基准。两轴车应找出原底架的水平线，然后延长测量。端梁弯曲测量方法以两端引出平行线为基准，垂直测量。每根梁如多处弯曲时，按弯曲最大的一处算，上下左右不相加。

（六）《铁路交通事故调查处理规则》中相关内容解释

（1）机车车辆：包括铁路机车、客车、货车、动车、动车组及各类自轮运转特种设备等。

（2）自轮运转特种设备：指在铁路营业线上运行的轨道车及铁路施工、维修专用车辆（包括轨道起重机、架桥机、铺轨机、接触网架线车、放线车、检修车、大型养路机械等）。

（3）列车：指编成的车列并挂有机车。单机、自轮运转特种设备，虽未完全具备列车条件，亦应按列车办理。

（4）客运列车：指旅客列车（含动车组）、按客车办理的回送空客车车底及其他列车。

（5）客运列车或客运列车摘下本务机车后的车列，被货运列车、机车车辆冲撞造成的事故，以及客运列车在中途站进行摘挂（包括摘挂本务机车）或转线作业发生的事故，均定客运列车事故。

（6）运行过程中：指铁路机车车辆运行的全过程，也包括在其运行中的停车状态。

（7）相撞：指铁路机车车辆在运行过程中与行人、机动车、非机动车、牲畜及其他障碍物相互碰、撞、轧，造成人员伤亡、设备设施损坏。

（8）冲突：指列车、机车车辆互相间或与轻型车辆、设备设施（如车库、站台、车挡等）发生冲撞，致使机车车辆、轻型车辆、设备设施等破损。

（9）脱轨：指机车车辆的车轮落下轨面（包括脱轨后又自行复轨），或车轮轮缘顶部高于轨面（因作业需要的除外）。每辆（台）只要脱轨1轮，即按1辆（台）计算。

（10）列车发生火灾：指列车起火造成机车车辆破损影响行车设备设施正常使用，或发生人员伤亡、货物、行包烧毁等。

（11）列车发生爆炸：指机车车辆在运行过程中发生爆炸，造成其设备损坏，墙板、车体变形或出现孔洞，影响正常行车。

（12）正线：是指连接车站并贯穿或直股伸入车站的线路。

（13）中断铁路行车：指不论事故发生在区间或站内，造成铁路单线、双线区间或双线区间之一线不能行车的情况。中断行车的时间，由事故发生时间起（列车火灾或爆炸由停车时间算起）至恢复客货列车原牵引方式连续通行时止。如列车能在站内其他线通行，又回到原正线上进入区间的，不按中断行车算。

（14）耽误列车：指列车在区间内停车；通过列车在站内停车；列车在始发站或停车站晚开、在运行过程中超过图定的时间（局管内）或调度员指定的时间；列车停运、合并、保留。

（15）客运列车中途摘车：指编挂在客运列车中的车辆发生冲突、脱轨、火灾、爆炸、相撞未达到中破及以上程度，不能运行，必须在途中摘下（不包括始发站和终到站）。

（16）断轴：机车车辆出段、出厂或由固定停放地点开出后，发生即算；列车中的车辆在运行、停留或始发、到达检查时发现即算。

（17）关闭折角塞门发出列车或运行中关闭折角塞门：列车前端越过出站信号机或警冲标即算。采用双管供风的列车因错接风管发出列车，按本项论。

（18）挤道岔：指车轮挤过或挤坏道岔。

（19）滥用紧急制动阀耽误列车：指违反《铁路技术管理规程》第271条第4款的规定使用紧急制动阀。

任务三 《铁路客车运用维修规程》的相关规定

一、列车编组及车辆摘挂、加挂

（1）客车应按其速度编挂列车。

（2）超过定期检修期限的车辆（按规定在延期范围内和经过车辆部门鉴定送厂、段施修的客车除外）严禁编入旅客列车。

《铁路客车运用维修规程》的相关规定

（3）临时旅客列车的编组按部、局命令办理，提前编组，逐辆整修。

（4）特快旅客列车不准编挂货车。其他旅客列车原则上不准编挂货车；在特殊情况下（事故救援、抢险等），局管内旅客列车经铁路局准许，跨局的旅客列车经铁路总公司准许，方可在列车后部加挂，但不得超过2辆。加挂货车的技术状态和构造速度，须符合该列车规定速度要求。

（5）客车禁止通过驼峰，调车时禁止溜放。

（6）固定列车编组中的车辆供风状态必须一致。

（7）全列空调供电制式必须一致。

（8）未安装客车轴温报警装置的客车，严禁编入旅客列车。

（9）列车编组中，密封风挡不得与橡胶风挡或铁风挡连接。

（10）列车编组中，子车连续编挂不得超过2辆（首尾以一辆为限）。

（11）全列空调列车额定负载总和不得超过发电车额定输出功率。通过电力连接线的电流量不得大于电力连接线额定容量。

（12）采用密接式车钩的列车，须备有中间体过渡车钩、15号过渡车钩、密接式车钩。

（13）直达特快旅客列车禁止挂回送机车。其他旅客列车遇特殊情况须附挂跨铁路局的回送机车时，按铁路总公司命令办理。

（14）列车机车与第一辆车的连挂，由机车乘务组负责。软管、车端电气连接线的连接由客列检人员负责；无客列检作业时，由车辆乘务员负责。

（15）列车机车与第一辆的车钩、软管、车端电气连接线的摘解，由客列检人员负责；无客列检作业时，车钩、软管的摘解由机车乘务组负责；车端电气连接线的摘解由车辆乘务员负责。

（16）旅客列车运行途中甩挂车辆时，车辆的摘挂、软管摘接，由调车人员负责。密封风挡及车端电气连接线的摘接由车辆乘务员负责；其他由客列检人员负责，无客列检作业时，由车辆乘务员负责。

（17）由机车向客车供电的列车换挂机车时，由客列检人员、机车乘务员、车辆乘务员办理相关手续，并进行签字；无客列检作业时，由车辆乘务员办理相关交接手续，并进行签认。

（18）临时换挂、加挂客车必须由配属单位保证达到《运用客车出库质量标准》和编组条件。加挂外局所担当的旅客列车时，配属段须派车辆乘务员。

（19）临时换挂、加挂客车，铁路局客运调度员应于列车出发前6h通知车辆调度员，由库列检、客列检按规定检修车辆，中途站加挂客车时，客列检应通知车辆乘务员。无客列检作业的车站，应由车站值班员通知车辆乘务员。

（20）全列空调列车上加挂外属客车时，只允许编挂在列车尾部，原则上不供电。如有特殊需要时，始发站加挂的客车可以双方签订协议，安排供电；中途加挂的客车一律不许供电。

（21）加挂客车的供风型式与列车编组不一致时，只允许编挂在列车尾部。双管供风车辆加挂在单管供风列车中，须改为单管供风状态。

（22）加挂非空调客车必须是母车。

二、列车运行

（1）旅客列车不准编挂制动关门车。在运行途中，如遇制动机临时故障，在停车时间内不能修复时，准许关闭一辆，但最后一辆不得为关门车。

（2）旅客列车运行途中因故甩车，在有条件的情况下，应积极准备替换车辆，尽量维持原编组结构。

（3）发生双管供风设备故障或用单管供风机车救援接续牵引时，车辆乘务员根据命令将编组客车风管路改为单管供风状态。在有客列检作业的车站，由客列检人员协助车辆乘务员处理。

（4）全列采用双管供风的旅客列车途中因故改为单管供风后，不再恢复双管供风，直至终到站，到达终到站后，由库列检（不入库检修的列车由客列检）恢复双管供风状态，并捆绑后与车辆乘务员交接。

（5）旅客列车凡因超员、超重、偏载造成弹簧压死、车钩钩差过限、车体倾斜或走行部零部件与车体顶抗、磨碰等危及行车安全的情况时，车辆乘务员应立即通知列车长，由列车长会同车站及时采取疏散措施，消除上述现象后，方准继续运行。

（6）装用空气弹簧的客车，运行途中发生空气弹簧故障时应限速运行，运行速度不得超过 120 km/h。

（7）采用密接式车钩的旅客列车，因故更换 15 号过渡车钩与机车连接时应限速运行，运行速度不得超过 140 km/h。

（8）采用中间体过渡车钩调车时，一次连挂不得超过 4 辆，运行速度不得超过 50 km/h。

（9）采用机车供电的旅客列车，因车辆故障造成机车跳闸或无法送电且不能修复时，必须甩车处理，尽快恢复全列车供电。

（10）旅客列车运行途中，严禁关闭电子防滑装置、轴温报警装置和其他报警装置。

（11）旅客列车运行途中，客运乘务员应规定使用，发现危及行车安全故障时，应立即通知车辆乘务员检修。

（12）旅客列车运行途中，客运乘务员应监视客车上各种报警设备的作用，遇有报警，应立即通知车辆乘务员。

（13）发电车供电的空调客车，须在列车始发前 1 h 开启空调设备对车厢进行预冷、预热；终到后 30 min 卸载停机。机车供电的空调客车，在列车始发前 40 min 连挂机车后须立即开启空调对车厢进行预冷预热。

（14）空调客车的空调温控器应设为：冬季：18～20 ℃，夏季：24～28 ℃。当环境温度低于 18 ℃ 时，严禁开启空调设备制冷。当环境温度低于 5 ℃ 时，须开启电伴热装置。列车运行中，通风机不得停用。途中因供电装置故障或长时间停留时，车辆乘务员可酌情减少用电负荷。

（15）同一发电车柴油机组须均衡使用，各机组运转工时差最多不得超过 100 h。

（16 列车运行中，白天若无特殊需要严禁使用照明装置；夜间行车 23:00 后关闭半夜灯（始发、到达及大量上、下旅客的车站除外）；途中因发电机故障或长时间停留，车辆乘务员可酌情减少用电负荷。

（17）列车库内停留时，除检修需要外，严禁使用空调电气设备、电风扇、电茶炉和电冰箱。

（18）列车整备原则上应使用外接电源供电，用电时间一般不超过 2 h。

（19）备用发电车每 15 天必须启动机组，检查技术状态，并按规定保养。备用客车须定期对蓄电池进行补充电。

（20）新造 25T 型客车上线运行前，须进行通电、带载试运行，试运行距离原则上不得少于 1 000 km。

（21）事故车回送时，必须按调度命令执行，并派人护送。

（22）车辆部门的干部添乘检查客车运用工作时，应持铁路总公司或铁路局填发的客车添乘证（见图 6-3-1）。

	使用范围：
单位	1.检查指导客车运用技术工作。
姓名	2.乘车区间只限本局管内，出局时只限本局担当的列车。
职名	
乘车区间	3.凭证使用铁路电话，发电报及车递文件。
有效期自20 年 月 日	
至	4.凭证在公寓或招待所食宿。
填发日期20 年 月 日	5.工作调动时应立即由填发单位收回此证。
编号：	
填发单位（公章）	6.本添乘证只作添乘检查指导的证件，不作乘车凭证。

图 6-3-1　客车添乘证

客车添乘证的填发范围如下：

（1）各铁路局车辆处长、副处长、总工程师，客运科全体人员。

（2）车辆段段长、运用（安全）副段长、技术（安全）科长、客车运用（安全）专职、客车运用车间主任、副主任及乘务指导。

三、客车防火、防冻

（1）铁路局应定期组织有关部门检查客车防火工作，消除火灾隐患，确保客车安全。车辆段要加强燃煤锅炉、茶炉、餐车炉灶、电气设备及发电车的检修。

（2）客车焚火人员应负责看管燃煤锅炉室和茶炉室。室内应保持清洁，禁止存放物品、晾挂衣物。燃煤锅炉焚火前必须检查锅炉水位，严禁缺水焚火。炉灰要及时熄灭和清理。餐车工作人员须经常清除炉灶烟筒和排烟罩上的油垢，需拆卸方可清除的部分南车辆部门负责。

（3）旅客列车在库内停留时，燃煤锅炉、燃煤茶炉、餐车炉灶须客运部门派人看管，停留车内严禁吸烟和动用明火取暖。

（4）配电间的门应锁闭。严禁在配电间堆放物品；配电箱、配电盘、控制箱、电采暖装置等电气装置上部及附近不得堆放或搭挂物品。

（5）严禁用水冲刷地板、墙板及带有电伴热塞拉门乘降梯，以免造成客车绝缘不良。

（6）发电车、空调客车的车体接地线、设备接地保护线可靠连接。

（7）运用客车严禁临时配线。确需改造的，须经车辆主管部门批准。

（8）列车运行途中，凡发生断路器自动分闸、熔断器熔断时，应首先确认该支路无短路后，方可复位或更换。

（9）发电车内严禁放置杂物，棉纱须存放在指定容器内。严禁乱丢乱放物品。

（10）发电车内严禁吸烟。严禁无关人员进入或通过机房。

（11）发电车各门、车下燃油箱须加锁。燃油箱及其他各部不得有积油和油垢。

（12）运用发电车启机后，须有专业人员不间断地看管和监护。

（13）客车车厢内须按规定配置灭火器。灭火器按产品规定期限进行定期检查并涂打检查日期标记。

（14）空调客车车厢内应配置消防锤，并标注"消防专用"标识。消防锤安装要求：车厢乘务员室设1个，座车客室设4个，卧车大走廊设2个，餐车客室设4个，双层座车下层客室设4个，双层卧车下层大走廊设2个。

（15）使用空调机组空气预热器时，须先开启通风机运行；停用时，须先关闭空气预热器，10 min后方准关闭通风机。

（16）冬季时，全列空调列车应保证车内温度，防止冻车。

（17）独立采暖装置客车的焚火工作，由客运部门担当，并在入库停留时派人看火，防止冻车。在采暖前须组织焚火人员学习，经考试合格发给合格证，方准独立工作。

（18）采暖期内，对终到甩下的客车须及时排净水暖管系、温水箱和电茶炉内的积水。采用独立采暖装置的客车因故在运行途中摘车时，须派人看火或彻底排水。车辆部门对出入厂、段的检修车，须派人认真办理交接，防止冻车。

（19）空气压缩机贮风缸须定期排水。客车与机车或列车与列车试验器、单车试验器连接风管时，应先开放机车折角塞门或风管路塞门排水。在列车尾部安装压力表时，应开放车辆折角塞门排水。

（20）运用列车每月应定期排除列车首尾各3辆客车风缸内的积水。必要时摘开软管，分解清远心集尘器，更换分配阀（三通阀）。

（21）车辆乘务员值乘时，须经常检查压力表，及时发现、处理列车制动主管、总风管结冰堵塞，确保安全。

（22）春运整修和秋季防寒整修时，应彻底处理车窗及防寒胶条、毡条故障；锅炉室地板与墙板出现缝隙时，应采取措施封堵；对锅炉、管系、各阀及塞门应冲洗除垢，涂打颜色标记，并进行点火试验。

四、客车备品、爱车工作

（1）新造、厂修客车的移动备品由车辆段向客运（列车）段做一次性交接。客运（列车）段负责保管、使用。

（2）客车固定备品须由车辆段配备齐全，经常保持其良好状态，并按下列规定办理交接：

① 由车辆段填写《客车固定备品卡片》（车统-103）一式两份：一份车辆段存查，一份置于客车备品筐内，作为交接点验的依据。

② 客车的固定备品按《客车固定备品卡片》（车统-103）进行交接；车辆编组后由车辆段备品员向车辆乘务长办理一次性交接，并在《客车备品交接单》（车统-38）上签字；三乘联检时由车辆乘务长向客运列车长办理交接并签认。

③ 客车因故甩在车站时，车辆乘务长应向所在站的车辆段（列检所）办理备品交接手续；无车辆段（列检所）时，由列车长和车辆乘务长与车站办理备品交接手续，必要时由列车长派人看车。

④ 运用客车的规定备品丢失或损坏时，由列车长填写《客车备品损坏记录》（客统-36）交车辆段备品员（或车辆乘务员）。车辆段须凭《客车备品损坏记录》（客统-36）修理或更换，每月向客运（列车）段清算，并报铁路局。

（3）客运、车辆乘务员对客车设备备品应按规定使用，经常向旅客进行爱车宣传。铁路局应经常检查爱车工作。

（4）严禁使用酸、碱洗刷车辆、厕所铁围板、管罩或用水冲刷地板。严禁在通过台堆积煤或其他杂物。

（5）在客车上安装宣传、引导标识及列车广告，须经路局主管部门批准。严禁在车内乱钉、乱贴、乱挂。

（6）严禁敲击、冲撞车体、车门及车内设施。

（7）客车结构或内部设备未经主管部门批准不得任意加改或拆除。日常作业过程中应保持车内卫生。

五、臂章

（1）客列检人员工作时必须佩戴臂章。式样如图6-3-2所示。（a）（b）为紫色呢料，黄色丝绒绣字、码边。

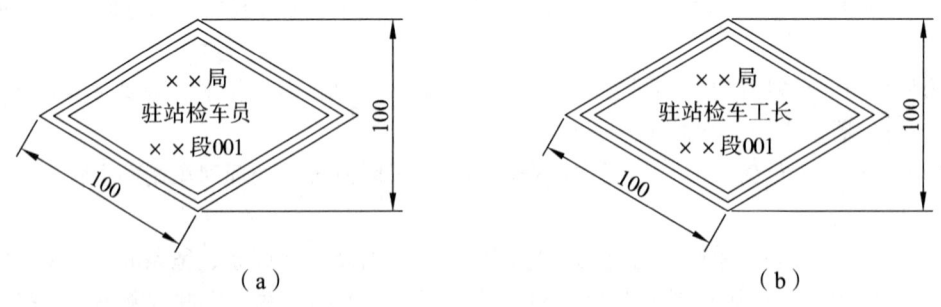

图6-3-2 客列检臂章

（2）车辆乘务员在工作时必须佩戴臂章。式样如图 6-3-3 所示。

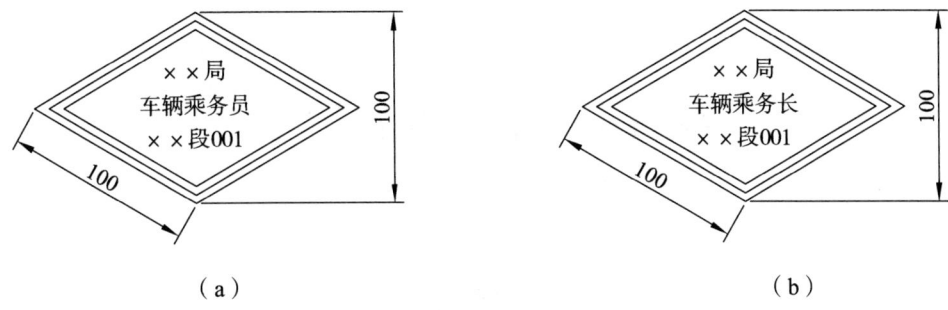

图 6-3-3 车辆乘务员臂章

项目七 客车车辆运用

任务一 常用表报的使用

1. 客车技术卡片（车统-5）

客车技术卡片用以记载客车自新造落成起，一直到报废止，各主要部件的尺寸、技术状态和历次维修情况。1987年以来，技术卡片输入微机，随时可查询每辆运用客车的技术状态。

常用表报的使用

2. 客车报废记录单（车统-10）

凡需报废的客车，由申请报废的单位（车辆段或修理工厂）填写客车报废记录单一式四份，按规定的办法和手续逐级上报至铁路总公司审批。

3. 检车员手册（车统-15）

检车员手册是检车人员进行车辆检修工作的记录，人手一册，要求认真填写。

4. 车辆检修通知书（车统-23）

凡因定检到期或技术状态不良的车辆，须从列车中摘下，并填写"车辆检修通知书（车统-23）"送交车站。即从该时间起此车停止使用，直至修复为止。该通知书为客车检修扣留的原始单据，并以此作为计算检修车的依据，故必须认真填写。

5. 检修车辆回送单（车统-26）

该回送单为检修车辆向他局厂、段回送时之根据，由车辆段编制两份：一份留存，一份随同车辆送至到达地点。回送单由乘务检车员办理交接。

6. 车辆修竣通知单（车统-36）

凡各种修程客车竣工后，应立即填发此通知单交给车站。

7. 车辆维修记录簿（车统-81）

该记录簿为进行不摘车修更换较大配件时填写，逐项记录后，检查与处理者应于最后一栏内签字，以作备查。

8. 旅客列车技术状态交接簿（车统-181）

该交接簿为旅客列车车辆乘务员与库列检检车员在列车出入库交接时，对列车技术状态的记录。车辆乘务员应认真填写,对属于库列检作业范围的故障,依据"车统-181"向库列检交接。库列检依据"车统-181"记载的故障施修,修竣后向乘务员交接。

任务二　列车编组及运行

挂有机车及规定标志的车列,称为列车。为了提高运输效率和保证行车安全,对于列车中车辆的编挂条件及连挂办法,有着严格的限制。

列车编组及运行

一、《技规》中有关车辆的规定

(1)列车分类

① 列车按运输性质的分类和等级顺序如下:

旅客列车:运送旅客及行李、包裹、邮件的列车。按其运行途程、运行速度及性质不同可分为:直达快速旅客列车、特快旅客列车、快速旅客列车、普通旅客列车、临时旅客列车、临时旅游列车。

② 列车运行方向及车次。

在行车工作中,为便于记忆、书写、统计和指挥、管理等工作,对于开行的每一列车,都编以一个简明的代号,既车次。列车车次能表示列车的种类、等级、性质、方向等。

列车运行方向,原则上以开往北京方向为上行,反之为下行。列车需按有关规定编定车次,上行列车编为双数,下行列车编为单数。

(2)客技站应有检修用的地沟、落轮坑、风管路、油管路、上水、排水、暖气预热、车电检修、电焊、排烟、照明、污水处理设备和材料备品库。工作量大的客技站应有专用轮对旋修设备,检修空调列车的客技站应设带有专用检修地沟、起重设备、动力电源的空调检修棚(库)。

(3)车辆实行定期检修,并逐步扩大实施状态修、换件修和主要零部件的专业化集中修。车辆修程,客车分为厂修、段修、辅修,最高运行速度超过 120 km/h 的客车按走行公里进行检修,修程为 A1、A2、A3、A4。

(4)编入运用的旅客列车应装有轴温报警装置。最高运行速度超过 120 km/h 的客车应装有电空制动机、盘形制动装置和防滑器,快速旅客列车空气制动系统用风应与空气弹簧等其他装置用风分离。

客车内应有紧急制动阀及压力表,并均应保持良好作用,按规定时间进行检查、校对并施封。车辆的制动梁及下拉杆必须有保安装置。

二、列车中车辆的编挂

(1)旅客列车按旅客列车编组表编组。为了保证运行安全和便于运转车长工作,列车最后一辆的后端应有压力表、紧急制动阀和运转车长乘务室(直达客车除外)。

（2）机车后第一位编挂一辆未搭乘旅客的车辆作为隔离车。如行李、邮政、发电车等。

（3）快速旅客列车不准编挂货车，编入的客车车辆最高运行速度等级必须符合该列车规定的速度要求。其他旅客列车原则上不准编挂货车，在特殊情况下，局管内旅客列车经铁路局准许，跨局的旅客列车经铁路总公司准许，方可在列车后部加挂，但不得超过二辆。加挂货车的技术状态和最高运行速度，须符合该列车规定速度要求。

（4）下列车辆禁止编入旅客列车：

① 超过定期检修期限的车辆（经车辆部门鉴定送厂、段施修的客车除外）。

② 装载危险、恶臭货物的车辆。

三、列车中车辆的连挂

（1）列车中相互连挂的车钩中心水平线的高度差，不得超过 75 mm。

（2）列车机车与第一辆车的连挂，由机车乘务组负责。单班单司机值乘的由列检人员负责；无客列检作业的列车，由车辆乘务员负责；无车辆乘务员的列车，由车站人员负责。

列车机车与第一辆车的车钩、制动软管摘解，由客列检人员负责；无客列检作业的列车，由机车乘务组（单班单司机值乘的由车辆乘务员）负责。

列车机车与第一辆车的电气连接线的连接与摘解由客列检作业人员负责，无客列检作业人员时，由车辆乘务员负责。

旅客列车在途中摘挂车辆时，车辆的摘挂和软管摘接，由调车人员负责，其他由列检作业人员负责，无列检作业人员时，由车辆乘务员负责，必要时打开车门，以便于调车作业。

任务三　库列检、客列检、客车乘务作业范围及客车出库质量要求

一、客技站作业范围

库列检、客列检、客车乘务作业范围及客车出库质量要求

（1）客技站（又称库列检）是维修保养客车的重要基地，运用客车应在客技站施行全面检修，消除故障。入库列车的技术检查时间应不少于 6 h。经客技站检修后的本属客车应达到《运用客车出库质量要求》。

（2）客技站（库检）负责本属客车的定期维修和防寒、防暑整修，厂、段修客车的接送和客车技术状态、备品的交接，本、外属客车的摘车临修，车电装置的维修和对蓄电池的补充电等工作。

（3）客技站（库检）对本属列车应实行包检包修负责制。检修后的客车保证运行区间往返不发生责任事故。

（4）客技站（库检）对外属列车要认真处理乘务员交修的故障。对转向架、制动、车钩等部位进行全面检查，重点修理，扩大列车队修，减少摘车临修，尽量保持原编组折返。

（5）施行客技站（库检）作业的旅客列车，应进行制动机全部试验。

二、普通客车和 25K 型客车出库质量要求

1. 转向架

（1）轮轴各部不得有裂纹，轮毂无松弛现象，并符合规定限度。
（2）转向架构架、上下心盘、轴箱、无裂纹。
（3）橡胶堆定位器不开胶、无裂纹，缺口方向符合规定，螺栓紧固，作用良好。
（4）摇枕挡、旁承及轴箱与构架间隙符合规定，摇枕挡旁承配件齐全、安装牢固、磨耗板无脱落。
（5）摇枕及吊、吊轴、弹簧及托板、托梁、安全吊无裂纹。
（6）油压减振器配件齐全、不漏油，作用良好，减振器座无裂纹，螺栓紧固。
（7）心盘、旁承、轴箱、缓解簧及安全吊的螺栓无松动。心盘垫板无破损窜出。
（8）抗侧滚扭杆各部无裂损、变形，螺栓无松动，圆销、开口销符合规定。
（9）空气弹簧无老化、无漏泄空车状态下高度符合标准。高度阀及调整阀无裂损变形。风管无腐蚀损坏，调整杆锁定，螺栓紧固，护套良好，调整杆上翘不超过 45°，差压阀无裂损、漏泄，作用良好。

2. 制动装置

（1）各拉杆、杠杆及托、缓解簧无裂纹，杠杆与托不抗劲。制动缸活塞行程符合规定。
（2）制动梁及吊、闸瓦及托、调整簧无裂损或磨耗到限，闸瓦不紧靠车轮。各圆销开口销无丢失、折损或磨耗到限，各圆销与套配合间隙不过限，销套不窜出裂损，各垂下品距轨面符合规定。闸瓦托加防翻装置，闸瓦托吊销加防脱挡。
（3）制动管系漏泄不超过规定。制动软管及连结器状态良好，管卡齐全，无松动。制动机、手制动机、自动间隙调整器、闸调器作用良好，压力表不过期，紧急制动阀铅封符合规定。
（4）各磨耗部（含转向架、钩缓等各部）给油良好，磨耗板齐全。
（5）空气制动装置各阀、塞门、风缸配件齐全，安装牢固，无裂纹、无漏泄，作用良好。
（6）制动盘座无裂纹、松动，配件齐全良好，螺栓紧固，制动盘裂纹不过限，闸片磨耗不过限。
（7）盘形制动缸及管系无漏泄，夹钳杠杆、定位销定位良好。
（8）空重车阀及排风口作用良好。
（9）电空制动装置配件齐全作用良好，配线连接良好，电磁阀安装紧固，密封良好，作用位准确。

3. 车钩缓冲装置

（1）车钩三态作用良好，车钩高度符合规定，钩托板螺栓无松动。钩提杆正位，不冲击下锁销连杆。
（2）车钩、尾框、托板、摆块、摆块吊、从板及座无裂纹，缓冲器、风挡弹簧、钩舌销及钩尾销无裂损。各部磨耗及间隙符合规定限度。

4. 车体及车内设备

（1）车底架各梁无裂纹，内、外墙板及车内地板无破损。

（2）车体倾斜不到限。车顶不漏雨，渡板无翘起，风挡棚不弯曲、裂损或开焊，橡胶风挡无老化、裂损，风挡杆螺栓紧固、铆钉无松动，风挡缓冲装置配件齐全良好。

（3）脚蹬安装牢固，无腐蚀破损，手把杆、栏杆无破损、丢失、松动，安全链齐全、不开焊。

（4）各门、翻板及簧、锁、门止及碰头齐全良好。

（5）活动式车窗升降作用良好，窗锁、通风器开关齐全、作用良好。门窗玻璃无破损。

（6）按规定配备灭火器，灭火器检修不过期。

（7）车内设备齐全良好，座席、卧铺及吊带、扶手、梯子、行李架、梳妆台、茶桌、帽钩安装无松动。座席及卧铺面布无破损。

（8）给水装置配件齐全、作用良好、不漏水。脸盆、洗手盆、便器不因破损影响使用。

（9）采暖装置配件齐全、作用良好，温度表、水位表作用准确。管系各阀、塞门、接箍、弯头无漏水或冻结。

（10）温水采暖锅炉、茶炉、电茶炉安装牢固，炉体无变形、破损，各阀作用良好，管系无漏泄，过滤器清洁，控制装置配件齐全，配线整齐，无热损，接触可靠，液位显示清晰，加热保护功能作用良好，餐车炉灶作用良好，烟筒及防火隔热装置完整。

三、25T型（19T型）客车出库质量要求

1. 转向架

（1）轮轴各部无裂纹，轮毂、制动盘座无松动，踏面擦伤及局部凹下深度；踏面剥离须符合以下限度要求：① 本属车出库不得有踏面擦伤及局部凹下；② 外属车出库不得超过 1 mm；③ 运行途中不得超过 1.5 mm；④ 车轮踏面剥离：1 处时不得超过 30 mm；2 处时，每处不得超过 20 mm。

（2）各制动盘、螺栓、销套无松动，制动盘磨耗及摩擦面状态须符合以下要求：

① 单侧磨耗不得大于 7 mm；总厚度不小于 96 mm。

② 热裂纹距内、外边缘大于或等于 10 mm 时，裂纹长度不得超过 95 mm。

③ 热裂纹距内、外边缘小于 10 mm 时，长度不得超过 65 mm 且不得贯通。

（3）转向架构架组成、轴箱体、定位转臂、扭杆座（车体）、蛇行减振器座（车体）、轴箱弹簧、牵引拉杆、牵引销（牵引支座）无裂纹。

（4）空气弹簧减振系统。

① 空气弹簧在充气状态下高度符合以下要求。

a. CW-200K 型转向架用的为 [（150+f）±3] mm（f 为调整垫厚度）。

b. SW-220K 型转向架用的为 [（320+f）±3] mm（f 为调整垫厚度）。

c. AM96 型转向架用的为（352±1）mm（测空气弹簧盖板顶面距构架侧梁顶面尺寸）。

② 空气簧管路系统无泄漏。

③ 高度控制阀调节杆应处于正常状态，螺母无松动，有明显弯曲时调修或更换，关节部

位转动灵活。

④ 差压阀无裂纹、泄漏，作用良好。

⑤ AM96 转向架空气弹簧减振装置应作用良好，钢索、操纵杠杆、弹簧、开口销等齐全无折损。

⑥ 空气弹簧。

a. 橡胶囊表面不得有深度超过 1 mm 或长度超过 30 mm 的磨损。

b. 空气弹簧橡胶堆、上盖不得有下列缺陷：

（a）龟裂深度超过 1 mm。

（b）橡胶与金属板的粘接面脱离。

（c）由于疲劳、外伤产生的裂纹深度超过 1 mm 或长度超过 30 mm。

c. 胶囊帘线外露。

（5）横向挡间隙为（40±3）mm。

（6）各油压减振器配件齐全、安装牢固、无漏油。

（7）轴箱定位节点、牵引拉杆橡胶节点、横向挡橡胶无裂纹、破损和脱胶现象。

（8）CW-200K 和 AM96 抗侧滚扭杆作用良好，关节轴承及橡胶保护套完好无损。

（9）各螺纹连接部位无松动。安装防松螺母的部位目测或用检查锤顺时针方向轻击，必要时用扭力扳手检查。

（10）轮对提吊间隙：SW-220K 型转向架不小于 15 mm；CW-200K 型转向架不小于 30 mm。

2. 制动装置

（1）盘形制动单元的杠杆和悬吊装置无裂纹，各杠杆转动灵活，各圆销、开口销无丢失、折损，各圆销与套配合间隙不过限；销套不窜出、裂损；各磨耗部给油良好。垂下品距轨面符合规定。

（2）闸片厚度不小于 5 mm，超限时成对更换。

（3）制动系统（制动保压状态下）及总风系统泄漏不超过规定。软管及连接器状态良好，管卡齐全，无松动。制动机、手制动机作用良好，风表不过期；紧急制动阀铅封符合规定。制动缓解指示器清洁，显示正确。

（4）各软管连接状态良好，无松动、泄漏，管卡齐全，软管间不得互相磨碰。

（5）空气制动装置各阀、塞门、风缸配件齐全，安装紧固，无裂纹，无漏泄，作用良好。

（6）单元制动缸作用良好，状态正常，定位销轴定位良好。

（7）空重车阀及排风嘴作用良好。

（8）电空制动装置各部配件齐全，配线连接良好；电磁阀安装牢固，密封良好，作用位置准确。

（9）气路控制箱箱体无锈蚀，箱门关闭良好；悬挂装置安装牢固，各部无裂纹；各阀位置正确，无漏泄。

3. 车钩缓冲装置

（1）15 号小间隙车钩缓冲装置。

① 车钩三态作用良好，车钩高度符合规定，钩托板螺栓无松动，钩提杆正位、不冲击下锁销连杆。

② 车钩、尾框、托板、摆块吊、从板及座无裂纹。缓冲器、钩舌销及钩尾销无裂损。各部磨耗及间隙符合规定限度。
③ 钩尾销螺栓紧固，无松动。
④ 缓冲器、前从板位置正常，缓冲器与后从板座、前从板与前从板座无间隙。
⑤ 钩尾框托板固定螺栓无松动。
（2）密接式车钩缓冲装置。
① 密接式车钩缓冲装置的安装座、车钩拉杆、拉杆配合体、缓冲器壳体、钩体无裂纹和永久变形，安装螺栓无松动。
② 解钩手柄位置正常，解钩气缸的固定螺栓无松动。
③ 缓冲器的内半筒相对外壳后端面的伸出量不得超过 5 mm。
④ 车钩拉杆与拉杆配合体的防松螺钉无松动。

4. 集便装置

（1）污物箱。
① 污物箱悬吊装置防松螺母无松动。
② 污物箱无泄漏、变形，外包装无破损。
③ 伴热装置作用良好，冬季须供电使用。
④ 污物箱内污物须排尽。
⑤ 真空度为 19～35 kPa。
⑥ 真空发生器和系统控制器检查门关闭良好。
⑦ 冲水、排气、排污阀应置关闭位。
（2）真空便器。
① 便斗表面平整，涂层无脱落。
② 水增压器及排泄阀无泄漏或损坏。
③ 气、水、真空管路和接头无泄漏或损坏。
④ 冲水控制单元接线无松动。
⑤ 供电后集便装置指示灯显示正常。
⑥ 过滤调压阀风压应为 450～550 kPa。
⑦ 冲水装置作用良好。便斗冲水均匀，冲水时间为 2～3 s；排泄阀开启正常，排泄时间为 3～4 s。

上述质量要求有未涉及的部分按 25K 型客车出库质量要求执行。

四、客列检作业范围

（1）客列检人员当班作业时，应佩戴臂章，在列车进站前到达岗位做列车进入检查。在作业中严格执行安全防护制度，充分利用技检时间，检查车辆，处理故障，作业完毕立即撤除安全防护信号，按规定送车。对故障车辆是否摘车，由客列检确认负责。

（2）库列检所在地的客列检，对到达后入库检修的列车，只摸轴温，不做到达技术检查。负责始发列车的制动机作简略试验。对不入库检修的折返列车，应按库列检技术检查范围进行作业、实施制动机全部试验。

（3）通过旅客列车技术检查作业范围如下：

① 列车车辆技术状态交接；

② 轴温：轴温达到 90 ℃ 或超过外温（60 ℃ 时摘车处理；超过外温）45 ℃ 时，通知车辆乘务员重点监控并预report前方客列检重点检查，站折返列车须开盖检查，发现轴承零件破损、油脂变质、混沙、混水、混有金属粉末等异状，不能保证行车安全时应作摘车处理。

③ 车轮缺损、踏面剥离、擦伤（擦伤深度在 1.5 mm 以内，准许一次运行到终点站换轮）；

④ 摇枕悬吊装置、基础制动装置。

⑤ 轴箱弹簧、摇枕弹簧、空气弹簧装置。

⑥ 配件丢失、脱落或损坏。

⑦ 车钩、制动软管、总风管的连接状态。

⑧ 按规定施行列车制动机试验。

（4）通过旅客列车的不摘车修范围如下：

① 更换轴箱弹簧、摇枕弹簧（圆弹簧外圈支承圈折损或内圈折损，可一次运行到终点站更换）；标记速度 160 km/h 及以上的客车除外。

② 处理基础制动故障。

③ 处理空气制动机故障。

④ 钩舌、钩舌销及调整钩差。

⑤ 更换处理牵引拉杆故障。

⑥ 处理配件丢失、脱落或损坏故障。

属客列检不摘车修范围的故障，未做处理或摘车处理为客列检责任；经客列检处理的故障，属于不摘车修范围的，应保证安全运行到终点站，属于检查范围的保证安全运行到下一个客列检；通过列车凡因不摘车修造成的晚点，一律为关系晚点，列车辆其他。

五、客车乘务

1. 车辆包乘组

旅客列车应设车辆包乘组，实行固定人员、固定车底、固定区段的包检、包修、包乘负责制。包乘组由检车乘务员、车电乘务员（或发电车乘务员）组成，统称车辆乘务员，并设车辆乘务长，负责包乘组的工作。

车辆乘务员在值乘中，应佩戴规定式样的臂章，遇有紧急情况需向有关领导汇报时，车辆乘务长凭臂章发铁路电报。

为了保证车辆乘务员工作，在每一个包乘组都按定量配备必要的工具、材料、配件、技术作业图表、车辆技术状态板、旅客列车技术状态交接簿、乘务日志及其他必要的技术资料。

2. 车辆乘务员的职责及工作内容

车辆乘务组的基本职责：车辆乘务组是监控旅客列车运行安全的重要岗位，承担着妥善处理列车运行途中发生的故障和为旅客提供良好的设施的工作。在值乘中要坚守岗位，尽职尽责，顾全大局，礼貌待人，与有关部门密切协作，确保旅客列车运行安全。

工作内容如下：

（1）出乘前。

衣帽整齐，佩戴臂章，由车辆乘务长带队向值班员报到，听取传达有关事项；

按照技术作业过程对列车进行技术检查，核对并签认旅客列车技术状态交接簿（车统-181）的故障处理情况；按包乘组范围（各局自定）整修好车辆；负责尾部标志灯的整修和摘挂、保管工作；参加始发列车的制动机试验；直达特快旅客列车的车辆乘务员，按规定履行部分运转车长职能。

（2）值乘中。

按照技术作业过程巡视、检查车辆，发现故障要正确判断、果断处理，并将本身不能完成的不摘车修故障预报前方客列检。

遇有领导添乘时，要主动汇报工作。跨局旅客列车在他局管内要服从当地铁路局的领导，发生事故或意外情况时及时汇报，服从命令，听从指挥。

监督车内设备的正确使用。定时做好轴温巡检和记录。

（3）到达后。

列车到达终点站，乘务员必须及时摸轴温，做技术检查，随车入库并向值班员汇报运行情况。属于库列检施修范围的故障，要认真填写旅客列车技术状态交接簿（车统-181）。重点故障要与库列检工长做交接，属于包乘组包修的范围，要在库停技术检查时间内完成。

在无库列检、客列检作业的折返站，由车辆乘务员按客列检对通过列车的技术检查范围进行作业。

任务四　客车防火防寒、采暖及防暑降温

一、客车防火

（1）旅客列车的消防工作，必须贯彻"预防为主，防消结会"的方针和"谁主管，谁负责"的原则，由列车长全面负责，警长、检车长协管负责，严格执行各岗位防火责任制，认真落实各项防火措施。

客车防火防寒、采暖及防暑降温

旅客列车的防火安全，需接受客运、车辆等部门指导和安监部门的监察，由铁路公安消防监督机构依法实施监督。

（2）三懂三会：懂本岗位的火灾危险性，懂预防火灾的措施，懂火灾的扑救方法；会使用灭火器材，会使用紧急制动阀，会扑救初期火灾。

（3）列车上的电器设备必须符合部、局规定的技术标准，不准乱接电源，乱拉电线，乱安电气装置，电气设备上不准置放或搭挂其他物品，保险丝容量必须符合规定标准，配电盘、配电室内严禁放杂物。

（4）列车工作人员不准在工具间、配电间、餐车储藏室、乘务室、宿营车等禁烟部位吸烟。

（5）每节车厢由车辆段配置 2 kg 干粉、水雾灭火器各 2 具（双层客车上下层均配置 2 kg 干粉、水雾灭火器各 2 具），餐车、行李车、邮政车配置 4 kg 水雾灭火器 4 具。

车辆部门负责检查、维修、保养、更换。每年要对灭火器材进行一次彻底检查,贴上有效期标志。

二、防寒、采暖及防暑降温

1. 客车防暑降温整备

对运行到华北、华东、华中、华南、西南地区的客车在 5 月 10 日前,其他地区的客车在 6 月 10 日前须完成客车防暑降温整备工作。开始与截止时间由各铁路局确定。

2. 客车防寒采暖整备

对运行到东北、西北、华北地区的客车在 10 月 10 日前,其他地区的客车在 11 月 10 日前须完成客车防寒整备工作。由铁路局验收,发给防寒整备合格证,张贴在乘务员室内,铁路局进行质量抽查。

任务五 客车辅修及 A1 修

一、客车辅修

客车辅修按(20±2)万走行公里或每 8 个月施行 1 次,各部检修项目及质量要求如表 7-5-1。

客车辅修及 A1 修

表 7-5-1 客车辅修质量要求

部位	顺号	检修项目	质量要求
制动装置	1	管系	以 600 kPa 风压吹扫除尘,取出虑尘网去尘除垢,状态须良好,管系无漏泄,卡子、吊架无松动
	2	制动软管	按段修标准施修
	3	三通阀或分配阀	按段修标准施修
	4	制动缸	分解检查,清洗给油
	5	制动缸活塞	清洗检查,给油,压板、皮碗无裂纹、破损、变形、变质,弹簧无折损
	6	副风缸压力风缸	排除积水,排水塞门作用良好
	7	安全阀	按段修标准施修
	8	远心集尘器	分解检查,清扫除尘,阀体、垫胶、止尘伞须良好
	9	J 型自动间隙调整器	分解检查,清扫给油,作用须良好,调整螺丝须留有 1/2 以上调整量
	10	折角塞门截断塞门	分解检查,清扫给油,各部状态及作用须良好
	11	紧急制动阀	现车检查、试验,作用须良好,用棉线绳加铅封

续表

部位	顺号	检修项目	质量要求
制动装置	12	缓解阀	现车检查、试验，状态及作用须良好
制动装置	13	压力表	卸下，按段修标准施修
制动装置	14	手制动机	清除尘垢，给油，配件齐全，作用良好
制动装置	15	基础制动装置	配件齐全、无裂纹，磨耗不过限。销套无窜出裂损，各部拉杆、杠杆不抗劲。销套与销子间隙不超过规定，各螺栓无松动。缓解状态时，闸瓦应离开车轮踏面（无制动梁缓解簧者除外）
制动装置	16	各磨耗部位	给油
制动装置	17	单车试验	按铁路客车运用维修规程，制动机单车试验方法试验
滚动轴承轴箱	1	轴箱	清除外部尘垢，各部无裂纹、无甩油。橡胶密封圈无老化、变质、破损，组装后密封良好，螺栓无松动
滚动轴承轴箱	2	紧定螺母、防松板、轴端压板	螺栓不折损、无松动
滚动轴承轴箱	3	前轴承保持架、内圈及其他零件的可见部分	无破损、松动和异状，保持架铆钉无折断
滚动轴承轴箱	4	油脂	无缺油、混沙、混水、变质和金属粉末

二、客车 A1 修

标记速度为 160 km/h 的客车 A1 级修程为安全检修，周期为（20±2）万千米或运行不足 20 万千米，但距上次 A1 级以上修程时间超过 1 年者。A1 级对检修项目保证安全运行 20 万千米。检修要求及质量标准见表 7-5-2。

表 7-5-2　检修要求及质量标准

序号	检修部位	检修要求	质量标准
1	预检	（1）防滑器静态试验；（2）全面检查上、下部故障	（1）按《运用客车出库质量标准（试行）》执行
2	连接件拆卸	（1）拆下各轴防滑器排风阀处压力空气软管及通向一、二位转向架空气弹簧的压力软管；（2）拆下速度传感器探头；（3）拆下各接地线、轴报线等连接件；（4）拆下手制动装置连接件	（1）速度传感器拆下后须包扎并定位放置，防止探头损坏；（2）轴箱上传感器孔须进行封堵，防止垃圾进入轴箱
3	架车	（1）放置止轮器；（2）推出转向架	按设备操作章程架车
4	车体底部	外观检查	（1）牵引销螺栓或铆钉紧固无松动；（2）上旁承表面光滑，无凹凸、拉痕等异状

续表

序号	检修部位		检修要求	质量标准
5	钩缓部		外观检查,三态作用试验	(1)钩舌、圆销、摆块、吊、钩头、钩身、尾销、从板、缓冲器等各部状态良好,螺栓无松动,开口销齐全;(3)三态试验作用良好,并应给油
6	转向架部分	摇枕	外观检查	(1)各部无裂纹;(2)牵引销弹性套无开裂、缺损、变形
		抗侧滚装置及托梁	外观检查	(1)橡胶件无开裂、缺损、变形;(2)各部紧固螺栓无松动,扭杆无裂纹、弯曲;(3)托梁及连杆无裂纹,各部无抗磨
		空气弹簧	外观检查	(1)清楚空气弹簧外部污物,胶囊无裂损、漏风等异常现象;(2)空气弹簧高度符合规定
		牵引拉杆、摇枕吊及螺母、吊轴、牵引拉杆、横向拉杆、横向控制杆	外观检查	橡胶件无裂损或脱胶,防松垫片、压板、螺母等配件齐全、无松动
		轴箱定位及钢弹簧、安全吊(绳)	外观检查	(1)橡胶堆定位器无开裂、裂损、老化,橡胶堆转动不超过40 ℃;(2)轴箱定位下部的螺栓、防松吊及开口销等配件齐全、无松动,轴箱弹簧无折损;(3)定位转臂各紧固螺栓、轴箱固定螺栓、防松铅丝良好;(4)横向控制杆无裂纹,螺母紧固良好,钢丝绳无断裂
		油压减振器	(1)紧固螺栓必要时探伤;(2)其他外观检查	(1)紧固螺栓无裂纹;(2)配件齐全,无漏油,无破损,紧固无松动,座无裂纹,作用良好
7	轮对轴承轴箱装置	轮对	测量轮对各部尺寸,包括轮径、踏面圆周磨耗、轮辋厚度、轮缘厚度、轮缘垂直磨耗,检查轮辋、踏面状态	(1)轮对各部尺寸符合出库要求;(2)无踏面擦伤、剥离、轮辋裂纹等缺陷
		轴箱	(1)外部清洁、检查;(2)有异常现象(如甩油)或日常掌握有温升现象等,须开盖检查	(1)清除外部尘垢,隔壁无裂纹;(2)若需开盖,则开盖后须更换橡胶密封圈;轴端压板螺栓无松动、折损;轴承可见部分无破损、松动和异状;油脂良好,不缺油,不混砂、混水、不混金属粉末,不变质;(3)测速齿轮安装牢固,无缺损,并应清除齿轮上积油、积垢,不得有金属粉末;(4)组装后密封状态良好,螺栓紧固

205

续表

序号	检修部位		检修要求	质量标准
7	对轴承轴箱装置	制动盘	外观检查	(1)制动盘单侧磨耗不大于7 mm 整体厚不小于96 mm;(2)各螺栓、弹性套紧固,开口销状态良好;(3)两半盘连接部、盘毂及散热筋不得有裂纹,盘面热裂纹距内或外边缘均≥10 mm 时,裂纹长度<95 mm,距内或外边缘
8	制动装置	空气制动机	(1)拆下分配阀,对主管进行敲打吹尘;(2)拆下防滑器排风阀;(3)连接单车;(4)使用常用制动,对制动管路进行吹尘,完毕后清扫排风阀滤尘网,重新安装排风阀;(5)远心集尘器分解检查,清扫除尘;(6)分配阀、制动软管、折角塞门及压力表换件修	(1)分配阀、制动软管、折角塞门及压力表按25型客车段修标准施修并经试验台试验合格;(2)管系腐蚀超过原壁厚1/2时更换;(3)远心集尘器体、胶垫、止尘伞各部作用良好;(4)各管卡齐全,螺栓吊架无松动
		紧急制动阀	解开铅封,进行状态试验	作用良好,检修完毕加铅封
		压力空气软管	换件修	按《双层客车段修规程》标准试修
		高度调整阀差压阀、空重车阀	状态修	作用良好不漏风,确认良好时,调整杆包扎
		制动单元	单元制动缸、钳形杠杆系统外观检查	(1)制动缸销轴压板螺栓紧固,销轴步窜出,防脱挡、开口销齐全;(2)钳形杠杆系统配件齐全,杠杆悬吊无裂纹;(3)各制动销套配合间隙不大于3 mm,衬套不松动,螺栓紧固,开口销作用良好,各活动部须给油
		闸片	外观检查	闸片不小于5 mm(测量最薄处),闸片更换时须成套更换
		手制动机	清扫、给油	手制动机配件齐全,作用良好
9	落车		推入转向架	按设备操作规程落车
10	连接件连接		(1)连接各轴防滑器排风阀压力空气软管及通向一、二位转向架空气弹簧的压力软管;安装速度传感器探头;(2)连接接地线、轴报线等连接件;(3)连接手制动机	(1)紧固速度传感器探头安装螺栓,并调整探头与测速齿轮间隙:TFX1型(1.0±2.0)mm;MGS2型(0.9±0.5)mm;SWKP20C型(1.5±0.5)mm,固定电缆不得碰磨;(2)速度传感器及轴报分线盒导线安装牢固、无老化、断线、护管无腐蚀、破损,卡子螺栓齐全

续表

序号	检修部位		检修要求	质量标准
11	试验	电空制动	外观检查后进行单车试验	按《25K型客车检修规程》（附件6）进行试验
		电子防滑器	压力开关、排风阀等进行单车静态试验	压力开关动作值须正确，排风阀无漏泄，单车静态试验时须无故障显示
12	标记		在车辆二、三位端定检标记处涂A1修标记	按《25K型客车检修规程》相关要求涂打

任务六　客车质量鉴定

一、运用客车质量鉴定范围

编挂在旅客列车中的客车及其设备、装置、部件的技术质量状态和乘务管理工作。

客车质量鉴定

二、等级划分

列车等级根据列车质量和乘务管理状况综合评定，采用评分制的办法，满分为1 000分。其中管理部分200分，质量部分800分，按得分高低划分列车等级。

列车等级分四挡。A级列车为900~1 000分；B级列车为800~899分；C级列车为700~799分；700分以下的为D级列车。D级列车一年内取消安全优质列车和红旗列车的评比资格，取消安全优质车辆段的评比资格。

三、评分标准

评分标准分A、B、C、D四档。发现A类故障（问题），每处每件扣5分；发现B类故障（问题），每处每件扣10分；发现C类故障（问题），每处每件扣20分；管理部分中发现D类问题，则对应项得0分，质量部分中发现D类故障，扣250分。

任务七　客车运用限度

表7-7-1　客车运用限度表

部位	序号	名称		限度			备注
				原形	A1修、辅修	运用	
车钩缓冲装置	1	钩舌与钩腕内侧距离	闭锁位置时不大于			135	
			全开位置时不大于			250	
	2	钩舌销钩耳孔或钩舌销孔间隙			1	7	超过时换套、镶套或更换钩舌销

续表

部位	序号	名称		限度			备注
				原形	A1修、辅修	运用	
车钩缓冲装置	3	钩提杆与提杆座凹槽间隙		2	3	3	超过时焊修磨平
	4	钩体磨耗			6	6	
	5	钩尾框磨耗	框身厚度		6	6	
			其他		6	6	
	6	车钩中心高度（空气弹簧充气状态）	最高			890	下心盘使用铁垫板者： 厂修：870~890 mm 段修：860~890 mm
			最低			830	
	7	两连接车钩中心高度之差				75	
车体	8	车体倾斜			50	50	
转向架	9	摇枕与构架横梁前后间隙之和				0~10	
	10	轴箱顶部与构架间隙不小于			30	30	25K型38
	11	同一转向架左右旁承游间之和（非全旁承支重客车）				2~6	
轮对	12	轴身打痕、碰伤、磨伤及弹伤深度				≤2	限度内将锐角消除继续使用，到限度时更换车轴
	13	轮辋厚度		65		≥25	
	14	轮缘厚度		32		≥23	轮缘产生辗堆时须消除
	15	轮缘缺损（内侧）	长			30	轻微掉皮可用砂轮打磨，但不得影响顶部线型，打磨平坦，凹痕深度不超过1 mm
			宽			10	
	16	轮缘垂直磨耗高度				≤15	轮缘不得形成锋芒
	17	踏面圆周磨耗深度			≤7	≤8	
	18	踏面擦伤及局部凹入深度	本属出库			≤0.5	
			外属出库			≤1	
			运输途中			≤1.5	
	19	踏面剥离长度	1处		≤30	≤30	（1）沿圆周方向测量，列检测量时，两端厚度不足10 mm的剥离尖端部分不计算在内； （2）长条状剥离，其宽度处不足20 mm者，不计； （3）两剥离外缘相距小于75 mm时，每处长不得超过20 mm，连续剥离长度不得超过350 mm； （4）剥离前期未脱落部分，客列检可不计算在内
			2处		≤20	≤20	

续表

部位	序号	名称		限度			备注
				原形	A1修、辅修	运用	
轮对	20	踏面缺损	相对车轮轮缘外侧至缺损部距离		≥1 505	≥1 505	指缺损后的轮辋宽加轮对内侧距离，再加相对车轮轮缘厚度之总和；沿圆周方向测量
			缺损部之长度		≤150	≤150	
	21	轮对外侧辗宽			≤5	≤5	超过时旋修或换轮
	22	车轮直径之差	同一转向架			≤10	标记速度160 km/h客车
						≤20	
			同一车辆			≤40	
	23	轴箱定位橡胶堆转角				45°	
	24	轴箱轮对提吊间隙				30	
制动装置	25	闸片厚度			15	5	测量最薄部分厚度
	26	闸片裂纹	摩擦面距边缘≥30 mm		30	30	
			其余部位		不得有	不得有	
	27	闸片掉块				<10×15	
	28	闸片与制动盘两侧间隙之和				3～5	
	29	制动盘磨耗	整体厚度	110	96	96	
	30	制动盘摩擦盘面热裂纹	距内和外边缘≥10 mm			<95	
			距内和外边缘<10 mm			<65	
	31	闸瓦厚度		45	10	10	测量最薄部分厚度（不含钢背厚度）
	32	同一制动梁两端闸瓦厚度之差			20	20	
	33	压力表指针压力差（kPa）			±10	20	与标准压力差校对
	34	制动缸活塞形成	自动间隙调整器	190		190±15	
			ST1-600型闸调器	190		190±10	
	35	闸瓦托各部磨耗			4	4	非铸钢品过限时更换
	36	制动夹钳装置各圆销磨耗			2	2	
	37	制动夹钳装置各衬套磨耗			1.3	1.3	
	38	制动夹钳装置各圆销与销衬配合间隙		0.5～1	3	3	
	39	各圆销与孔组装间隙不超过			3	3	标记速度160 km/h客车
	40	各圆销及制动梁端轴与孔的组装间隙		1	4	4	
	41	各圆销、衬套磨耗			2	2	标记速度160 km/h客车
					3	3	
	42	制动梁磨耗	端轴		3	3	
			其他		3	3	

续表

部位	序号	名称	限度			备注
			原形	A1修、辅修	运用	
制动装置	43	圆开尾销磨耗		1/4	1/4	磨耗超过原直径1/4时更换
	44	扁开尾销磨耗		1.5	1.5	剩余厚度少于1.5 mm
	45	各垂下品与轨面距离不小于		50	50	电器装置100 mm，闸瓦插销25 mm

注：1. 限度表内所规定的数字均为允许限度。
2. 限度表内的限度，按名义尺寸计算，不包括公差。
3. 未注尺寸单位为毫米。
4. 限度栏内无数据者可不掌握，但低级修程有数据而高级修程无数据者，高级修程不得发生。
5. 备注栏内未加说明者，可修理至限度要求以内，但配件磨耗超过限度加修时，应焊修至原形尺寸。
6. 限度表内所列运用栏，即为辅、临、库、列检统一执行的限度。

项目八　实作技能

任务一　普通客车单车技术检查

一、作业方法

插红旗—按操作过程进行客车技术检查作业—发现故障口述（记录）—作业完了撤红旗。

普通客车单车
技术检查

二、作业步骤及质量标准

（1）本步骤适用于普通客车踏面制动的转向架作业。
（2）一辆车检查标准时间为 15 min，半边为 7 min。
（3）如双人平行作业，以中心线为分界线各负责一半。
（4）作业步骤及质量标准如表 8-1-1 所示（仅供参考）。

表 8-1-1　普通客车单车技术检查

项目	单车检查		209T、206G 型转向架	1 人作业	
内容	作业标准	定分	扣分标准	失格规定	备注
作业顺序	（1）设防护号志； （2）二位侧检查： ① 一位端二侧车辆端部检查：定检标记、车体倾斜、风挡、制动软管、车钩头部分等配件，试车钩三态； ② 端梁下部：制动管路、钩缓装置、风挡杆尾部、乘降梯部分等配件； ③ 一位台车二位端内部：心盘、制动装置等配件； ④ 侧门、乘降梯、三筒； ⑤ 一位台车二位侧：轮对、轴箱部分、构架、摇枕、中央悬挂部分； ⑥ 一位台车四位端内部：同 3 项；	20	① 步伐、顺序混乱一处扣 2 分； ② 钩托板钩尾销、侧承、心盘、轴箱前盖、补助管卡子螺栓必须用锤敲打每少敲一个扣 1 分； ③ 不呼定检（厂、段、辅）标记，车体倾斜，旁承间隙，每漏一个扣 2 分； ④ 其余该敲、蹲、钻而不执行，每处扣 2 分； ⑤ 重复作业一次扣 1 分（发现故障不算）；	作业顺序混乱	

续表

项目内容	单车检查 作业标准	定分	209T、206G 型转向架 扣分标准	失格规定	备注
	⑦二位侧车下部分：制动管路、制动杠杆、拉杆、车底架、副风缸等； ⑧二位台车六位端内部：同3项； ⑨二位台车四位侧：同5项； ⑩侧门、乘降梯、三筒； ⑪二位台车八位端内部：同3项； ⑫端梁下部：同2项； ⑬二位端二侧车辆端部检查：风挡、车钩头部分等配件 （3）一位侧检查： 1~6项同二位侧检查 1~6 项；8~13 项同二位侧检查 8~13 项 ①二位侧车下部分：制动管路、制动杠杆、拉杆、车底架、工作风缸、制动缸、分配阀等； ②手制动机检查 （4）撤防护号志				
质量要求	（1）发现故障标准名称位置报； （2）返回发现故障不计算； （3）不能敲分配阀体、远心集尘器和主支管	50	（1）车钩少试一态，扣2分； （2）漏一件故障扣5分； （3）发现故障报错、不报名称、部位，每件扣 2 分； （4）每敲分配阀、远心集尘器体、主支管一次扣2分	发现故障不足60%	
安全	（1）插设防护信号； （2）按规定穿戴劳保用品	10	（1）不设安全号志扣10分； （2）碰伤出血扣5分； （3）号志未展、号志落地、忘撤号志，每件扣 5 分； （4）操作过程中，引起配件、工具损坏每件扣 2 分	工伤不能继续工作	
时间	15分钟	20	每超 15 秒扣 1 分	达22分钟	

三、安全注意事项

（1）防护信号须插牢、展开。
（2）作业时须按规定着装。

任务二 快速客车及带盘型制动装置客车的单车技术检查

一、25K 型客车单车检查

（一）作业方法

插红旗—按操作过程进行客车技术检查作业—发现故障口述（记录）—作业完了撤红旗。

快速客车及带盘型
制动装置客车的单车
技术检查

（二）作业步骤及质量标准

（1）本步骤适用于地沟作业的各型带盘型制动的快速、普通客车的作业（不含 25T）。
（2）一辆车检查标准时间为 25 min，半边为 17.5 min。
（3）本作业方法为单人全车（半边）转向架检查、转向架的地面、地沟作业以轮缘顶点为界。
（4）作业步骤及质量标准如表 8-2-1 所示（仅供参考）。

表 8-2-1 25K 型客车单车检查

项目	25K 型客车单车检查	型号	25K 型客车带检修地沟	1 人作业
内容	作业标准	定分	扣分规则	失格规定
时间	25 分钟	20 分	每超 2 分钟扣 1 分	达 30 分钟
作业过程	（1）设防护号志； （2）二位侧地面检查： ①一位端二侧车辆端部检查：定检标记、车体倾斜、风挡、制动软管、总风管、车钩头部分等配件，试车钩三态； ②侧门、乘降梯、排水筒； ③一位台车二位侧：轮对、轴箱部分、构架、摇枕、中央悬挂、减震器、高度调整阀部分； ④二位侧车体部分：制动缓解显示器等； ⑤二位台车四位侧：同 3 项； ⑥侧门、乘降梯、排水筒； ⑦二位端二侧车辆端部检查：风挡、车钩头部分等配件 （3）一位侧地面检查： 1~7 项同二位侧检查 1~7 项；手制动机检查	20	（1）未按顺序作业，扣 5 分； （2）重复作业一次扣 1 分，发现故障不算； （3）步伐混乱一处扣 2 分	

续表

项目		25K 型客车单车检查	型号	25K 型客车带检修地沟	1人作业
内容		作业标准	定分	扣分规则	失格规定
时间		25分钟	20分	每超2分钟扣1分	达30分钟
作业过程		（4）二位侧地沟检查： ① 端梁下部：制动管路、总风管路、钩缓装置等配件； ② 一位台车二位端内部：轮对、制动单元、制动管路、摇枕、抗侧滚扭杆、各阀、减振器等； ③ 一位台车四位端内部：同2项； ④ 二位侧车下：防滑器、制动管路、总风管路、副风缸、总风缸、各阀； ⑤ 二位台车六位端内部：同2项； ⑥ 二位台车八位端内部：同2项； ⑦ 端梁下部：制动管路、总风管路、钩缓装置、等配件； （5）一位侧地沟检查： 1～3项同二位侧地沟检查1～3项；5～7项同二位侧地沟检查5～7项； 一位侧车下：防滑器、制动管路、总风管路、工作风缸、缓解风缸、各阀、电空制动部分等配件 （6）撤防护号志			
作业及质量要求		（1）按作业过程进行检查； （2）步伐、顺序、姿势正确； （3）要求能背诵检查项目、限度； （4）发现故障报名称、位数； （5）返回发现故障不算； （6）不准敲击制动配件体、空气弹簧配件体； （7）设10件故障	(1)	（1）未检查检修标记、车体倾斜扣2分； （2）车钩少试一态扣2分； （3）漏一件故障扣5分，发现故障报错或未报名称、位数一处扣2分； （4）每敲击制动配件体、空气弹簧配件体一次扣2分	发现故障不足6件
安全		按规定设防护信号	10	（1）碰伤见血，扣5分； （2）信号落地、不展、忘撤扣5分； （3）未穿工作服、戴工作帽一件扣5分	（1）未设防护信号作业完毕； （2）受伤不能继续工作者； （3）造成车辆配件损坏
备注		所需工具材料：红旗、手电、检点锤			

（三）安全注意事项

（1）防护信号须插牢、展开。
（2）作业时须按规定着装。

（四）标注

上述表内所述的作业程序及内容为快速客车转向架标准。带盘型制动装置的普通客车转向架的作业程序及内容应对表内所涉及的（空气弹簧及附属装置、双管供风中的总风管路、防滑器、抗侧滚扭杆）等项剔除。

二、25T 型客车的单车技术检查

（一）作业方法

插红旗—按操作过程进行客车技术检查作业—发现故障口述（记录）—作业完了撤红旗。

（二）作业步骤及质量标准

（1）本步骤适用于 25T（19T）型客车各型转向架
（2）一辆车检查标准时间为 25 min，半边为 17.5 min。
（3）本作业方法为单人全车（半边）转向架检查、转向架的地面、地沟作业以轮缘顶点为界。
（4）作业步骤及质量标准如表 8-2-2 所示（仅供参考）。

表 8-2-2　25T 型客车单车检查

项目	25T 型客车单车检查	型号	25T 型客车带检修地沟	1 人作业
内容	作业标准	定分	扣分规则	失格规定
时间	25 分钟	20 分	每超 2 分钟扣 1 分	达 30 分钟
作业过程	（1）设防护号志； （2）二位侧地面检查： ①一位端二侧车辆端部检查：定检标记、车体倾斜、风挡、制动软管、总风管、车钩头部分等配件，15 号钩试车钩三态； ②侧门、乘降梯、排水筒； ③一位台车二位侧：轮对、轴箱部分、构架、中央悬挂、减振器、高度调整阀、安全监控探头等配件部分； ④二位侧车体部分：裙板装置、制动缓解显示器等； ⑤二位台车四位侧：同 3 项； ⑥侧门、乘降梯、排水筒； ⑦二位端二侧车辆端部检查：风挡、车钩头部分等配件；	20	①未按顺序作业，扣 5 分； ②重复作业一次扣 1 分，发现故障不算； ③步伐混乱，一处扣 2 分	

续表

项目	25T型客车单车检查	型号	25T型客车带检修地沟	1人作业
内容	作业标准	定分	扣分规则	失格规定
时间	25分钟	20分	每超2分钟扣1分	达30分钟
作业过程	（3）一位侧地面检查： 1~7项同二位侧检查1~7项；手制动机检查 （4）二位侧地沟检查： ①端梁下部：制动管路、总风管路、15号钩钩缓装置、密接式钩支架部分等配件； ②一位台车二位端内部：轮对、制动单元、制动管路、牵引装置、抗侧滚扭杆、各阀、减振器等； ③一位台车四位端内部：同2项； ④二位侧车下：防滑器、制动管路、总风管路、副风缸、总风缸、生活风缸、各阀、安全监控探头等； ⑤二位台车六位端内部：同2项； ⑥二位台车八位端内部：同2项； ⑦端梁下部：制动管路、总风管路、钩缓装置、等配件； （5）一位侧地沟检查： 1~3项同二位侧地沟检查1~3项；5~7项同二位侧地沟检查5~7项； 一位侧车下：防滑器、制动管路、总风管路、工作风缸、缓解风缸、各阀、集成电空制动、气路控制箱等配件 （6）撤防护号志			
作业及质量要求	（1）按作业过程进行检查； （2）步伐、顺序、姿势正确； （3）要求能背诵检查项目、限度； （4）发现故障报名称、位数； （5）返回发现故障不算； （6）不准敲击配件； （7）设10件故障	50	（1）未检查检修标记、车体倾斜扣2分； （2）车钩少试一态扣2分； （3）漏一件故障扣5分，发现故障报错或未报名称、位数一处扣2分； （4）每敲击配件一次扣2分	发现故障不足6件
安全	按规定设防护信号	10	（1）碰伤见血，扣5分； （2）信号落地、不展、忘撤扣5分； （3）未穿工作服、戴工作帽一件扣5分	（1）未设防护信号作业完毕； （2）受伤不能继续工作者； （3）造成车辆配件损坏
备注	所需工具材料：红旗、手电、检点锤			

(三)安全注意事项

(1)防护信号须插牢、展开。
(2)作业时须按规定着装。

任务三 客车上部技术检查

(一)作业方法

插红旗—按操作过程进行客车技术检查作业—发现故障记录—作业完了撤红旗。

客车上部技术检查

(二)作业步骤及质量标准

(1)本作业步骤适用于普通客车上部检查作业程序和质量要求。其他车型的作业步骤,应以车内设施的变化而做相应的调整。
(2)检查范围为客车翻板以上(含翻板)车内顶板以下。
(3)一人作业时,分为两侧检查,由一端至另一端,按顺序检查完一端一侧后,再按顺序检查另一侧。两人平行作业时,以车辆中心线划分两侧,同时进行。
(4)作业步骤(检查项目)及质量标准如表8-3-1所示。

表8-3-1 客车上部技术检查

序号	检查项目	质量标准	附注
1	查阅车统-181及运行情况	1. 查阅车统-181,了解乘务交接故障 2. 向值班员了解列车编组变更情况,听取有关事项的传达	上部组工长负责
2	布置作业及要求	组长向全组传达有关事项,提出列车检修的重点工作和故障	有关人员做好准备
3	作业前准备	按照任务要求,准备好工具、配件、材料	发现、处理故障
4	一位端一位侧车门	侧门、翻板及簧、锁、门止及碰头配件齐全,作用良好;各型压条无破损、无脱落	
5	通过台、煤箱	1. 通过台地板无破损、渡板无翘起 2. 煤箱盖及折页、手把无变形,开关良好	
6	各门、厕所及乘务室	1. 各门、门锁、门止及碰头齐全良好,标志正确清楚,各型压条无破损、脱落 2. 厕所内便盆无破损,各阀作用良好,水位表指示正确,水阀色标正确,有无人锁标记清晰;乘务室备品齐全	
7	一位侧车门设备	1. 车内设备齐全,座席、行李架、茶桌、衣帽钩安装牢固;席座面布无破损	上部组工长负责

续表

序号	检查项目	质量标准	附注
7	一位侧车门设备	2. 标号正确清晰，车内标牌齐全 3. 车窗、活动窗、窗锁作用良好。玻璃无破车窗不漏气、不积水 4. 车内地板布无起泡破损或塌陷 5. 车内墙板无破损 6. 通风口、排气天窗及盖、天井盖配件齐全作用良好，无破损	
8	二位端洗脸间、厕所及门	1. 给水用水装置配件齐全，水箱、各管路漏水，管卡固定良好，各水阀作用良好 2. 脸盆、洗手盆、镜框、面镜、梳妆台无破损，备品齐全 3. 按规定配备灭火器具，检修周期不过期，其他质量标准同序号6中第1、2条相同	
9	二位端三位端侧门	质量标准同序号4中第1条相同	
10	二位端通台	质量标准同序号5相同	
11	二位端四位端侧门	质量标准同序号4中第1条相同	
12	二位端厕所、洗脸间	质量标准同序号6中第1条、序号8中第1、2条相同	
13	二位侧车门设备	质量标准同序号7相同	
14	一位端洗脸间、茶炉间、配电室	1. 质量标准同序号8中第1条相同 2. 给水装置配件齐全，水阀作用良好 3. 配电室门窗完好、无破损	
15	二炉一灶	1. 温水锅炉、茶炉及餐车炉灶作用良好，烟囱及防火隔热装置完整，不漏气或结冻 2. 采暖装置配件齐全，作用良好，不使用时封闭 3. 各气压阀、水位表、温度表作用有效准确，管系各阀、塞门、活节、弯头无漏水或结冻 4. 阀色标正确	
16	一位端二位端侧门	质量标准同序号4中第1条相同	

（三）安全注意事项

（1）防护信号须插牢、展开。

（2）作业时须按规定着装。

任务四　客车辅修在线检查及验收

（一）客车辅修在线检查作业步骤及质量标准

客车辅修在线
检查及验收

（1）主、支管须无裂纹，主、支管卡子及吊架无松动，损坏时更换。
（2）制动软管防尘堵须完好，长度符合标准。
（3）工作风缸、副风缸是否腐蚀严重，工作风缸、副风缸无裂纹，吊架无松动，吊带座、吊带无腐蚀。
（4）各排水塞门作用良好，无漏泄。折角塞门作用良好无裂纹，把手无折损。
（5）基础制动装置配件无丢失，闸瓦厚度不小于 10 mm，同一制动梁闸瓦厚度差不超过 20 mm，各圆销磨耗不过限。各拉杆、杠杆无抗衡作用良好。
（6）轴箱外部检查，确认轴箱前后是否甩油，箱盖无裂纹，轴箱后盖螺栓无松动。

（二）验收作业步骤及质量要求

（1）检查制动软管有无鼓泡、卡子间隙是否超过规定，连接器正位、无裂纹。
（2）定检标记是否过期。
（3）检查折角塞门是否正位，止销是否脱出，把手有无裂纹。
（4）检查主、支管及截断塞门（关闭）漏泄是否超过规定范围，漏泄时每分钟不得超过 10 kPa。各管卡无松动。
（5）截断塞门开放后全车管系漏泄量每分钟不超过 10 kPa，主管、支管无腐蚀。
（6）截断塞门把手正位，各排水塞门无漏泄，把手须涂白漆。
（7）分配阀作用良好，感度试验时不发生自然缓解。常用制动时不发生紧急制动。紧急制动作用良好。紧急制动阀作用良好，手制动机各部润滑良好。

任务五　更换 104 型分配阀

更换 104 型分配阀

（一）作业方法

（1）工具及材料准备：
红旗 1 面，8、10 英寸活动扳手各 1 把，肥皂水及刷子 1 套，干净棉布，手锤 1 把，104 型分配阀的主阀和紧急阀 1 个，主阀、紧急阀胶垫各 1 个，螺母 6 只等。
（2）标准时间为 10 min。

（二）安全注意事项

（1）红旗须插设牢固且展开。

（2）作业中按规定着防护服。
（3）吹尘时脸部要躲开。

（三）作业程序及质量标准（见表 8-5-1）

表 8-5-1　更换 104 型分配阀

项目内容	更换 104 型分配阀主阀				备注
	作业标准	标准分	扣分标准	失格规定	
作业顺序	插红旗—关门、排风—卸主阀排风嘴、卸主阀安装螺母—卸主阀、胶垫—卸紧急阀螺母、胶垫—开截断塞门吹尘—清扫各安装面—更换胶垫—安装新主阀及排风嘴—安装新紧急阀—关工作风缸、副风缸排水塞门—打开截断塞门—检查主阀及紧急阀安装螺母是否牢固—涂肥皂水检查漏泄—收工具—撤防护信号	30	（1）未按顺序作业每处扣 2 分；（2）未进行检查扣 2 分；（3）排风角角度不对一个扣 3 分；（4）未回收工具扣 2 分；（5）忘撤号志扣 5 分	未关门排风	
质量要求	（1）主阀、紧急阀安装面上不沾尘土，轻拿轻放；（2）安装主阀、紧急阀螺母要对角拧紧；（3）胶垫安装位置正确；（4）主阀、紧急阀出轨调换应口述；（5）标准时间为 10 min	40	（1）安装座有杂物扣 5 分；（2）螺母松动损坏，遗漏，丢失配件扣 2 分；（3）不合理使用工具、损坏工具、每件扣 2 分；（4）丝扣被上乱，每件扣 5 分；（5）碰撞阀体扣 5 分	阀垫装反	
安全	（1）按规定设安全号志；（2）关门排风；（3）按规定穿戴劳保用品	10	（1）碰伤出血扣 5 分；（2）截断塞门半开、半闭或关闭不排风，每项扣 5 分	受伤不能工作	
时间	10 分钟	20 分	每超 20 秒扣 1 分	达 15 分钟	

任务六　更换客车辅助管

（一）作业方法

（1）工具及材料准备：

红旗 1 面，18、14 英寸管钳各 1 把，8 英寸活动扳手 2 把，辅助管 1 根，生料带若干，肥皂水及刷子 1 套。

更换客车辅助管

（2）标准时间为 7 min。

（二）安全注意事项

（1）红旗须插设牢固且展开。
（2）作业中按规定着防护服。
（3）卸辅助管前应把主管风排净。

（三）作业程序及质量标准（见表 8-6-1）

表 8-6-1　更换客车辅助管

项目内容	作业标准	标准分	扣分标准	失格规定	备注
作业顺序	插红旗—关闭截断塞门—关另一端折角塞门—手扶软管、开折角塞门排风（更换端）—拆下软管—拆下折角塞门—松管卡—拆下辅助管—新辅助管两端缠生料带—装辅助管—装折角塞门—软管丝扣缠生料带—装上软管—卡上软管堵—开两端折角塞门通风—辅助管两头、软管丝扣端涂肥皂水—检查有无漏泄—辅助管卡处包上布—紧管卡—关折角塞门—开截断塞门—收工具材料—撤红旗	30	（1）不关塞门扣 10 分；（2）不按顺序作业每处扣 5 分；（3）胶带缠反、脱落扣 5 分；（4）软管丝扣处漏风扣 10 分	胶带未缠	
质量要求	（1）缠生料带为逆时针方向；（2）各丝扣处旋紧后不得反转；（3）折角塞门、软管角度要正确；（4）卡子螺丝不得松动；（5）标准时间为 7 min	40	（1）未试泄漏扣 5 分；（2）塞门、软管角度不符合要求扣 10 分；（3）补助管、塞门、软管松动扣 10 分	更换后漏风每分钟达 20 kPa	
安全	（1）排完主管风压后方可作业；（2）穿戴必要的劳动保护用品	10	（1）不排主管风压作业扣 10 分；（2）号志落地，不展扣 5 分，未设号志扣 10 分；（3）碰伤见血扣 5 分	受伤不能继续工作	
时间	7 分钟	20 分	每超 14 秒扣 1 分	达 10 分钟	

任务七 更换制动闸片

更换制动闸片

（一）作业方法

（1）工具及材料：
12 英寸活动扳手 1 把，1.5 磅手锤 1 把，小撬棍 1 根。
（2）标准时间为 3 min。

（二）安全注意事项

（1）红旗须插牢且展开。
（2）作业中按规定着防护服。
（3）取下闸片时，要防止闸片突然滑落伤人。
（4）闸片手动拆装不方便时，可用手锤轻敲。

（三）作业程序及质量标准（见表 8-7-1）

表 8-7-1 更换制动闸片

项目	更换 104 主阀			
内容	作业标准	标准分	扣分标准	失格规定
作业顺序	插红旗—关门、排风—拆下闸片挡开口销转动挡铁—将闸片从燕尾槽中取下—拉开制动缸活塞的定位销—用扳手按顺时针方向旋转螺杆—使闸片与制动盘间隙增大—装上新闸片—锁紧挡铁—装上挡铁开口销—将定位销插入定位孔内—收工具—关工作风缸、副风缸塞门—开截断塞门—撤号志	30	（1）未按顺序作业每处扣 2 分； （2）未进行检查扣 2 分； （3）未关工作风缸、副风缸塞门 - 开截断塞门扣 5 分； （4）未回收工具扣 2 分； （5）忘撤号志扣 5 分	未关门排风
质量要求	（1）定位销必须背向制动盘（面朝外）； （2）开口销须全包； （3）标准时间 3 min	40	（1）定位销未背向制动盘扣 5 分； （2）开口销未全包扣 5 分	
安全	（1）按规定设安全号志。 （2）关门排风； （3）按规定穿戴劳保用品	10	（1）碰伤出血扣 5 分； （2）截断塞门半开，半闭或关闭不排风，每项扣 5 分	受伤不能工作
时间	3 分钟	20 分	每超 6 秒扣 1 分	达 4.5 分钟

任务八 104型制动机单车试验

（一）作业步骤

104型制动机
单车试验

插红旗—连接单车试验器—制动软管连接—开折角塞门，另一端软管安装软管堵—打开另一端折角塞门—待充风—检查空气制动及基础制动装置—进行制动机单车试验即全车漏泄试验—制动缓解感度试验—制动安定试验—紧急制动试验—紧急制动阀试验—手制动机试验—转向架试验—闸调器性能试验—收工具—撤红旗。

（二）作业方法及质量标准

1. 试验准备

（1）制动机单车试验采用客车单车试验器进行，其试验风压须调整到600 kPa。单车试验器应按相应的机能检查要求，每半月进行一次机能检查，在单车试验前，应确认单车试验器机能试验未过期及性能良好，用压缩空气将制动管路、风缸内的积水、污垢吹净。

（2）在风缸、制动缸管路上各装一块量程为0~1 000 kPa的1.5级压力表，试验完毕，将压力表拆下。单车试验时，车辆上装设的其他风动装置不能影响分配阀、电空阀的正常使用。

2. 制动管系漏泄试验

开放被试车辆折角塞门，将单车试验器与被试车辆一端的制动软管连接器相连。被试车辆另一端制动软管连接器加装防尘堵。关闭支管截断塞门。将单车试验器回转阀手把置一、二位交替充气，待制动管达到定压并稳定后，将手把移置三位保压1 min，用肥皂水检查各塞门、各接头均不得漏泄。要求：制动主管漏泄量每分钟不得超过10 kPa。

3. 全车漏泄试验

开启支管截断塞门，手把置一、二位交替充气，待副风缸达到定压并稳定后，将手把置三位保压1 min。要求：空气制动（管）系统漏泄量（包括空气弹簧系统漏泄）每分钟不得超过10 kPa。

4. 制动和缓解感度试验

手把置一、二位交替充气，待副风缸达到定压并稳定后，将手把移至四位减压。当制动管减压量达40 kPa时，立即将手把移至三位保压。制动机须在制动管减压40 kPa以前发生制动作用，其局部减压量不大于40 kPa。局部减压终止后，制动管压力稳定后，保压1 min不得发生自然缓解。随后将手把移至二位充气，制动机应在45 s内缓解完毕。制动盘与闸片间隙符合规定。

5. 制动安定试验

手把置一、二位交替充气，待副风缸达到定压并稳定后，将手把移至五位，当制动管减压170 kPa时，将手把移至三位保压。制动管在减压170 kPa前不得发生紧急制动作用。制动缸压力稳定后保压1 min，制动缸及制动支管管系漏泄不得超过10 kPa。按规定测量活塞行程。

6. 紧急制动试验

手把置一、二位交替充气,待副风缸达到定压并稳定后,将手把移置六位减压,制动管减压 100 kPa 前(F8 型制动机减压 80~120 kPa 内),制动机应发生紧急制动作用。

制动缸最高压力:104 阀应为(420±10)kPa、F8 阀应为(480±10)kPa。制动机紧急制动后 10~15 s 方可将手把移至一位充气缓解。

7. 紧急制动阀试验

(1)手把置一、二位交替充气,待副风缸达到定压并稳定后,将紧急制动阀手把移至全开位,分配阀须发生紧急制动作用。合格后将紧急制动阀手把推至关闭位,并用带有厂、段代号的封印穿以红色棉线绳将紧急制动阀手把加以铅封。

(2)制动缓解指示器在制动机进行制动缓解试验时,显示正常、清晰。

(3)安装 ST1-600 型闸调器的车辆需做以下试验(准备厚 15 mm、宽 60 mm、长 340 mm、弧度位 R460 mm 的钢垫板 1 块)。

① 减少间隙试验:将垫板放在任一闸瓦与车轮踏面之间,将单车试验器手把移至一位,待制动管与副风缸达到定压后,将手把移至五位,制动管减压 170 kPa,制动缸活塞行程应变短。然后将手把移至一位缓解。这样反复制动缓解 4 次以上,制动缸活塞行程与原行程之差不得大于 10 mm。

② 增大间隙试验:缓解后,撤出垫板,仍按上述方法操纵单车试验器。第一次制动时,制动缸活塞行程应相应伸长,经 2 次制动、缓解,制动缸活塞行程与原行程之差不得大于 5 mm。

8. 总风管漏泄试验

(1)将被试车辆一端的总风软管与单车试验器相连,另一端安装总风软管堵,打开车辆两端的总风软管折角塞门。

(2)各阀置双管供风位。

(3)总风管规定压力 600^{+20}_{-50} kPa。

(4)总风管压力 600 kPa 时,1 min 漏泄不大于 20 kPa(静态)。

9. 手制动机试验

拧紧手制动机摇把制动时,装有手制动装置的闸片或闸瓦须抱紧制动盘或车轮踏面,拧松手制动机摇把缓解时,闸片及闸瓦(无缓解簧除外)应自动离开制动盘或车轮踏面。钢丝绳有 90~120 mm 的松弛量。

任务九　客车电空制动机单车试验

(一)作业步骤

插红旗—连接单车试验器—制动软管连接—开折角塞门,另一端软管安装软管堵并打开折角塞门—试验器电空机机能试验—电磁阀试

客车电空制动机
单车试验

验—全车漏泄试验—制动机缓解感度试验—制动安定试验—阶段制动试验—紧急制动试验—阶段缓解试验—收工具—撤红旗。

（二）试验准备

1. 试验前准备

F8 型和 104 型电空制动机单车试验前应先对电磁阀进行性能试验，电磁阀须在 DC 80～120 V 范围内正常工作。

接通单车试验器的电空制动电源，切断回转阀电接点联锁开关。将回转阀手把置一位，待副风缸压力充至定压后回转阀手把移至三位。

2. 常用制动电磁阀试验

按下"常用制动"按钮开关，常用制动电磁阀排风口应排风，制动管应减压，制动机应实施制动作用。制动管减压 170 kPa 时松开"常用制动"按钮开关，常用制动电磁阀应停止排风，制动管压力应停止下降。

3. 缓解电磁阀试验

按下"缓解"按钮开关，制动管压力应回升，制动缸应排风，制动机应实施缓解作用。松开"缓解"按钮开关，制动管压力应停止上升。

4. 保压电磁阀试验

按下"缓解"按钮开关，制动缸排风时松开"缓解"按钮开关的同时按下"保压"按钮开关，制动缸应立即停止排风，3～5 s 后，松开"保压"按钮开关，制动缸应能继续排风。

5. 紧急制动电磁阀试验

将回转阀手把置一位，待副风缸压力充至定压后回转阀手把移至三位。按下"紧急制动"按钮开关，制动管压力应快速下降。

（三）电空制动机单车试验方法及技术要求

1. 试验前准备

连接客车单车试验器和被试车辆上的电缆连接器。取下与相邻车辆连接的电空连接线。接通客车单车试验器上控制电磁阀的各电位开关。F8 型电空制动机试验时，将 F8 型分配阀转换盖板置于阶段缓解位（盖上箭头向下）。

2. 制动和缓解感度试验

将回转阀手把置一位，待副风缸和缓解风缸（104 阀）压力充至定压后回转阀手把移至四位。然后，回转阀手把再移置二位。

（1）回转阀手把置四位时，缓解电磁阀应动作。

（2）制动缸缓解完毕的时间应小于 30 s。

3. 制动安定试验

将回转阀手把置一位，待副风缸和缓解风缸（104 阀）压力充至定压后回转阀手把移置五位（F8 阀）或 104 电空位（104 阀），制动管减压 170 kPa，回转阀手把再移置三位。

（1）制动管减压 170 kPa 前，制动机不应发生紧急制动作用。

（2）常用制动电磁阀应发生排风作用。回转阀手把移置三位时常用制动电磁阀应停止排风。

4. 紧急制动试验

将回转阀手把置一位，待副风缸和缓解风缸（104 阀）压力充至定压后回转阀手把移置六位。

（1）制动管减压 100 kPa（104 阀）前或 80～120 kPa（F8 阀）内，制动机应发生紧急制动作用。

（2）常用和紧急制动电磁阀应同时动作，常用制动电磁阀应发生排风作用。

（3）无空重车阀情况下，制动缸最高压力应为 410～430 kPa（F8 阀亦可调至 470～490 kPa）；有空重车阀情况下，空车制动缸压力按工厂设计值执行。

5. 阶段缓解试验

将回转阀手把置一位，待副风缸和缓解风缸（104 阀）压力充至定压后回转阀手把移置五位（F8 阀）或 104 电空位（104 阀），制动管减压 170 kPa 时，回转阀手把立即移置三位。然后将回转阀手把在一位与三位间往复移动，缓解电磁阀应发生间断作用，手把每次往复移动均应发生阶段缓解作用，且阶段缓解次数应在 5 次以上。

F8 型电空制动机试完后，将 F8 型分配阀转换盖板置于一次缓解位（盖上箭头向上）。

任务十　客车制动故障处理

一、快速旅客列车运行途中列车主管破损的处理方法

客车制动故障的处理

运行途中如果发生列车制动主管破损，导致大量漏风而不能及时修复时，可将列车制动主管两端折角塞门关闭，将制动软管装到总风管上，并于前后车辆制动软管连接，开启总风管两端折角塞门及总风管通往储风缸通路上的截断塞门，关闭副风缸与储风缸之间的截断塞门。关闭排风后，通知司机限速运行到终点站。

二、旅客列车途中列车支管破损的处理方法

（1）如支管在截断塞门以内（制动缸侧）可关闭排风，并将损坏支管（折断部分）捆绑牢固继续运行。

（2）如支管在截断塞门以外（靠主管侧），可使用主、支两用胶管捆绑牢固继续运行。如折断处位于主管三通处，可将折断支管旋出后，用丝堵拧入三通内，将三通堵死；如折断支管不能旋出时，可使用木塞打入后用铁丝捆绑牢固，不漏泄即可开车，并预报前方客列检。（注：两用胶管内径为 32 mm，两端带有喉箍，长度为 200～300 mm。）

（3）如尾部最后一辆支管折断，又无备用主、支胶管更换时，可对前辆车做关门车处理后，卸下所需的部分配件，装入该车，恢复后应进行制动机简略试验，作用良好后方可开车。

三、列车运行途中使用紧急制动阀停车时处理方法

（1）列车停车后，车辆乘务员应检查车辆制动机、车钩、轮对等部件有无故障。
（2）紧急制动阀使用后应立即施封，并对使用紧急制动阀情况做好记录。

四、列车运行途中各别车辆发生抱闸现象的处理方法

运行途中列车发生抱闸造成停车时，乘务员应及时下车，详细查找抱闸原因，并会同司机、运转车长进行试风，如确认车辆制动机良好，请运转车长、司机、值班员出证明签认，若确系车辆制动机有故障且临时无法处理时，关闭排风，乘务员将中途抱闸情况做好详细记录并向相关领导汇报。到达终点站时，通知库列检试风、处理。

五、列车运行途中风缸排水塞门被打断的处理方法

（1）全列车无关门时，可将该车做关门车处理。
（2）不能关门时，如有备用塞门可将损坏的塞门卸下后更换新品，如无备用塞门可用厕所下作用式水阀替代。
（3）如塞门丝扣断入缸体内无法取出时，可用木塞打入钢体丝扣座内，漏泄量不超过定压标准即可，并预报前方列检所。

六、施行制动后再充风、全列车不缓解的处理方法

（1）由于司机过压充风造成副风缸压力过高，导致全列车不缓解，此种情况要求司机调整压力，再进行充风缓解。
（2）若调整压力后仍不缓解、车辆乘务员应会同司机、运转车长对列车进行逐辆排风，然后进行制动机试验，确认良好后方可开车。
（3）如是机车故障原因，应向司机、运转车长索取证明，做好记录。

七、旅客列车在运行途中停车站司机提出制动系统漏泄时的处理方法

原因：机车漏泄，或车辆各风缸（制动缸）、塞门、管系漏泄所致。
处理方法如下：
（1）在司机充至定压后，关闭机后折角塞门，检查全列车风压是否超过漏泄标准，确认车辆无漏泄时，为机车漏泄，通知司机处理。
（2）如是车辆漏泄，应检查车辆主、支管各连接处、折角塞门、制动软管连接处、各风缸（制动缸）有无漏泄并应及时处理。
（3）如是分配阀有排风现象时，应尽快做关门处理。
（4）处理好无漏泄时，确认机后折角塞门是否打开，制动机试验良好后开车。

八、旅客列车在运行途中发生车轮踏面熔黏时的处理方法

列车在运行途中发生车轮踏面熔黏是因为闸瓦长时间压贴车轮踏面造成的。如是少量熔黏可不做处理，列车运行一段时间会自行消除，如是大面积熔黏且造成轮对敲击钢轨声音很大，应与运转车长联系，设置防护信号，关门排风后用扁铲将熔黏物尽量铲平。开车后跟踪监视运行，注意轴温变化，终点站报"181"处理，及时将情况向相关部门汇报。

九、单元制动缸常见故障的处理方法

SP_2、SP_4单元制动缸一般常见故障：

（1）如是制动缸模板穿孔引起窜风漏泄，运用中做关门处理，也可以将向该制动缸供风的金属软管连接头处封死，使之失去作用，其他7个（SP_4有3个）制动缸仍可正常工作。

（2）如是金属软管破损漏泄，运用中做关门处理。

任务十一　客车车钩故障处理

一、旅客列车运行途中发生机车与车辆分离时的处理方法

（1）车辆乘务员应会同司机、运转车长认真确认机车与车辆的分离情况，是机车端车钩在全开位置，还是车辆端车钩在全开位置，或者两钩都在闭锁位置时的互钩差情况。如机车端车钩在全开位置或测量机车钩高不符合规定还是机车车钩有其他故障，均由机车乘务员处理。车辆乘务员应索取证明材料并做好记录。

客车车钩故障处理

（2）如属车辆端车钩故障，车辆乘务员要认真检查车钩故障原因，正确判断，快速处理（必要时列车尾部车钩配件可拆用）如发现车钩的配件及周围各类装置有遭外力打击和人为损坏的痕迹，要及时拍发电报向有关部门汇报。

（3）如车辆钩舌拉断，车辆乘务员应检查钩舌断面是否有旧痕，以及新、旧痕的百分比。同时要清楚车钩分离前、后的情况，是因紧急制动停车起动时分离，还是正常运行中分离造成停车，需要拍发电报时一定要拍发电报，还要认真详细记录数据、简图、妥善保管损品。

二、旅客列车运行途中无列检作业时，发现钩舌裂损的处理方法

（1）发现钩舌裂损时，应迅速更换处理，如无备用钩舌时，可用尾部车辆的钩舌或机车前部钩舌更换

（2）将发现的地点、时间（到发及晚点时分）、车次、编组辆数、机车型号、司机、运转车长姓名，发生裂损的车辆型号、车号、方位、定检日期、钩舌裂损断面的情况（新旧痕的比例、材质、砂眼等）做好记载，如为25G、双客钩舌，临时换用了普通碳素钢钩舌，应在

车统-181 中填明，以便库检更换 C3 钢钩舌。

三、旅客列车运行途中发生车钩互差过限的处理方法

（1）发生钩差过限时，在有客列检的车站由客列检处理，无客列检的由车辆乘务员处理。

（2）首先应判断列车是否停留在曲线或坡道上，如是，请求向前带车后在判断，应会同运转车长一起测量，如果钩差不过限（不超过 75 mm）说明属线路问题，则应发车。

（3）判断是否因超载、偏载所致，如是，与列车长联系，要求疏散旅客或倒装货物。完后，会同有关人员继续测量钩差，附和规定限度开车。

（4）如不属上述原因，说明车辆本身有故障，乘务员应用撬杠或油镐将钩身抬起，在钩身下部加入磨耗板，无磨耗板时，可临时将闸瓦钎穿入，落下钩身将两端打弯，以防窜出，并预报前方列检所处理。

（5）如机车与第一辆车的车钩差过限时，而车辆钩高在规定范围内（830~890 mm）则由机车乘务员处理。

四、旅客列车运行途中摆块脱出卡槽的处理方法

车辆在曲线上运行时，因车辆水平移动的同时还在上下振动，导致摆块吊脱出摆块卡槽，使摆块吊脱出，处理方法为：及时与有关人员联系，插上防护信号，用油镐将钩身顶起，将脱出的摆块吊恢复正位，如发现配件缺损或磨耗严重时，应用铁丝捆绑做临时处理，但捆绑时不能过紧而应留有余量，处理完后撤出信号通知运转车长开车，在途中重点监视该车情况，特别是通过曲线时。

五、运行途中密接式车钩更换 15 号法兰过渡车钩的操作方法

（1）将密接式车钩与缓冲器之间 8 个 M30 螺栓拆下。

（2）将 15 号小间隙过渡车钩用 8 个 M30 螺栓与缓冲器连接一起。

（3）通知司机限速 140 km/h，运行至中间站。

任务十二　客车轮轴故障处理

一、列车运行途中发生热轴时的处理方法

（1）用点温计测量，当实测温度高于外温+45 ℃时，可不开盖，继续运行重点监控，到达终点（折返）站后需开盖检查，发现轴承零件破损、油脂变质、混沙、混水、混有金属粉末等异状，不能保证行车安全时必须甩车处理

客车轮轴故障处理

（2）当实测温度高于外温+60 ℃、实际温度高于 90 ℃时必须做甩车处理，严禁盲目带车。

二、列车运行途中踏面擦伤、剥离的处理方法

（1）客车运行途中发生轮对踏面擦伤深度不超过 1.5 mm，允许运行到终点站处理，超过 1.5 mm 时须做甩车处理。（测量时按最深点掌握）

（2）客车运行途中发生轮对踏面剥离时，长度应沿圆周方向测量，其长度一处时不得超过 30 mm。两处时每处不得超过 20 mm，超过时做甩车处理。

三、列车运行途中发现轮辋裂纹的处理方法

始发列车不允许有轮辋裂纹，在运行途中发现轮辋裂纹长度不大于 80 mm 且无开口时，经客列检（无客列检时为车辆乘务员）确认，在确保行车安全的前提下，可一次运行到终点，大于 80 mm 时，必须甩车。

四、运行途中，轴温报警器报警如何处理方法

（1）若能判断是轴报器误报，更换良好仪器后，显示正常，属轴报器故障；若继续报警，则属传感器、配线故障或确系轴箱高温。

（2）停车后手摸轴温或用点温计测量，确属高温时，应密切观察，按《运规》规定处理；若温度正常，则为传感器或其他配线故障，应及时更换。

五、掌握客车滚动轴承运转热的方法

滚动轴承新组装，因径向游隙或轴向游隙偏小，或填充润滑油脂过多，会发生轴温偏高现象。但运转一段时间后，会逐步下降。

轴箱内部温度与表面温度相比，在北方冬季高 30~40 ℃，在南方夏季约高 10 ℃。在夏季，朝阳一侧轴箱的温度通常要较背阳一侧高。

任务十三　弹簧支重故障应急处理

一、列车运行途中因超员、超重、偏载造成弹簧压死的处理方法

旅客列车凡因超员、超重、偏载造成弹簧压死，车钩钩差过限，车体倾斜过限或走行部位零部件与车体发生顶抗、磨碰等危及行车安全时，车辆乘务员应立即通知列车长，由列车长会同车站即时采取疏散措施，消除上述现象方准许开车。

弹簧支重故障
应急处理

二、列车运行途中发生空气弹簧漏泄的处理方法

（1）运行中发生空气弹簧微量漏泄时，在不影响正常作用的情况下，可一次运行到终点站进行处理。

（2）如果空气弹簧胶囊破损漏泄量较大，且影响正常作用时（司机有反应时，可先行关闭通往该转向架空气弹簧的管路上的截断塞门，同时注意车钩互差及车体倾斜情况，如果正常可以限速 120 km/h 以下运行。

（3）如果造成车体倾斜过限，需将另一只空气弹簧的压力空气排除。如果对正常作用仍有影响或钩差过限，应关闭副风缸与储风缸之间的截断塞门，同时将本车全部空气弹簧的压力空气排出。空气弹簧排风后，要通知司机限速 120 km/h 以下运行。

（4）空气胶囊破损，需限速运行时，乘务员应通知司机限速，并用电话通知前方客列检，并拟限速电报交前方车站拍发，请求限速一次运行到终点。拟发电报必须主送当地铁路局检调，抄送铁路总公司检调。

三、列车运行途中发现摇枕弹簧、轴箱弹簧折损时的处理方法

（1）发现轴箱圆簧、摇枕圆簧折断时（圆弹簧外圈支撑圈折损或内圈折损），允许运行终点站更换。标记速度 160 km/h 及以上的客车除外。

（2）如已引起车体倾斜并超限，车辆乘务员应采取相应措施后再继续运行，并预报前方客列检请求处理。

（3）如客列检提出摘车处理，按规定由客列检执行，乘务员应做好记录并反馈信息。

任务十四　燃煤取暖锅炉故障处理

一、独立燃煤取暖锅炉缺水的判断与补水方法

燃煤取暖锅炉故障处理

（1）运用中检查判断锅炉是否缺水应坚持"一看二验"。"一看"：看水位表上的红黑指针是否重叠，"二验"：以打开验水阀是否出水为准（持续出水时间 3~5 s）。缺水时应立即补水。

（2）若用手摇水泵加速散热管温水循环（以 YZ22 型硬座为例），必须先关闭电动水泵进水管止阀及补水箱通往手摇水泵的进水阀，打开两侧散热管通往手摇水泵的进水阀及手摇水泵通往锅炉的出水阀，然后反复压、提手摇水泵手柄，使散热管内的温水压入锅炉，锅炉的热水送入散热管，以此形成强迫循环，也可用此法进行单侧循环。

（3）若用手摇水泵给锅炉补水，必须先关闭电动水泵进水管止阀及两侧散热管通往手摇水泵的进水阀，打开补水箱通往手摇水泵的进水阀及手摇水泵通往锅炉的出水阀，然后反复压、提手摇水泵手柄，使补水箱内的水压入锅炉，直至补满水为止。

二、车厢散热管漏水应急处理

（1）如车厢内散热管法兰盘漏水应及时紧固处理。

（2）如散热管腐蚀或沙眼漏水，乘务员应用4 mm厚胶皮裹紧打卡子紧固应急处理（小沙眼也可用嘴嚼口香糖粘堵）。

三、引起锅炉水位急剧下降、炉温急剧上升的原因及处理方法

运用中发现炉温急剧上升，水位急剧下降而车厢温度低时，乘务员应先确认：

（1）锅炉水位是否正常，缺水时应立即补水。

（2）如确认积气时，打开散热管排气塞门排气。

（3）检查各大闸阀是否在全开位，阀芯是否脱落，如果确认阀芯脱落应局部排水加修处理。

（4）用手摇水泵（电动水泵）进行强迫循环。

（5）如管路（特别是地沟管）冻结应及时用热水解冻。

四、锅炉温度正常、散热管不热的原因及处理方法

（1）检查车厢密封状况（门窗是否关闭良好）。

（2）打开散热管排气阀，排出管内积存的空气。

（3）检查管路是否有泄漏，并应及时处理。

任务十五　快速客车故障处理

一、快速客车运行途中发现车辆振动大时的处理方法

（1）一般情况下，属空气弹簧压力不足所致：一是由于机车供风不足，二是由于空气弹簧破损高度调整阀失灵所致。

快速客车故障处理

（2）发现上述情况后，通知司机按规定标准供风，如机车供风良好站停时间内，检查空气弹簧及高度调整阀，如系高度调整阀失灵（现车可修复时）及时处理后继续运行。如系空气弹簧破裂或高度调整阀失灵（现车无法修复者）应将本车空气弹簧供气通路切断（关闭车体下空气弹簧储风缸通路）、允许在空气弹簧无气状态下限速一次运行到终点更换。

二、快速客车运行途中发现制动闸盘闸片抱死的处理方法

（1）造成制动闸片抱死的原因有：丝杆卡死、制动缸排风口堵塞。

（2）处理方法：运行中关门排风处理（如能判断确定是一个制动缸发生故障，可以切断该制动缸的供风管路，用扳手转动调整螺母，使闸片脱离闸盘），做制动试验确认良好开车。

三、运行中塞拉门有电、有气时用钥匙操作不能打开和关闭车门的处理方法

（1）原因：微动开关损坏。

（2）处理方法：检查保险锁开关是否打开，用三角钥匙扳下时微动开关没有动作，调整微动开关位置后微动开关有动作，但 PLC（门控单元）输入口 12（左门）、13（右门）没有信号输入，表明微动开关损坏。此时可将微动开关两线直接对接包扎，待车入库后更换微动开关。

四、快速客车运行途中空气弹簧漏泄时的处理方法

快速客车运行途中空气弹簧发生严重漏泄，造成车体倾斜、横向摆动大应做以下处理：

（1）车辆乘务员应与运转车长或车长值班员联系，设置好防护信号。

（2）关闭本车总风管至空气弹簧风缸间的塞门，排除空气弹簧风缸内的压力空气，撤除防护信号。

（3）填写限速运行单，要求运转车长、车站值班员请求调度命令，限速 120 km/h 一次运行至终点。

（4）及时向值班室、段调度汇报。

五、快速客车空气弹簧充风慢、空气弹簧低的处理方法

空气弹簧正常充气的时间为 5~10 min，若发现充气缓慢，就应检查高度调整阀进气口处的滤尘网外面是否堆积杂物，若存有杂物，清除后即可恢复正常充气；但如外观无异状，还是充不进气，应检查储风缸至空气弹簧通路上的截断塞门是否关闭、反位，在冬季特别要检查上述通路上止回阀是否结冰堵塞，止回阀弹簧是否锈死，根据具体故障，排除即可。

六、快速客车运行途中双管改单管的操作方法

（1）关闭每辆车总风管至空气弹簧风缸间的塞门。

（2）打开每辆车副风缸至空气弹簧风缸间的塞门，如某辆车为制动关门时，则开制动管至空气弹簧风缸间的塞门。

（3）关闭车辆首位总风管折角塞门，摘开供风软管并加堵挂起。

（4）会同运转车长或车站值班员进行制动简略试验，并一次运行到终点，不再改为双管。

七、运行途中电子防滑器防滑排风阀出现故障的处理方法

如果一个防滑排风阀出现故障时，可用一块垫片将该防滑排风阀的进气口堵住，运行至终点站后再进行处理；如果一个以上防滑排风阀出现故障时，应该对该车辆进行关门排风处理。

八、25T 型车途中因轴箱节点失效列车横向摆动剧烈处理方法

（1）轴箱定位节点失效，限速不超过 100 km/h 运行到终点处理。

（2）横向减振器失效，观察运行，到终点更换。
（3）抗蛇行减振器失效，观察运行，到终点更换。

九、QD-K 气路控制箱的操作

QD-K 气路控制箱内共有 6 个操作手柄，工作情况如下：
（1）双管供风时，1、2 号阀手柄在开位，3、4、5、6 阀手柄在关位。
（2）单管供风时，3、4 号阀手柄在开位，1、2、5、6 阀手柄在关位。
（3）单管供风又是关门车时，5、6 号阀手柄在开位，1、2、3、4 阀手柄在关位。

任务十六　行车电报拍发

一、列车运行途中补油电报的拍发

行车电报拍发

旅客列车运行途中因天气灾害、线路故障及其他突发事件影响列车正常运行，造成晚点时间较长时，发电车燃油不能保证运行到终点站，需要拍发电报，要求途中补油，拍发电报时应注意以下问题：检车乘务长或发电车机长应熟悉该线路能够补油的站区，拍发电报时应将车次、到达补油站的时间、发电车在编组中的位置、需补油数量等写清楚，并及时将信息反馈有关部门。

二、旅客列车途中发生事故或甩车如何拍发电报

途中发生事故或甩车时应拍发电报，电报分主送、抄送、汇报内容、拍报时间、发报人。
（1）主送：事故发生地局安监室（如确知责任单位可直接主送）。
（2）抄送：事发地局车辆处，本局安监室、本局车辆处、本属车辆段。造成重大影响时，可以抄送铁路总公司运输局。
（3）电报拍发内容：发生的时间、车次、地点（站名、区间或多少公里处）、机后第几辆车、事故车辆的车种、车号、定检日期、发生事故经过、处理情况、到开时间、有关人员的姓名、代号、发报人、发报时间等。

参考文献

[1] 吴海超. 车辆运用与管理[M]. 北京：中国铁道出版社，2005.
[2] 中华人民共和国铁路总公司. 铁路技术管理规程[M]. 北京：2006.
[3] 中华人民共和国铁路总公司. 铁路交通事故应急救援和调查处理条例[M]. 北京：中国铁道出版社，2008.
[4] 中华人民共和国铁路总公司. 铁路交通事故调查处理规程》[M]. 北京：中国铁道出版社，2008.
[5] 中华人民共和国铁路总公司. 铁路客车运用维修规程》[M]. 北京：中国铁道出版社，2006.
[6] 上海铁路局编. 客车检车员（铁路工人职业技能培训教材[M]. 北京：中国铁道出版社，2007.
[7] 徐彦. 客车检车员（铁路车辆部门职工培训教材）[M]. 北京：中国铁道出版社，2006.
[8] 宋顺宝. 客车车辆构造与检修[M]. 北京：中国铁道出版社，2005.
[9] 于军. 车辆制动[M]. 北京：中国铁道出版社，2006.